AF346874

EGYPTE
FRANCE

MCMXXIX

EXPOSITION FRANÇAISE
AU CAIRE

____

ÉGYPTE - FRANCE

MCMXXIX

CE VOLUME
A ÉTÉ ÉDITÉ SUR L'INITIATIVE DE
M. GEORGES PHILIPPAR, PRÉSIDENT
DU COMITÉ D'ORGANISATION DE
L'EXPOSITION FRANÇAISE AU CAIRE.
IL A ÉTÉ TIRÉ A 10.000 EXEMPLAIRES
DONT 250 EXEMPLAIRES DE LUXE
SUR PAPIER PUR FIL LAFUMA
NUMÉROTÉS DE 1 a CCL. ET
9.750 EXEMPLAIRES SUR
PAPIER VÉLIN SPÉCIAL.

COUVERTURE, LETTRES ORNÉES ET
CULS-DE-LAMPE, D'APRÈS DES DESSINS
ORIGINAUX DE MAURICE MILLIÈRE.

S. M. FOUAD Ier,
Roi d'Égypte.

M. GASTON DOUMERGUE,
Président de la République Française.

COMITÉ FRANÇAIS DES EXPOSITIONS
ET COMITÉ NATIONAL DES EXPOSITIONS COLONIALES

(Réunis par décret du 10 Juin 1925)

SOUS LE HAUT PATRONAGE DE M. GASTON DOUMERGUE, PRÉSIDENT DE LA RÉPUBLIQUE

CONSEIL DE DIRECTION

BUREAU DU CONSEIL

PRÉSIDENT :

Fernand CHAPSAL, sénateur, ancien ministre.

VICE-PRÉSIDENTS

Gaston MENIER, sénateur.
Gustave KESTER.
Frédéric MANAUT, ancien député.
G.-Roger SANDOZ.
Paul KEMPF.
Baron THÉNARD.

SECRÉTAIRE GÉNÉRAL :

Joseph LE SOUFACHÉ.

SECRÉTAIRE GÉNÉRAL ADJOINT :

Edmond YVAN.

TRÉSORIER :

Jean FAURE.

SECRÉTAIRES :

André BOUILHET.
Jean BORDEREL.
Henry MERCIER.
Félix PELLIN.

SECRÉTAIRE ARCHIVISTE :

Jean HOLLANDE.

MEMBRES DU CONSEIL :

Louis AMIARD, sénateur.
Gaston AMSON.
Albert AUPETIT.
Léon BARÉTY, député.
Emile BAUBE.
Leopold BELLAN.
Alfred BERTRAND-TAQUET.
Charles CHAUMET, sénateur.
Mario CONSTANT.
Gabriel CORDIER.
Marquis DE DION, sénateur.

MEMBRES DU CONSEIL (Suite)

Henry DEFERT.
Charles DUFOUR.
René ETIENNE.
FRANTZ-JOURDAIN.
Jules HETZEL.
Paul JANET, membre de l'Institut.
LAMBERT-RIBOT.
René LEPAGE.
Achille LIGNON.
Eugène MERMILLIOD.
André MICHELIN.
Georges RISLER.
Edouard ROUSSELOT.
Marcel SAINT - GERMAIN, ancien vice-président du Sénat.
Georges SCHWOB d'HÉRICOURT.
Georges TEISSIER.
Lucien VILLEMINOT.
Georges VINANT.

ADMINISTRATION GÉNÉRALE DU COMITÉ

SERVICES EXTÉRIEURS

Emile CERE.

SERVICES TECHNIQUES :

Joseph de MONTARNAL.

SERVICES ADMINISTRATIFS

Paul BAYLE.

COMITÉ D'HONNEUR ÉGYPTIEN

Son Altesse Sultanienne le Prince Kémal el Dine Hussein,
Président de la Société Royale d'Agriculture d'Égypte.

Son Excellence Mahmoud Fakhry Pacha,
Envoyé Extraordinaire et Ministre Plénipotentaire de S. M. le Roi d'Égypte.

Son Altesse le Prince Youssef Kamal, Président de la Société « Les Amis de l'Art ».

MEMBRES D'HONNEUR :

S. E. Mohamed Mahmoud Pacha, Président du Conseil, Ministre de l'Intérieur.

S. E. Hafez Afifi Bey, Ministre des Affaires Étrangères.

S. E. Aly Maher Pacha, Ministre des Finances.

S. E. Ibrahim Fahmy Bey, Ministre des Travaux Publics.

S. E. Abdel-Hamid Soliman Pacha, Ministre des Communications.

S. E. Ahmed Loufty Bey El-Sayed, Ministre de l'Instruction Publique.

S. E. Nakhla El Motei Pacha, Ministre de l'Agriculture.

S. E. Ahmed Mohamed Khachaba Pacha, Ministre de la Justice.

S. E. S. Gaafar Wali Pacha, Ministre de la Guerre, de la Marine et Wakfs.

S. E. Mahmoud Sidky Pacha, Gouverneur du Caire.

S. E. Hussein Sabri Pacha, Gouverneur d'Alexandrie.

COMITÉ D'HONNEUR FRANÇAIS

M. Raymond Poincare, Président du Conseil des Ministres.

M. Aristide Briand, Ministre des Affaires Étrangères.

M. Marraud, Ministre de l'Instruction Publique et des Beaux-Arts.

M. Georges Bonnefous, Ministre du Commerce et de l'Industrie.

M. André Tardieu, Ministre de l'Intérieur.

M. Leygues, Ministre de la Marine.

M. Laurent - Eynac, Ministre de l'Air.

M. Loucheur, Ministre du Travail.

M. François-Poncet, Sous-Secrétaire d'Etat de l'Enseignement Technique et des Beaux-Arts.

M. Gaillard, Ministre Plénipotentiaire de la République Française en Égypte.

M. Bouisson, Président de la Chambre des Députés.

M. Paul Doumer, Président du Sénat.

M. Fernand Chapsal, Sénateur, ancien Ministre,
Président de la Commission des Douanes au Sénat, Président du Comité Français des Expositions.

M. Clémentel, Sénateur, ancien Ministre,
Président du Comité National des Conseillers du Commerce Extérieur.

M. Rollin, Député, Président de la Commission du Commerce à la Chambre des Députés.

M. E. Fougère, Député, Président de la Commission des Douanes a la Chambre des Députés.

M. L. Serre, Sénateur, Président de la Commission du Commerce au Sénat.

M. Paul Léon, Directeur Général des Beaux-Arts.

M. Xavier Loisy, ancien Commissaire Général Adjoint de l'Exposition Nationale Coloniale de Marseille (1922).

M. BONNEFOUS.
Ministre du Commerce et de l'Industrie.

EXPOSITION FRANÇAISE AU CAIRE
1929

Délégué du Gouvernement Français :

M. ALEXIS CHARMEIL

Conseiller d'État

Directeur du Personnel, de l'Expansion Commerciale
et du Crédit au Ministère du Commerce

Président du COMITÉ D'ORGANISATION : **M. GEORGES PHILIPPAR**

VICE-PRÉSIDENTS

M. Gabriel HANOTAUX, de l'Académie Française, ancien Ministre des Affaires Etrangères.

M. André LEBON, ancien Ministre du Commerce,
Vice-Président de la Compagnie Universelle du Canal Maritime de Suez.

M. E. DAVID, Président de la Chambre de Commerce de Marseille.

M. Alexandre DREUX, Maître de Forges, Président de la Chambre de Commerce de Nancy.

M. Léon MAURIS, Président de la Compagnie des Docks et Entrepôts de Marseille et
Vice-Président du Conseil des Chemins de fer de Paris à Lyon et à la Méditerranée.

M. Louis PRADEL, Président de la Chambre de Commerce de Lyon.

M. Rodolphe REY, ancien Bâtonnier de l'Ordre des Avocats près la Cour d'Appel d'Alger.

M. Henry SIMOND, Président de la Fédération Nationale des Journaux Français.

COMITÉ LOCAL D'ORGANISATION

PRÉSIDENT :

M. E. MIRIEL, Président du Conseil d'Administration du Crédit Foncier Egyptien,
Vice-Président de la Société " Les Amis de l'Art ".

VICE-PRÉSIDENT :

MOHAMED MAHMOUD BEY KHALIL, Vice-Président de la Société " Les Amis de l'Art ".

ADJOINT AU DÉLÉGUÉ DU GOUVERNEMENT FRANÇAIS :

M. G. GRANDGUILLOT, Attaché Commercial près la Légation de France, en Egypte.

MEMBRES :

FOUAD BEY ABAZA, Directeur Général de la Société Royale d'Agriculture d'Egypte.
Baron L. de BENOIST, Agent Supérieur de la Compagnie Universelle du Canal Maritime de Suez.
L. S. B. BOUGIER, Président de la Section d'Egypte du Comité Républicain pour le Commerce et l'Industrie.
M. J. CICUREL, Président de l'Association des Négociants d'Egypte.
M. M. DEJARDIN, Vice-Président de la Chambre de Commerce Française d'Alexandrie.
M. J. DEVERNOIS, Député de la Nation Française à Alexandrie.
M. J. EBENRECHT, Vice-Président de la Chambre de Commerce Française du Caire.
M. E. GAUDANGE, Agent Général de la Compagnie des Messageries Maritimes en Egypte et en Syrie.
M. J. HAGRON, Directeur de l'Agence Havas.
TALAAT BEY HARB, Directeur Général de la Banque Misr.
M. HARDY, Architecte Délégué de l'Exposition.
M. L. HAUTECŒUR, Directeur Général des Beaux-Arts en Egypte.
M. J. MANHES, Président de la Chambre de Commerce Française du Caire.
M. V. MATHIEU, Président de la Chambre de Commerce Française d'Alexandrie.
M. G. PARCQ, Architecte Délégué à l'Exposition.
M. E. RICAUD, Député de la Nation Française à Alexandrie.
M. SANGUINETTI, Député de la Nation Française à Alexandrie.
M. J. C. DE SUZINI, Vice-Président de la Chambre de Commerce Française d'Alexandrie.
M. P. VALOIS, Député de la Nation Française au Caire.

SECRÉTAIRES :

M. Ch. BOEGLIN, Adjoint de l'Attaché Commercial près la Légation de France en Egypte.
M. Georges FOUAD ABDEL MALEK, Secrétaire de la Société " Les Amis de l'Art ".

M. FERNAND CHAPSAL,
Sénateur,
ancien Ministre, Président du Comité français des Expositions.

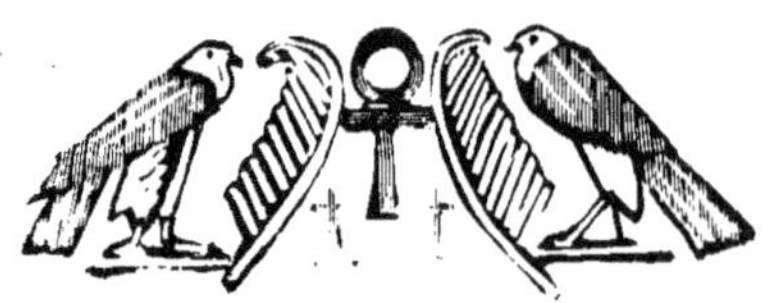

AVANT-PROPOS

par

Gabriel HANOTAUX

E contact entre la plus vieille terre du monde et la plus récente actualité, tel est le sens de l'Exposition qui eut lieu au Caire au cours du printemps de 1929.

Il faut bien reconnaître que la grande guerre avait introduit un entr'acte — entr'acte héroïque — dans les relations de l'Egypte avec la France. Pendant des années, l'embuscade du sous-marin avait laissé, sur la traversée, des souvenirs fâcheux ; les Dardanelles et Salonique avaient compromis le tourisme méditerranéen... Et puis — l'a-t-on déjà oublié ? — la France avait à se refaire elle-même : pour considérer les méfaits de l'histoire et la cruauté des passions humaines, elle n'avait qu'à rester chez soi ; elle trouvait, hélas ! les ruines et les déserts sur son propre territoire. Avant de voyager, on met de l'ordre en sa maison : avant de s'amuser, il faut tamponner ses larmes.

Enfin, l'heure vint de boucler la valise, et sur l'initiative du « Comité Français des Expositions », on se décida de commencer par le commencement et d'aller revoir cette vieille terre d'Egypte à laquelle tant de liens nous attachent. Depuis deux mille ans nous pensons surtout « Egypte » quand nous pensons Méditerranée. Saint-Louis et Bonaparte, Champollion et Lesseps sont là chez eux. C'était le moment d'aller voir ce que cette chère et vieille maman égyptienne était devenue et de lui montrer ce que nous étions devenus nous-mêmes.

On prit donc le parti de lui envoyer ce que nous avions de mieux en hommes, en choses, en créations, en instructions et en modernités. Et la tentative, j'ose le dire, a immédiatement et admirablement réussi. On s'est aperçu qu'on était toujours du même bord, des Méditerranéens, des gens de l'azur et de la mer bleue.

Il est vrai que l'accueil le plus aimable avait été réservé à nos exposants et à leurs produits. Sa Majesté le roi Fouad Ier, dont l'esprit vigilant est à l'affût de tout ce qui peut étendre et illustrer son pays et son règne, a honoré l'Exposition Française au Caire de son haut patronage. Les personnages les plus élevés par la naissance et par la dignité se sont inscrits parmi les membres du Comité d'honneur ou du Comité local d'organisation. On a ouvert toutes grandes les portes, les mains et les âmes :

dès sa naissance, l'Exposition avait le sourire. Elle a grandi parmi les compliments et les roses ; et quand elle fut prête, elle apparut comme une fiancée faisant ses premiers pas dans le monde, accueillie par un murmure d'admiration et de joie : *incessu patuit dea.*

Notre petite déesse a fait comme une vraie grande dame les honneurs de sa belle maison : elle a reçu divinement ; elle a montré aux visiteurs ses perles, ses bijoux, ses châles, ses tapis, ses tableaux, le tout à la dernière mode et très *modern-style* : elle a fait signe à la musique et ayant soulevé, du bout du doigt, un coin de sa jupe couleur de lune, elle a tourné quelques pas de jazz, puis a salué et s'est enfuie, au milieu des applaudissements. Charmante et délicieuse apparition, qui n'a voulu laisser d'elle qu'un souvenir, mais un souvenir exquis et qui embaume l'âme comme un parfum subtil, extrait de la fleur du génie moderne épanouie parmi les roseaux du Nil.

*
* *

Je voudrais bien savoir ce qu'un Pharaon quelconque, par exemple un Akhenaton, prince ouvert aux idées nouvelles, aurait pensé si, auprès du roi Fouad, son successeur, il eût été admis, avec tous les honneurs dus à son rang, dans les galeries de notre Exposition.

Je ne pense pas qu'il se fût attardé longtemps devant le tour de force du palais lui-même, doublé en quelques jours et pour quelques semaines. Lui, ses ancêtres et ses successeurs bâtissaient pour l'éternité ; il est vrai qu'ils y mettaient le temps. Il eût remarqué, pourtant, et non sans quelque gloriole, que la forme générale des motifs inventés par ses vieux architectes n'avait pas beaucoup changé et que la colonne, le pilastre, l'obélisque, la pyramide n'ont pas déserté nos conceptions et que, même pour nos œuvres les plus modernes, nous en sommes encore à copier leurs hypogées. Cela l'eût mis de belle humeur et souriant de sa lèvre torte, avançant de ses jambes mal tournées, il eût fait retentir le sol de son pas sonore et les voûtes de son rire éclatant.

Une fois à faire le tour, il se fût arrêté, certainement, devant l'étalage de Cartier et il eût admiré l'arrangement des diamants, pierres précieuses, perles en colliers et autres bijoux que sa femme, la sémite « Aimée du Dieu unique », se fût fait une joie de porter. Eût-il compris quelque chose à notre art cubique, lui qui, dans son temps, se donnait comme tâche d'assouplir le vieil art égyptien hiératique et qui nous a laissé la statue adorable de sa fille sculptée comme par un Praxitèle ? Je jure, en tout cas, qu'il eût été frappé par les modèles de la « Confection française » et par l'art de l'habillement et du « déshabillement » exposés pour faire envie à ses beautés égyptiennes. Le secret de la mode est un perpétuel rajeunissement et le bon roi se fût senti tout émerillonné à la vue de ces mannequins sur lesquels six mille années d'expériences utilisent les trouvailles les plus extraordinaires de toute la civilisation pour rénover sans cesse la beauté de la femme : têtes exquises de jeunes éphèbes sur d'admirables corps féminins que les plis droits dessinent sans les alourdir, manteaux à ramages splendides comme des robes de mandarins, tailles basses, bras découverts dignes d'encadrer l'amphore, jupes demi-longues qu'une bouffée de volants rend plus provoquantes dans l'aguichement d'une décence exagérée, mollets s'achevant en attaches de déesse, et, planant sur le tout, je ne sais quel air de n'y toucher pas, avec ces yeux mi-clos qui ignorent en dévisageant. Dans cet arsenal de la coquetterie féminine, il eût tout admiré, tout goûté en connaisseur, et il eût maudit sa tombe en songeant au beau voyage qui s'offrait à lui et en répétant le plus vieux et le plus véridique axiome du monde : « Il n'est de mode que de Paris ».

Mais, qu'eût pensé le grand hérésiaque désabusé, s'il se fût trouvé soudainement devant les hiéroglyphes de la construction métallurgique moderne? Enigmes puissantes et luisantes comme des bêtes de fer, développant des écuries de milliers de chevaux-vapeur hennissant et se mouvant d'un rythme forcené pour un travail colossal dans un but inaperçu? Voici une de ces constructions, géométriques, rectilignes, bielles et tambours, chaînes sans fin, robinets pareils à des naseaux de crocodiles, pistons vrombissant d'une volubilité étourdissante, cuivres, bronzes, aciers dételés de leurs courroies, bêtes au repos prêtes à marcher sur un signe, mais, pour le moment, maintenues en cales sèches et bloquées dans un box étroit, pareilles à des hippopotames domestiqués. Eût-il compris? Non certes. Et, si on eût tenté de lui faire comprendre, il n'eût pas saisi davantage. Il est vrai que, sur son vieux Nil, de son temps, on lançait des galères avec des étages de rameurs ; on avait bien fouillé les montagnes d'Abyssinie pour y trouver les métaux précieux et même l'or de la reine de Saba. Mais ses rameurs et ses mineurs, ce n'était tout de même que de la chair humaine peinante, souffrante et mourante : son or et ses métaux, il n'en avait su rien faire sauf des ornements fragiles pour sa femme préférée. Et voilà, maintenant, que ces êtres de fer, fils des hommes, allaient lui conquérir son Afrique, transformer son Nil, cultiver son désert et surplomber ses Dieux ! C'était bien la peine d'avoir tourné le dos aux prêtres d'Ammon et d'avoir, le premier, prêté l'oreille au *logos* divin, pour s'arrêter, stupide, devant cette incompréhensible clameur de fer ! Peut-être aurait-il admis, à la fin, qu'une seule chose lui restait à faire, se glisser jusqu'au pavillon des « Messageries Maritimes », prendre un ticket, choisir un fauteuil dans la cabine royale d'un quelconque « Mariette Pacha », et s'embarquer pour Paris.

Cependant, avant de quitter ce conte des « Mille et une Nuits », un autre spectacle eût sollicité sa curiosité ébranlée, son initiative mise en éveil : une simple salle blanche, des paravents et sur ces paravents, des croquis, des cartes, des images mystérieuses : la terre vue d'en haut, des algèbres incompréhensibles, une vision bouleversée et renversée, des machines flottant en l'air, des lignes traversant des continents, des surpassements de montagnes, des vallées franchies, on ne sait quels départs braqués sur l'infini... Mais, encore, qu'est-ce cela? Et on lui eût lu ces quatre mots : « Ministère de l'air français ». Un ministère de l'air : le firmament en cartons, les étoiles dans un herbier, le vol de l'aigle dompté, l'étoile approchée, l'homme lâché dans l'infini ! Cette fois, la coupe eût été pleine : le Pharaon sceptique se serait refusé à croire sans voir : il eut frété un avion avec, pour but, le Bourget !

*
* *

Mais lui et ses compatriotes, les descendants à la deux-centième génération de ses contemporains, se sont-ils rendu compte, au moins, de tout ce que ce prodigieux régal qui leur était servi pour une jouissance de quelques instants, représente de travail, de science, de génie, d'invention, de persévérance et d'imagination créatrice? Il n'est pas un fragment, si délicat soit-il, serti dans ce riche assemblage, qui n'ait exigé de longues et douloureuses méditations. Derrière la moindre fanfreluche, il y a des centaines de pages d'algèbres, de longues expériences de chimie, des recherches de laboratoire à l'infini ; au moindre rouage de cette machine est attachée une résistance énorme de la matière qui ne veut pas être vaincue ; sous le cachet rouge de tel flacon bienfaisant, il y a la peine et l'essoufflement de dix existences comme celle de Pasteur !

Le voilà donc ce « nouveau monde » qui se montre et s'expose glorieusement au vieux monde ! Voilà le cadet, digne de défiler devant ses aînés ! Vous aviez vos observatoires gigantesques au haut desquels vous calculiez l'orbite des astres : nous avons nos télescopes qui nous les mettent dans la main ; vous avez vos pyramides qui inscrivent leur géométrie dans le ciel, nous avons les bateaux volants qui se servent de l'air comme point d'appui pour leur permettre de lâcher la terre ; vous aviez vos mille Dieux à têtes d'ibis et de renards : nous contemplons la face de notre Dieu unique en cherchant son expression, la Vérité...

En fait, nous ne sommes pas si loin les uns des autres, nous et votre Akhenaton. Lui aussi, il voulait connaître la Vérité. Son acquis ancestral ne lui suffisait pas : il cherchait inpatiemment quelque chose qu'il ne trouvait pas.

La vieille Egypte a créé des choses magnifiques et qui nous accablent d'étonnement. La jeune Europe a trouvé des choses plus belles encore et qui eussent transporté d'admiration ses scribes, ses prêtres et ses astronomes. L'humanité forme, ainsi, une chaîne immense dont nul effort ne se perd et dont les mains, par milliards, se passent, l'une à l'autre, le flambeau. Quel spectacle à présenter au sphinx pour prolonger son éternelle songerie ! A peine a-t-il compris, qu'il lui faut deviner encore !... Le contact entre la plus vieille terre du monde et la plus moderne civilisation devait se produire en ce lieu consacré qui, après dix mille années, garde lui-même une éternelle jeunesse dans une surprenante actualité!

Gabriel HANOTAUX,

de l'Académie Française.

M. GEORGES PHILIPPAR
Président de la Compagnie des Messageries Maritimes
Président du Comité d'organisation de l'Exposition française au Caire.

IMPRESSIONS D'ÉGYPTE

par

GEORGES PHILIPPAR

la veille de partir pour l'Egypte où j'aborderai prochainement je pense pour la troisième fois, j'éprouve le besoin bien naturel de préciser mes souvenirs en me reportant en arrière, à mes précédents déplacements.

Pour ce faire, quel meilleur moyen que de consulter les notes, qu'au cours ou à la suite de mes précédents voyages, j'ai prises ?

Ce désir, je l'éprouve d'autant plus que je vais revoir ce pays dans des conjonctures bien différentes de celles où je le vis jadis.

C'est en simple touriste que je fus là-bas jusqu'ici et mes impressions prochaines seront évidemment bien différentes de celles que j'ai éprouvées déjà.

Tout cela, avec le temps passé, les étapes parcourues, concourt à aiguiser ma curiosité. Il est bien évident, en effet, que gagnant l'Egypte, cette fois, dans les conditions toutes spéciales qu'implique un déplacement fait à l'occasion d'une exposition dans laquelle j'ai un rôle à jouer, de grandes nouveautés m'attendent, desquelles il sera particulièrement intéressant de rapprocher ces notations passées, déjà presque lointaines.

Quand j'écris, comme je l'ai fait : « ... l'Egypte où j'aborderai prochainement, je pense, pour la troisième fois », je dis certes la vérité. Mais j'exagère cependant un peu car, de mon premier voyage, dont je ne parlerai guère, je n'ai rapporté que des impressions bien superficielles.

J'ai touché, en effet, la terre d'Egypte, je l'ai vue, comme la terre promise, mais je n'ai pu y débarquer. Impressions superficielles donc, et malheureusement pas très agréables. On peut être un voyageur discipliné, un bon méditerranéen, un bon citoyen du monde, si vous voulez, on peut admettre la légitimité des mesures sanitaires, oui, on le peut — il faut bien s'incliner devant elles —, mais on ne saurait demander à qui advint mésaventure semblable à celle qui m'attendait à Port-Saïd en 1911, de conserver de tout cela un souvenir enchanteur.

« A Port-Saïd », car cette première fois, comme la seconde, c'est après avoir passé quelque temps en Syrie que je suis arrivé en Egypte. A ce point de vue là encore, mon prochain voyage sera une nouveauté.

ÉGYPTE-FRANCE

J'ai donc feuilleté mes notes et j'y trouve d'abord ma méditation au moment où,
pour la première fois, j'arrivai dans le Proche Orient.

Ensuite mes premières et, encore une fois, si imparfaites impressions d'Egypte.

En rade de Smyrne, le mardi 29 Août 1911.

Cette fois, nous sommes tout à fait en Orient.

L'Orient..., nom évocateur, qui exerce sur la plupart des hommes une attraction
particulièrement profonde.

L'Orient a toujours séduit les artistes et les poètes. Ils firent et écrivirent à son
propos des œuvres qui constituent à leur tour de nouveaux motifs d'intérêt. Or, détail
amusant, dans ces reproductions, le goût, la manière de chaque époque se retrouvent,
et nous voyons ainsi comment chaque époque se forgea, d'après elle-même, une idée
différente, mais souvent inexacte de l'Orient.

De ces contrées, que nous connaissons mal, nous souhaitons tout connaître :
mœurs et usages, aspects et paysages : villes dont les noms nous sont familiers et sont
pour nous synonymes de tant de beautés diverses.

Le Levant, c'est la porte ouverte sur l'Asie, berceau des religions et des civilisa-
tions. C'est de ce côté qu'il faut aller chercher l'origine de beaucoup de grandes choses
accomplies sur les rives de cette Méditerranée, privilégiée de baigner uniquement des
pays admirables à tant de points de vue, dont les monuments attestent les efforts
qu'y firent les hommes depuis un tel nombre de siècles.

C'est dans l'actuelle Turquie (1) que prit naissance la religion du Christ, que s'éla-
bora cette doctrine qui devait révolutionner le monde. C'est dans ces contrées toujours
semblables à elles-mêmes, Galilée, Palestine, que se déroula cette histoire émouvante,
cette vie exemplaire, ce drame poignant et sublime dont les moindres détails sont,
après deux millénaires tantôt révolus, répétés et commentés chaque jour sur toute la
surface du globe, où tant et tant de milliers d'êtres puisent leurs raisons d'exister et
d'agir, le courage d'accomplir, eux aussi, leur devoir et, parfois, de gravir leur calvaire.

La Turquie étend encore sa domination (2), d'ailleurs assez nominale, sur les régions
qui virent naître et croître l'Islam, qui assistèrent aux débuts de son prodigieux développement. De même qu'elle conserve, inviolées, inaccessibles, lointaines et mystérieuses la Mecque et Médine, de même elle demeure la plus grande puissance musulmane indépendante.

Or, il se dégage pour moi du mahométisme je ne sais quel attrait puissant.
Si je m'efforce de l'analyser -- et une semblable analyse m'est agréable à refaire -- je
trouve, à l'origine de cette sympathie, des impressions esthétiques d'abord, des impressions morales et intellectuelles ensuite.

Je revois, dans un cadre admirable, sous le beau ciel d'Afrique, dans les rues

---

(1) Ces notes remontent à 1911.

(2) Voir note 1.

— 24 —

étroites de la Kasbah d'Alger, toujours si captivante, ces hommes sobres et silencieux, noblement drapés, évocateurs un peu de l'antiquité, graves, dignes et lents dans leur démarche, indifférents en apparence aux choses extérieures, et je me sens curieux de déchiffrer autant que possible cette énigme toute proche de moi.

Je revois les mosquées africaines, d'une décoration si discrète, si simple, sans une faute de goût, même dans les plus modestes. Je me souviens de la grande paix qui y règne, de l'impression reposante qu'elles donnent, de la ferveur de ceux qui y prient, absorbés dans leurs oraisons au point que le monde n'existe absolument plus pour eux, alors cependant que les enfants ont toute licence de jouer autour d'eux, que des conversations s'engagent dans les coins entre gens qui passent de longues heures étendus sur les épais tapis recouverts de nattes. Je me remémore mes réflexions à la constatation de ce paradoxe : l'opposition entre la nudité et la rigidité des temples et du culte et le caractère exubérant que nous supposons aux Orientaux — et qu'ils ont d'ailleurs — , entre ce recueillement absolu et le caractère de lieu public qu'ont les édifices sacrés. Combien ces remarques donnent l'idée d'une religion près encore de la nature, qui n'a pas été obligée de réglementer... Mais si, pourtant, elle réglemente, et beaucoup, la doctrine musulmane, mais pas ces sortes de choses. Comme tout cela est difficile à exprimer et comme on se heurte rapidement à d'apparentes contradictions pour rendre de telles nuances. Et aussi comme cette bonhomie bienveillante, ce laisser-aller proche d'obligations si strictes et si fidèlement observées est loin de nous. Autrefois, s'il faut en croire par exemple les tableaux de certains maîtres flamands, les chiens erraient librement dans les églises, voire même dans les cathédrales...

Je revois les cours paisibles de ces mosquées, les petites fontaines bruissantes, l'eau claire dans les vasques de marbre, les coins pleins d'ombre délicieuse, les taches gaies et brillantes des faïences, les arcades d'un blanc éblouissant qui, vers le soir, se teintent si délicatement de bleu et de mauve.

Je me retouve, mêlé à quelques spectateurs, assistant à une cérémonie, le dernier soir du ramadan. Je me souviens de l'impression intense que me causaient tous ces hommes faisant ensemble, dans un accord parfait, les mêmes gestes rituels d'adoration que je n'avais jamais vu, jusqu'alors, accomplir que par quelques fidèles à la fois.

Je revois, face à la mer, au flanc de la colline, les femmes, mystérieux fantômes blancs, entrer dans la mosquée de Sidi Abd-er-Rhaman, où je suis un peu honteux de pénétrer derrière elles, crainte de les importuner.

Je les revois encore, dans les cimetières, dans celui surtout d'El Kettar, que je préfère, étageant ses modestes tombes à l'ombre grêle et mouvante des eucalyptus aux baies bleues, frémissants au moindre souffle de brise, dans un site qui m'est cher, où je viens souvent rêver et observer. Mais comment rendre avec les mots qu'il faudrait tout ce que je dois de sentiments, de sensations aux cimetières musulmans, tout le bien que je pense d'eux, qui ne sont déparés par aucune de ces horreurs trop communes dans nos champs de repos, où le mauvais goût et une ostentation particulièrement déplacée se donnent parfois libre carrière. Sentiments de calme, de simplicité grave mais non dure et sèche, d'uniformité sans monotonie cependant, d'apaisement, de soumission, de résignation, de tristesse tempérée d'une certaine douceur voilée. Ici encore, et particulièrement, nous retrouvons, à côté de la stricte observance des règles, à côté des idées de deuil et de douleur, des habitudes toutes spéciales de naïveté. Ce sont les longues stations auprès des êtres aimés et disparus, la continuation dans leur voisinage, pour toute une journée, de la vie quotidienne, causeries, goûters de femmes et d'enfants réunis. Habitudes qui s'expliquent d'ailleurs en partie par l'existence cloîtrée que mènent les femmes musulmanes.

Et ces diverses évocations me font accomplir de nouveau l'évolution par laquelle des impressions artistiques, des visions, des sentiments firent naître en moi la curiosité intellectuelle de connaître cette religion qui devait être intéressante comme elles le sont toutes et dont les adeptes étaient si différents des hommes au milieu desquels j'avais vécu précédemment.

Et ce fut cette constatation rapidement effectuée, cette opinion bientôt acquise, qu'il y avait sous ces habitudes et ces attitudes nobles, par quoi mon désir de savoir avait été éveillé, une fort belle doctrine et une règle de morale élevée, dirigeant, dans les moindres actes et gestes de leur vie de chaque jour, des gens profondément croyants, qui pratiquaient sincèrement leur culte en demeurant à égale distance et du respect humain et de l'affectation.

Puis ce furent, à côté de ces raisons artistiques, morales et intellectuelles d'ordre général, des raisons historiques et françaises qui me firent poursuivre mon initiation.

Tout cela, en vérité, constitue quelque chose et après avoir, une fois de plus, passé en revue toutes ces idées, j'en reviens toujours à me dire que, vraiment, il n'est pas besoin, pour expliquer les amitiés que l'Orient inspire et l'intérêt qu'il suscite, d'invoquer ce fameux « mirage oriental » qui, paraît-il, nous éblouit et nous leurre.

. . . .

Tout autour du paquebot, les mouettes décrivent de rapides arabesques. On les voit, partant des flots, s'élever à grands coups d'ailes, tracer des courbes élégantes puis, les ailes immobiles en apparence, sans mouvements visibles, accomplir d'harmonieuses évolutions, tournant et virant en tous sens avec une précision déconcertante. Brusquement, elles paraissent vouloir se laisser tomber comme une pierre, une chose sans vie, pour, l'instant d'après, repartir d'un mouvement sûr et qui paraît raisonné, rebondir, pour se poser de nouveau sur la mer. Quelle belle chose cela serait de pouvoir se conduire dans l'air, pour un être réfléchissant. Les mouettes, elles, qui ne réfléchissent pas, sont cependant, à tout prendre, je crois bien, plus heureuses que les hommes.

**

En route vers Marseille, le samedi soir 30 Septembre 1911.

C'est le 26, à la fin de la journée, que nous avons pris passage sur ce paquebot qui doit nous conduire à Marseille et gagnait d'abord Port-Saïd.

Pendant que, dans la nuit naissante, nous nous éloignions, plusieurs incendies s'allumèrent à Beyrouth. Leurs intenses lueurs rouges, sinistres, demeurèrent longtemps visibles.

Le navire était plein, archiplein, de passagers égyptiens ou syriens qui se rendaient en Egypte. Il régnait à bord, de leur fait, un bruit assourdissant et un encombrement qui, s'il ne manquait pas de pittoresque, ne manquait pas non plus d'être quelquefois fort désagréable.

Le 27 à midi, après une navigation nocturne et matinale fort satisfaisante, nous arrivions par beau temps à Port-Saïd où une nouvelle désillusion nous attendait.

L'Egypte avait pris contre la Turquie, et spécialement contre la Syrie, de sévères mesures quarantenaires : nécessité, pour pouvoir débarquer librement, d'avoir passé

Port-Saïd. — Entrée du canal ; statue de Ferdinand de Lesseps.

cinq jours en mer depuis le dernier port ottoman, ou obligation, dans le cas contraire, de demeurer dans un lazaret jusqu'à expiration de la même période. Or, nous ne disposions que de trois jours, que nous souhaitions mettre à profit pour gagner le Caire, d'où nous aurions rejoint notre paquebot à Alexandrie. Nous ne pouvons donc débarquer.

Nous ne pouvons débarquer, mais ne sommes pas dispensés pour cela d'une visite médicale que nous subissons à bord. Nous devons ensuite nous contenter de parler du haut du paquebot avec un ami obligeant venu nous chercher pour nous piloter et dont la barque ne devait pas entrer en contact avec notre navire... Parler n'est pas exact, c'est crier qu'il faut écrire. Impossible en effet de s'entendre sans crier, à une telle distance et au milieu d'un tel vacarme.

Port-Saïd : une grande jetée qui s'avance, surmontée de la statue de Ferdinand de Lesseps ; de gros poissons dans l'eau claire sur un fond de sable jaune ; des dragues qui travaillent incessamment ; beaucoup de navires, une multitude de navires ; de la poussière de charbon, beaucoup de poussière de charbon ; l'entrée du canal, les bâtiments du canal ; d'autres constructions fort banales... Et c'est tout, je crois bien.

Le port d'Alexandrie et le « Champollion », des Messageries Maritimes.

Non, ce n'est pas tout, car il y eut le débarquement des passagers qui gagnaient le lazaret, spectacle assez piquant, à défaut d'une meilleure utilisation possible de notre temps ; — il faut savoir se faire une philosophie.

Cette opération fut bruyante et tumultueuse, car ceux qui quittaient le navire, parmi lesquels une grande quantité de femmes et d'enfants, étaient fort nombreux.

Partis de Port-Saïd le soir, nous étions à Alexandrie le lendemain pour y demeurer trente-six heures et y subir notre dernière visite médicale, la seule de toutes celles déjà subies où l'on fit le simulacre de nous tâter le pouls. Pourquoi, d'ailleurs? on se le demande. On comprend, après une telle formalité, l'erreur de ce passager non prévenu qui fut fort surpris d'apprendre qu'il avait subi l'examen réglementaire. Il croyait qu'il venait de passer devant le médecin du bord désireux de serrer la main de tous les passagers avant leur débarquement. Singulière coutume, se disait-il, en se l'expliquant par ce fait qu'il était sur un paquebot étranger. Erreur réellement possible de la part de qui ne connaît pas le médecin du bord — car ce n'est naturellement pas lui qui est chargé de ce soin —, en raison de la manière ultra-rapide dont votre pouls est tâté.

Après une journée passée sur rade, le paquebot fut autorisé à quitter le mouillage qui lui avait été assigné et à venir à quai, à condition que toutes les ouvertures donnant du côté de la terre fussent strictement fermées. Nous fûmes de plus dûment avertis que, sur toute personne qui tenterait de profiter de cette situation privilégiée pour débarquer, les gardes de service sur les quais avaient ordre de tirer... Voilà, n'est-il pas vrai, un pays bien protégé contre les microbes?

Nous emportons de cette ville et de ce port célèbres une impression très peu précise. On se montrait le navire qui venait d'amener lord Kitchner et le yacht du Khédive. On apercevait aussi, au bord de l'eau, sur une presqu'île allongée, une résidence estivale de ce même souverain. On voyait enfin beaucoup de bateaux et des quais, ce que l'on peut voir dans de nombreux ports. Ah ! ces mesures sanitaires !... enfin, n'en parlons plus

C'est au moment du départ que nous avons eu la seule vision d'ensemble. Elle fut plus intéressante du reste que belle, et curieuse surtout par son coloris. Nous étions loin de l'un de ces « soleils couchants derrière les ports ! gloires incomparables des cités maritimes », dont Pierre Loüys parle à propos de l'ancienne Alexandrie.

Dans l'éloignement, la ville et la côte apparurent un peu. A gauche, une ligne rose, assez nette : la côte ; puis une interruption causée par le port : du gris — un peu taché de rose : quelques maisons. Cette dernière couleur reprenait pour disparaître bientôt, parce que la côte est là, je crois, si basse qu'on n'en peut rien voir à la distance où nous étions. Un faubourg rose ensuite et une côte plate, blanche : du sable qui, tout à fait vers la droite, paraît gris, presque bleu et se perd rapidement dans la mer. Quelques palmiers, un moulin à vent. Tout cela disparaît avec le jour.

Après le dîner, nous voyons encore le phare qui, à son tour, s'efface — et c'est la nuit, la nuit noire... C'est le rêve oriental que nous avons vécu, que nous vivons encore, en quelque manière, qui finit.

*
* *

Évidemment, cela est superficiel, et cela n'est pas enthousiaste. Veuillent bien mes amis Égyptiens me pardonner et m'absoudre, car il me semble que j'ai quelques circonstances atténuantes.

Le Caire. — Panorama.

Mon second voyage fut, heureusement, beaucoup plus intéressant et plus favorisé par les événements.

J'ai séjourné en Egypte du 14 au 23 Octobre 1922. J'y suis arrivé, venant de Syrie et Palestine, par Kantara, d'où j'ai gagné le Caire où j'ai quelque peu demeuré. Je fus ensuite à Louqsor, Assouan et Philæ avant de revenir m'embarquer à Alexandrie.

Mes notes sont ici, à la fois plus nombreuses et moins bien ordonnées. (Est-ce qu'avec le temps je deviendrais moins soigneux et moins précis?)

Au surplus, il ne saurait être question de retracer méthodiquement ici ces journées de voyage. Ce serait sans doute bien présomptueux de l'entreprendre pour un résultat qui, sans plus de doute, serait infiniment médiocre. Ce que je veux recueillir, ce sont quelques notations, quelques impressions principales qui, à relire ces feuillets, me sont apparues plus nettes encore. Elles caractérisent, en somme, ce qu'à la veille de ce nou-

Le Caire. — Pont de Kasr-el-Nil.

Entrée du musée de Boulaq.

veau départ, je me remémore le mieux, d'une manière particulièrement vive, et, je
pense, avec le plus d'intérêt.

*
**

Pour tout voyageur, même passant trop vite au Caire — c'est le sort de beaucoup,
ce fut malheureusement, en tout cas, le mien —, mais qui sait observer un peu, quatre
impressions demeurent.

C'est, au point de vue moderne, d'après les canons applicables à nos
villes occidentales, une belle, riche et opulente cité.

Auguste MARIETTE,
peinture exécutée par Suzanne SESBOÜÉ
pour le " MARIETTE PACHA ",
paquebot des Mesageries Maritimes.

C'est encore une ville — toute différente celle-là — infiniment pittoresque, grouillante de vie, et si variée.

C'est un lieu d'art incomparable, l'un des plus remarquables du monde.

C'est enfin un centre intellectuel d'une grande importance.

Une superbe ville, certes : beaux boulevards, larges avenues, des ombrages, des jardins ; beaucoup d'ordre et l'impression, encore une

La Princesse Nafrit, IIIe dynastie.
(Musée du Caire.)

fois, de richesse, de bien-être, de choses largement conçues, réalisées de même et entretenues à l'avenant.

Une superbe ville orientale, certes, mais tout de suite après, européenne... Non, pardon, c'est française qu'il faut écrire. On excusera bien un Français de l'indiquer, en rappelant en même temps, une fois de plus, que notre langue est la seconde langue administrative d'un pays dont le Journal Officiel paraît en arabe et en français.

Il serait impardonnable, et d'ailleurs bien contraire à ma pensée, d'omettre de rappeler ici le rôle considérable ·joué en Egypte, rôle auquel chacun au surplus rend hommage, par les religieux français : infatigables représentants de notre génie, travailleurs modestes et dévoués, exemples vivants, constants propagateurs de notre langue

Au point de vue auquel je viens de me placer, je ne dois pas oublier de noter, parmi tant d'autres choses que je ne puis songer retenir, un Jardin Zoologique que beaucoup de cités de la vieille Europe pourraient légitimement envier au Caire, qu'il s'agisse de sa faune, de sa flore, ou de sa présentation.

Mais, une ville de contrastes, car, à côté de tout cela, intimement liés, devrait-on écrire, à côté de tout cela, il y a la ville purement arabe, il y a la partie commerçante, les souks, les ruelles étroites. Là, une foule de petits métiers, ou de grands commerces, pour nous si intéressants, voisinent et s'entremêlent en un pittoresque, un bariolage de couleurs et un rapprochement de costumes. de races et de peuples auxquels notre esprit s'intéresse tout autant que nos yeux.

Ici encore, une seule note choisie entre tant d'autres pour préciser et souligner notre pensée : cette industrie des repasseurs de fez, avec leurs instruments en cuivre si particuliers.

Une cité d'art, et ceci à un double point de vue : art égyptien, art arabe ; musées, monuments, mosquées.

Musée des Antiquités égyptiennes, satisfaction de songer au rôle que nous n'avons cessé d'y jouer, depuis sa fondation par Mariette. Un monde... alimenté par des ressources à peu près inépuisables, dont on commence seulement à entr'apercevoir ce qu'elles peuvent représenter.

Au cours d'une audience qu'il voulut bien accorder à

Le dieu chat
dont de nombreux spécimens
ont été retrouvés en Égypte.

certains de mes compagnons de voyage et à moi-même, le Roi Fouad nous disait très justement que son pays recèle encore des richesses auprès desquelles celles qui furent révélées déjà ne sont, pour ainsi dire, rien : des richesses permettant de doter bien largement tous les musées d'Europe et du monde.

On reste confondu devant tant de trésors. On reste confondu devant tant de grandes choses — et de si petites.

L'art égyptien fut grand dans ses monuments. Il fut grand dans ce que j'appellerai ses vestiges moyens, ses statues. A n'en retenir qu'une, il faut se borner à la princesse Nafrit, si lointaine et cependant si proche de nous, d'un art qui déroute, qui stylise, qui immobilise et qui, cependant, donne une telle impression de réalité, de vie... Regardez-la bien, toute stylisée qu'elle soit. Voyez-la sous sa robe, qui vit et respire... Et tout cela est de bois peint.

Et les animaux familiers, dont certains devinrent dieux, furent embaumés à leur tour, comme ces chats, dont il existe de si sympathiques répliques de bronze.

Si nous descendons plus bas dans la hiérarchie et, parfois, dans la gamme des dimensions, c'est alors ce prodigieux fouillis — je n'emploie pas ici ce mot dans un sens péjoratif — d'objets relatifs à l'existence quotidienne : les sièges, les chars, les bijoux, les instruments de toilette, etc... Tous objets établis à l'échelle et à l'usage du « double », que l'on imaginait évidemment l'égal, comme taille, de ce que le mort avait été de son vivant. Et puis, tant d'autres représentations qui font défiler devant nous, dans ses moindres détails, avec une précision merveilleuse, la vie de tous les jours. C'est ce soldat, ce chef, ce capitaine, accompagné de ses hommes montés sur leurs chevaux. C'est ce propriétaire qui, de passage dans son exploitation agricole, reçoit les explications de son intendant, voit défiler devant lui ses serviteurs, qui lui présentent des spécimens du cheptel comme des produits de la terre. Le vers de Racine monte inévitablement à vos lèvres :

De leurs champs dans leurs mains portant les nouveaux fruits...

Ce sont ces navigateurs dans leurs barques scrupuleusement reproduites. Oui, c'est bien toute une vie, un monde de petits personnages sculptés ou moulés et peints qui, traversant les âges et les âges, sont venus jusqu'à nous, reproduire fidèlement, comme jamais jusqu'alors on ne l'avait fait, comme jamais depuis on ne l'a fait, ce qu'était effectivement la vie de l'Egypte il y a tant et tant d'années.

Les monuments principaux datant de l'antiquité égyptienne, si ce n'est au Caire, du moins tout près, sont les fameuses Pyramides, le Sphinx et le temple y attenant, chacun sait cela.

Il en est des Pyramides et du Sphinx, nous l'avons tous éprouvé — et ceci est une simple constatation — , il en est de ces monuments, pour nous qui les voyons pour la première fois, comme de la tour Eiffel, j'imagine, pour tout étranger qui débarque à Paris. On les a évidemment vus reproduits. Ne serait-ce, en ce qui concerne les Pyramides et le Sphinx, que par les timbres-poste. On les connaît si bien qu'on les aborde pour la première fois comme de vieilles connaissances : « Tiens, voilà les Pyramides... ». Et, en effet, on les voit du Caire, de tous les côtés. On n'est donc pas surpris. Mais cela ne veut pas dire qu'on ne soit pas satisfait.

On se prend à songer, avec l'abbé Moreux, à « la science mystérieuse des Pharaons »... A tout ce que les anciens Egyptiens savaient — et ne savaient pas. A l'étendue comme à la limite de leurs connaissances. A ce qu'ils ont réalisé. A ce que représentent, à tous

Les Pyramides, le Sphinx et le Temple.

Autre aspect des Pyramides de Gizeh.

égards : savoir, travail, volonté, continuité, durée, des monuments comme ceux-ci. A la fois ravi et vertigineux, l'esprit mesure sa grandeur et en jouit, perçoit son infériorité, sa petitesse et en souffre...

On les connaît certes, les Pyramides, mais en se les figurant lisses commes elles étaient jadis, alors qu'en réalité elles sont composées de blocs dont la diversité et l'importance disparaissent dans l'éloignement seulement.

C'est un curieux passe-temps, pour les voyageurs, que de faire monter en haut d'une pyramide, la plus haute, ces spécialistes si agiles qui accomplissent moyennant rétribution ce tour de force de faire l'ascension et la descente en sept minutes. Tous ceux qui ont vu l'agile grimpeur, une fois parvenu au sommet, relever les pans de sa robe et descendre les bras étendus, gardent un souvenir très net de cette espèce d'homme-oiseau.

On remarque, on en est même frappé, tout proche des Pyramides et du Sphinx, l'un des principaux contrastes de la terre d'Egypte : ici c'est la richesse, c'est la terre fécondée par le Nil ; là, sans transition, brusquement, c'est le désert avec ses vagues de sable.

Bien près du Sphinx, on visite avec intérêt ce petit temple de granit rose dont les pierres proviennent de la carrière d'Assouan. Elles ont donc fait, pour venir ici, près de 900 kilomètres.

Il est beau dans sa simplicité et puis, c'est un symbole ou, mieux, une leçon. Il serait bien désirable que beaucoup le voient, qui prétendent avoir créé et inventé, pour que leur superbe en soit rabattue. En fait de « formule nouvelle », en voici une qui date de près de 2.900 ans avant J.-C.

D'ailleurs, ne sont-ce pas les Goncourt qui, dans une page dont je me souviens bien, ont, en termes si vifs et si amusants, développé l'idée qu'ils formulaient ainsi dès le début de leur constatation désenchantée : « Original?... qui?... quoi?... » Suit une énumération où, comme des quilles visées par un joueur habile, s'effondrent successivement un certain nombre de prétentions supposées à l'originalité, à la nouveauté...

Oui, l'art égyptien est une grande chose, une chose unique, mais le Caire est privilégié de posséder également tant de témoignages, tant de trésors serait plus juste, d'un autre art, et qui n'est pas sans mérites.

L'Islam a, paradoxe étrange, fait éclore, par des prescriptions qui auraient pu être de nature à causer la disparition de toute vie artistique, un style tout à fait particulier, dont certaines manifestations sont parmi les plus admirables que nous possédons de l'activité humaine s'exerçant dans ce sens.

De cet art, on peut voir mille manifestations intéressantes au musée d'art arabe, dont il semble qu'il est permis de dire, sans solliciter nullement la réalité, qu'il est, à ce propos, sans égal.

Si j'avais à choisir un seul spécimen à citer, je parlerais de ces lampes en bois sculpté dont j'ai conservé un souvenir si vif.

Mais, ce n'est pas tout, loin de là. Il y a toutes les mosquées, sans parler de ces fameuses sépultures dites tombeaux des Khalifes. Les anciennes mosquées et même, je ne rougis pas de l'écrire, les modernes.

Les mosquées font, au Caire, une parure vénérable par la foi qui inspira leurs architectes, par leur valeur proprement artistique.

Je l'ai déjà dit ailleurs et il m'est agréable d'y revenir ici, car ce sont le lieu et

A gauche : Cour et fontaine de
la mosquée ibn-Touloun.

Ci-dessous :
La mosquée Mohammed Ali.

La mosquée du Sultan Hassan.

A droite : Intérieur de
la mosquée Mohammed Ali.

l'occasion ou jamais : L'Islam séduit en lui-même, si je puis ainsi m'exprimer. J'entends par là qu'on constate, lorsqu'on l'étudie en tant que doctrine religieuse, que cette doctrine est fort belle et simple.

Elle a une unité et une netteté qui forcent l'admiration. Elle possède une rectitude parfois un peu nue, un peu austère, qui en impose. Il est bien vrai que les édifices consacrés au culte musulman sont, à ce sujet, symboliques de la foi qui inspira leurs architectes. Les mosquées donnent une juste idée des croyances qu'elles abritent.

Ces mosquées du Caire, ce sont de nombreux bras dressés vers le ciel pour la prière, certains trapus et généralement solitaires, d'autres plus minces, généralement jumeaux, à la manière des mosquées de Stamboul.

Voici Ibn-Touloun. La Gama Ibn-Touloun est, après la mosquée d'Amrou, le plus ancien monument du Caire. Elle fut élevée sur l'ordre d'Ahmed Ibn Touloun, par un architecte copte, sur le modèle de la Kaaba de la Mecque, disent les uns, sur celui de la mosquée de Samaara près Badgad, disent les autres. Le fondateur ayant interdit l'emploi de matériaux provenant d'autres édifices (les colonnes, notamment, passaient souvent des temples de l'antiquité païenne et de ceux du Christ à ceux de l'Islam), l'architecte s'efforca d'innover et c'est dans cette construction que, pour la première fois, apparaît l'arc dit ogival.

Voici la mosquée du Sultan Hassan, un des plus beaux monuments de l'art arabe, la perle des mosquées du Caire. Elle fut construite de 1356 à 1362, sous le règne du Sultan Hassan. Son minaret, haut de plus de 80 mètres, est l'un des plus élevés de ceux du nord de l'Afrique.

C'est dans cette mosquée, qui servit souvent de forteresse, et lutta fréquemment contre la Citadelle, que se réfugièrent, le 21 Octobre 1799, les Arabes révoltés contre nous. Je ne crois pas me tromper en disant qu'on montre encore des boulets français encastrés dans les murs. A cette époque-là, heureusement, les engins de guerre n'avaient pas la même puissance destructive que présentement.

Voici encore la Mosquée Mohammed Ali, commencée par « Méhémet » Ali et terminée après sa mort, inspirée par l'une des mosquées de Stamboul. Ses deux minarets, très hauts, annoncent de fort loin l'approche du Caire. Elle est en effet construite dans la Citadelle qui domine elle-même la ville. C'est une mosquée moderne. La conception architecturale d'ensemble dont elle procède mérite de retenir l'attention, encore que l'édifice ne soit cependant pas, cela est évident, remarquable au point de vue artistique. Elle fut toutefois, à mon avis, trop sévèrement jugée dans certains cas. Cette mosquée dont on a dit tant de mal, elle fait partie, quoi qu'on veuille, placée qu'elle est sur le haut de la Citadelle, elle fait partie, avec le Mokattam, du panorama général de la ville, que je ne trouve pas qu'elle dépare.

Si j'estime qu'elle fait bien, vue d'en bas, que dirais-je de la vue que, d'en haut, on découvre, si vaste, si étendue, attachante par sa forme comme par son coloris? Et puis, tous ces bruits, chevauchants, confus. Comme sur un vaste lac, dont les vagues, parfois, émergent comme des lames de fond, toutes ces rumeurs venant de ces 950 milliers d'âmes... Toutes ces rumeurs tantôt unies : le bruit d'une ville semblable à celui de l'eau en mouvement. Toutes ces rumeurs dont l'une, tout à coup, perce, monte, s'épanouit comme une fumée... plane, domine et puis retombe et meurt, et puis retourne

Entrée de la mosquée El-Azhar

à l'ensemble, et puis est absorbée, engloutie, par le bruit ambiant, tout ensemble, et par le silence... Voici qui parle à l'esprit, voici qui porte à la rêverie, aux réflexions, au silence enfin...

Et dans le ciel, parfois presque blanc de chaleur, dans le ciel que parfois aussi des nuages de sable ou de la poussière obscurcissent, planent, vigilants et actifs, malgré leur transitoire apparence d'immobilité, les grands oiseaux roux qui sont inséparables, eux aussi, de la vision qu'on emporte du Caire, milans, vautours ou éperviers ?... Vautours sans doute, malgré tant d'hésitations de la part de ceux que l'on interroge. Car, enfin, le vautour sacré de l'Egypte est là, qui semble fournir la réponse à cette question.

Ce n'est pas seulement l'architecture religieuse musulmane qui a, au Caire, d'innombrables monuments, il y a aussi les palais, les demeures, parmi lesquelles nous pouvons bien citer la Légation de France, type achevé, qu'il s'agisse de boiseries, des faïences ou de la disposition générale des lieux, d'un art qui ne compte plus parmi nous que des admirateurs. Personne maintenant, que je sache, ne s'avise de discuter le style arabe ou oriental, lorsqu'il est vraiment digne de porter ce nom. Ce sont, en effet, des contrefaçons ou des imitations malheureuses et incompréhensives qui ont pu, jadis, faire naître dans certains esprits des sévérités qui n'étaient pas méritées, puisqu'elles ne s'appliquaient pas à ce qui est vraiment le style arabe, si beau, par lui-même, en si parfait accord, d'autre part, avec les régions pour lesquelles il fut conçu et la vie qu'on y mène.

Un centre intellectuel, l'un des principaux, savez-vous, de l'Islam. Il existe, en effet, au Caire un centre d'études musulmanes extrêmement important. Je veux parler de la Mosquée-Université d'El-Azhar (1), qui reçoit des étudiants de toutes les parties du monde musulman. Jouissant d'une grande célébrité, El-Azhar est regardée comme l'université, non seulement de l'Egypte, mais encore de tout l'Orient. Contemporaine, dans sa forme primitive, de la fondation même du Caire, El-Azhar eut, dès l'origine, le double caractère qu'elle a toujours gardé depuis, de maison pour la prière et de lieu pour l'enseignement. La durée des études varie de trois à six ans, l'enseignement est gratuit. Il faut aussi indiquer que la mosquée sert d'asile aux musulmans pauvres ou étrangers, qui y passent tranquillement la nuit sur des nattes étendues sous les galeries ou dans la cour. Tous les deux jours, on fait, pour les étudiants pauvres, une distribution

---

(1) Ceci, ne l'oublions pas, fut écrit en 1922, avant tant de modifications dont la presse européenne a rendu compte en leur temps.

de pain, outre une certaine quantité d'huile pour l'éclairage, sans compter les distributions mensuelles de petits subsides d'argent. Les fonctions de professeurs sont gratuites. Le budget de la mosquée est alimenté, partie par une subvention de l'Etat, partie par les revenus des biens Ouakfs, c'est-à-dire pieusement légués à cet effet par des particuliers, comme c'est d'ailleurs le cas pour toutes les mosquées. Un fonds spécial est affecté à l'entretien d'un certain nombre d'aveugles — très nombreux en Égypte —, qui sont logés dans un bâtiment spécial, situé à l'angle oriental de l'édifice.

J'y fus, il m'en souvient bien, malgré les critiques de certains, qui étaient étonnés, compte tenu du peu de temps dont je disposais, que je ne consacrasse pas tous mes instants disponibles aux admirables musées. Oui, répondais-je, le passé et les manifestations artistiques sont certes intéressants, mais la vie, la vie même du peuple — une vie à certains égards si dissemblable de la nôtre —, son éducation, ses croyances les plus intimes, cela aussi est intéressant et attachant.

Nous autres Français, qui voyons au Maroc l'existence de la grande Université Karaouine, la rivale moghrébine d'El-Azhar, nous autres Français qui, je l'ai, depuis 1912, répété à tous les échos qui daignèrent m'accueillir, devons étudier l'Islam [1] ne saurions passer au Caire sans effectuer une visite de ce lieu dont la renommée s'étend si loin, dont l'influence est si grande.

Il convient de dire, d'ailleurs, que j'y fus parfaitement bien reçu.

Et naturellement, en visitant El-Azhar, ma mémoire, reprenant une fois de plus une pente pour elle familière, ramenait à ma pensée tant d'idées coutumières.

Les religions répondent à un besoin dont la naissance se perd dans la nuit des temps. Elles touchent à des problèmes dont l'humanité cherche la solution avec continuité et ténacité depuis de longs siècles. Elles sont intimement liées aux conceptions les plus élevées, les plus abstraites, les plus consolantes, les plus reposantes, les plus apaisantes, comme aussi les plus graves, les plus troublantes, les plus sombres, les plus désespérées. En elles se reflètent la vie et la pensée des hommes, nos semblables, dans tous les temps, dans tous les pays. En elles se résument les aspirations, les désirs, les espoirs, les craintes, les inquiétudes, les angoisses qui sont le fond même de l'esprit humain. Pour nous tous — pour presque tous, du moins —, elles sont liées à des souvenirs personnels, à des affections, à des traditions.

Loin de nous diviser, elles doivent contribuer à nous rapprocher. Ne nous montrent-elles pas et notre faiblesse et nos tentatives, et nos touchantes autant que communes espérances?

« Je suis homme et pense que rien de ce qui est humain ne doit m'être étranger », comme s'exprimait l'auteur latin. C'est bien le cas, semble-t-il, de songer à cela, puisque le phénomène religieux tient une telle place dans la vie de l'homme et qu'il n'apparaît pas, au contraire, qu'il existe pour nos frères inférieurs, les animaux.

Oui, les religions, qui sont des phénomènes psychologiques, historiques et sociaux absolument hors de pair, touchent à des questions auxquelles nous nous intéressons tous, ne serait-ce que parce que les livres sacrés des différentes religions donnent généralement aux hommes des conseils de deux sortes. Les uns d'une portée et d'un caractère très généraux. Les autres tout à fait précis et se référant à leur conduite constante dans les affaires de ce monde.

---

[1] A Paris, en 1912 ; à Marseille, en 1922 ; au Havre, en 1923 ; à Liége et à Marseille, en 1926 ; à Lyon en 1929.

Le Nil. Musée du Vatican et Jardin des Tuileries.

L'Islam est une doctrine qui présente en elle-même un vif intérêt. Son développement fut prodigieux. Il a tenu, il tient toujours dans le monde une place considérable. Il ne cesse de faire de nos jours de nombreux adeptes. Dans ce système religieux — caractère d'une importance capitale — l'union entre le spirituel et le temporel est particulièrement intime. C'est encore une particularité qui n'est pas peu attachante, pour l'Islam, que ses débuts sont fort bien connus, comme l'a signalé Renan.

Le Coran, code religieux, code juridique, est l'un des grands poèmes du monde. Les Arabes sont pleins d'admiration pour sa valeur littéraire. Il est le guide, le conseiller, le soutien de très nombreux hommes, mes pareils, à beaucoup d'égards, malgré tant de différences. Il règle la conduite de leur existence, pose les lois de leur famille, régit à la fois leur conduite morale et leurs intérêts matériels.

L'Islamisme a vu se développer une philosophie très importante et des plus attachantes, pour peu qu'on l'étudie. Je sais bien que, pour Renan, il n'y a pas eu, à proprement parler, de philosophie musulmane. Je suis incapable de me prononcer sur une semblable question. Mais, à supposer que la philosophie musulmane n'ait été qu'un reflet, du moins fut-il brillant.

Raisons très générales de sympathique curiosité, auxquelles, pour nous Français, s'en rattachent d'autres, que chacun conçoit, et qui découlent d'ailleurs pour partie de ce qui précède.

Or, en ces matières, nous revenons de loin. Il n'est que de s'en référer, sans remonter très avant dans le passé, à ce qu'un esprit généralement considéré comme libre, et même, par certains, comme prototype de l'indépendance intellectuelle, Voltaire, écrivait encore au XVIIIe siècle sur l'Islamisme.

Quand on s'entretient, comme il m'a été parfois donné d'avoir l'occasion de le faire, avec tel musulman compréhensif — me sera-t-il permis d'évoquer à ce propos tant de

Chameau passant un gué.

causeries avec l'actuel Ministre d'Egypte à Paris? —, on mesure mieux le chemin parcouru. On comprend mieux aussi la vérité de ce que je viens d'écrire et combien sont nombreuses les raisons d'entente et d'estime. Combien, malgré tant d'apparences, sont possibles tant de conciliations et tant de rapprochements...

Mais je dois m'arrêter, ne pouvant ici développer tout cela comme il conviendrait.

Je tenais cependant à le marquer par quelques phrases, si imparfaites soient-elles.

****

Pour qui parcourt l'Egypte, la basse, le delta, comme la haute, une idée s'impose, mieux, une idée domine toutes les impressions que ce passant emportera : la vie du fleuve qui commande tout, ou, plus exactement même, qui est tout.

Si le fleuve, source de vie, n'est plus, de nos jours, officiellement Dieu, en fait la formule reste toujours vraie, qu'employa le premier je ne sais quel observateur dont le nom m'échappe : « l'Egypte est un don du Nil ». Un don perpétuel, un don renouvelé. C'est l'eau du fleuve qui, dans un désert qui est de sable, offre et donne la vie, la rend possible. Et cette terre féconde, qu'il a créée, qu'il a apportée, à laquelle il répète sans cesse son généreux concours, il l'entretient, il l'irrigue et, en la submergeant, il la recompose et la fertilise tout ensemble.

Il n'est que de voir, passées les limites où son action s'étend, soit naturellement, soit avec l'aide de l'homme, ce qu'est le sable, opposé à l'humus fécond, royale création du fleuve.

Tout ceci évidemment ne se fait pas sans le concours de l'homme. L'homme, qui travaille sans cesse à recueillir puis à répartir l'eau nécessaire l'eau indispensable, l'eau créatrice, source de toute vie et de toute richesse. Ce ne sont, tout le long du fleuve, que procédés divers pour recourir à lui, lui emprunter ce qu'il ne cesse de généreusement dispenser à qui s'adresse à lui. Procédés primitifs remontant à la plus haute antiquité, procédés semblables à eux-mêmes depuis toujours pourrait-on dire. Gestes de ces êtres de bronze,

Barques sur le Nil.

Temple de Dahr-el-Bahri.

fixés et si bien rendus par Pierre Loti, de ces fellahs, de ces travailleurs infatigables. Leurs procédés et leurs appareils simples, toujours les mêmes, identiques. Procédés plus complexes auxquels l'animal participe. Procédés modernes et mécaniques, machines, canaux et digues, barrages suivant l'expression consacrée. Ces fameux barrages dont on a tant médit, avec juste raison parfois du point de vue esthétique, mais qui ne sont, en somme, que la continuation du passé, l'application de nos moyens actuels à l'obtention des résultats toujours et sans cesse recherchés. Le perpétuel appel au Nil.

Si le fleuve donne la vie, toute vie aussi, par voie de conséquence, se concentre autour de lui. Tous vont sans cesse vers le fleuve et y retournent, êtres humains et animaux, pour travailler, comme pour boire ou se baigner. D'où, dans les champs fertiles, ce per-

François CHAMPOLLION,
copie éxécutée d'après le portrait de Léon COGNIET
pour le " CHAMPOLLION ",
paquebot des Messageries Maritimes.

Obélisque de Louqsor, d'après une peinture de Léo Fontan.

pétuel et laborieux va-et-vient, ce grouillement d'êtres vivants : hommes qui travaillent, puisent de l'eau encore une fois ou la répartissent, labourent, assurent la récolte ou font des transports, souvent accompagnés de leurs enfants. Femmes qui vont et viennent, allant ou revenant du fleuve, portant leur cruche sur la tête d'un geste aisé, cependant que leur grande robe bleue, ou plus souvent noire, traîne dans la poussière et la soulève autour d'elles. Humains donc, et animaux domestiques, collaborateurs de

Philæ. -- Le Temple d'Isis

chaque instant du paysan, auxquels se joignent tous les oiseaux variés qui sont aussi l'une des caractéristiques des paysages égyptiens, l'accompagnement pourrait-on dire, obligatoire de la vie paysanne là-bas.

Mais ce n'est pas seulement autour du fleuve, c'est sur le fleuve même que la vie se concentre, car le Nil généreux, non content de dispenser ses

Obélisque de la place de la Concorde, d'après une peinture de Léo Fontan (1).

bienfaits dans l'ordre création, agriculture, vie en un mot, concourt aussi à l'existence dans des proportions considérables en offrant à ce pays une voie de communication, une large route qui marche — sans omettre la pêche, elle aussi nourricière. Des embarcations variées la parcourent, à rames ou à voiles, comme dans les temps antiques, à propulsion mécanique maintenant. Qui a vu et entendu la longue mélopée et le cri des bateliers ramant ou hâlant avec tant d'adresse leurs embarcations à contre-courant, qui a vu les grandes voiles pareilles à celles des monuments de l'antiquité égyptienne garde cette vision immuablement fixée dans l'esprit.

(1) Ces deux peintures formant diptyque et illustrant le poème de Théophile Gautier intitulé « Nostalgie d'obélisque » (Emaux et Camées), ornent le salon de première classe du « Théophile Gautier », paquebot des Messageries Maritimes, en service dans la Méditerranée.

Philæ. — Le Kiosque.

Un autre des souvenirs profonds, ayant trait à la nature, que le voyageur emporte de l'Egypte, est certes aussi la qualité de l'atmosphère, la nature et la lumière, les coloris qui en découlent.

Un clair matin ou un noble coucher de soleil sur l'Acropole, les soirs de Constantinople et du Bosphore, de Smyrne et de Syrie, sont certes d'incomparables souvenirs, nuancés à l'infini, impressionnants au plus haut point. Je n'ai point la prétention ridicule d'établir ici une impossible hiérarchie. Mais je sais telle fin du jour et tel début de nuit à Louqsor qui faisaient mieux que soutenir la comparaison avec de telles visions, de semblables évocations. La sécheresse de l'air, sa pureté et sa transparence parfaites, les reflets des eaux et des monts, tout concourt, tout rivalise ici à des féeries, des symphonies ou des apothéoses de couleurs dont, encore une fois, nul de ceux qui les a vus ne peut perdre la souvenance et auxquelles il ne peut songer sans admirative émotion...

Le calme, le grand calme profond, immuable, qui participe à la fois de la nature des choses et de tout le poids d'un tel passé vient, s'il est possible, ajouter encore un élément à la fois physique et moral à de telles émotions esthétiques.

Pas un Français qui ne soit ému, d'autre part, de noter au passage, anneau dans la chaîne de notre histoire et de notre action en Orient, anneau dans la chaîne générale de l'histoire du monde, à laquelle nous voici de nouveau reliés, pas un Français, dis-je, qui ne soit ému de lire en passant les inscriptions laissées à Louqsor, comme à Philæ et toujours, depuis lors, respectées, par nos compatriotes de l'Expédition d'Egypte. Son caractère militaire s'estompe avec le temps et seuls demeurent et ces souvenirs et ce monument encore inégalé : la « Description de l'Egypte » ou « Recueil des observations et des recherches qui ont été faites en Egypte pendant l'Expédition de l'armée française » publiées par les ordres de S. M. l'Empereur de 1802 à 1827.

Et voici la Vallée des Rois et voici le-site à la fois simple, noble et grandiose de Dahr-el-Bahri. Voici le sable blanc, aveuglant, qui commence, comme d'usage, à la limite de l'action de l'eau du Nil.

Voici, antiquité plus haute encore que l'antiquité égyptienne, tant de coquillages pétrifiés, qui demeurent pour nous rappeler qu'il y eut ici jadis de l'eau.

Voici cette montagne incomparable, d'une sécheresse parfaite, dans laquelle la piété, la science et le labeur d'un peuple créèrent cette immense nécropole pleine de ces vestiges dont le Musée du Caire nous donna une idée, revêtue de cette figuration et de ces inscriptions hiéroglyphiques à l'exécution parfaite, aux couleurs vives, dont un des nôtres, Champollion, trouva le secret. Voici tout cet ensemble déconcertant et pour nous cependant si familier depuis nos premières études, où nous apprîmes à connaître l'Egypte, à la fois par l'Histoire Sainte et par l'Histoire proprement égpytienne. Oui, voici la Vallée des Rois, où, quelques jours après notre passage, quinze à peine environ, devait être découverte cette fameuse tombe de Tout-ank-Amon, dont le monde entier parle encore.

Et puis ce fut Assouan, Assouan et sa carrière de granit, qui fournit, au prix de quel travail, au prix de quels efforts et de quels transports, le granit des monuments qui s'élevèrent en Basse-Egypte. Voici cet obélisque déjà séparé du roc sur toutes ses faces, sauf une, encore entouré des instruments simples et rudimentaires qui servirent à enfoncer les coins de bois, qui mouillés, gonflaient et assuraient ainsi sa séparation de son milieu initial. Voici cet obélisque en préparation, frère de celui de Louqsor, frère lui-même de celui que nous, Parisiens, fréquentons quotidiennement et qui fait maintenant partie de la silhouette même de notre ville.

Voici Philæ enfin. Voici la première cataracte, « l'Ile Eléphantine », le barrage.

Philæ, hélas, parfois submergé. Philæ mélange, certes, de toute une série de styles égyptiens, où les influences étrangères se discernent. Philæ aux architectures gracieuses et grandioses tout ensemble, élancées parfois comme elles sont aussi massives et trapues.

Et ce barrage immense et ce réservoir déconcertant, parsemé de rocs, entouré de lauriers roses étincelants sous le soleil radieux.

Et voici, hélas, aussi le terme méridional de ce voyage-ci.

En suivant le cours du Nil pour regagner le Caire et Alexandrie, refaisant en sens inverse le chemin peu avant parcouru, après cette pointe éminemment suggestive et instructive, quelque insuffisante et brève qu'elle ait été, une idée sans cesse revenait à nos esprits, une idée qu'il est bon, sans doute, d'avoir, lorsqu'on ne connaît qu'un peu l'Egypte, pour ne pas se faire trop d'illusions sur l'importance et la valeur de ses impressions et opinions. C'est ce que j'appelle, dans ma terminologie personnelle, « la comparaison du baromètre ».

L'Egypte est une sorte de long couloir, une longue bande de terre. Prétendre, comme certains le font, juger de l'Egypte par ce qu'on en voit en débarquant à Alexandrie d'abord, voire même au Caire, a chance d'être aussi inexact, aussi ridiculement superficiel que serait l'affirmation d'un homme qui regarderait uniquement le haut d'un baromètre qu'il surplomberait et jugerait du tout par cette vision. Que si, en effet, dans ce baromètre, on avait à la partie supérieure du mercure, placé quelques gouttes d'un liquide coloré en bleu par exemple, cet observateur, se fiant à l'apparence, pourrait prétendre que toute la colonne mercurielle est composée de ce même liquide bleu. Il se tromperait fort cependant. Eh bien, il en serait de même du voyageur trop pressé de conclure, comme cela se voit souvent.

Ce que nous voyons, en effet, c'est le haut, appelé en l'espèce le bas, Basse-Egypte, et quelques villes relativement proches de la Méditerranée. Ajoutons même au Caire, à Alexandrie et Tantah, Minieh par exemple. Nous ne voyons donc généralement pas l'ensemble d'un pays qui, encore une fois, s'étend en profondeur.

Bien souvent, lorsque parviennent jusqu'à nous les échos tapageurs de tel ou tel événement, je songe à cette grande masse du peuple égyptien, toute préoccupée de ses travaux agricoles, puisant de l'eau en vue des irrigations, travaillant comme autrefois, contente de peu et heureuse si la culture rend. Ce sont évidemment ces gens-là qui constituent la majorité, une majorité immense, la presque totalité du peuple égyptien. Et cependant de leurs préoccupations simples et pratiques, de leurs besoins, l'écho rarement parvient jusqu'à nous.

A tout cela aussi nous songions en écoutant le Roi Fouad nous exposer avec une singulière lucidité, un grand calme et un parfait bon sens, les données essentielles du problème égyptien, au cours de l'audience à laquelle j'ai déjà fait allusion plus haut.

Et cela, tout naturellement aussi, nous faisait songer encore à la grande difficulté pour les hommes, de se comprendre et de s'entendre. Raison de plus, comme je l'affirmais déjà précédemment, pour se voir et se fréquenter, persévérer dans tous les efforts et dans toutes les œuvres qui peuvent contribuer au rapprochement par une meilleure compréhension, une meilleure connaissance.

« Bonne curiosité du voyage, vertu salutaire, comme on serait heureux de croire qu'on a pu t'aviver ! Connaître, c'est comprendre, comprendre, c'est excuser : et tout le secret de la vie n'est il pas l'indulgence?

« Voilà pourquoi, au retour des pays lointains, j'en parle volontiers aux gens de mon pays. »

Idée plus tard reprise, développée en des termes excellents, qui me font malheureusement défaut au moment où je trace ces lignes hâtives, par notre compréhensif Barrès.

Nous éprouvons de la difficulté à nous entendre entre Français, et à fortiori, entre Européens. Mais à quels obstacles ne nous heurtons-nous pas lorsqu'il s'agit de saisir l'âme musulmane? Si je l'ai toujours constaté, le voyage que j'ai fait en Orient en 1922, en me donnant de nouvelles raisons de penser comme je le fais, m'a laissé à ce propos une impression particulièrement vive.

Un soir, au Caire, en Octobre de cette année-là, nous fûmes dans un lieu où se réunissaient des Musulmans pour entendre de la musique et des chants. Nous avons passé là bien près d'une heure et demie, et, certainement, pendant cette heure et demie, le spectacle, si l'on peut s'exprimer ainsi, ne dura pas une demi-heure. De longs intervalles, pour nous inexplicables, se prolongeaient au milieu de l'indifférence générale. Les manifestations d'une satisfaction qui cependant devait être vive, étaient uniquement le nom du Seigneur, le mot « Allah », prononcé de temps à autre par les spectateurs, en appuyant longuement sur la dernière syllabe, à voix traînante ; et c'était tout. Je suis même parfaitement incapable de rendre avec netteté tout ce qu'il y avait là de déconcertant pour nous, l'impression d'indolence et d'indifférence qui se dégageait de ce public, venu cependant en cet endroit de plein gré, et en payant.

Et pourtant, il ne s'agissait que de tenter de saisir, au cours de cette soirée, l'un des aspects de l'âme populaire. Combien plus difficile est l'œuvre de l'Européen qui cherche à atteindre au plus secret de la pensée politique musulmane. Bien souvent il ne connaît pas, loin de là, les mobiles réels de ceux qu'il serait parfois tenté de considérer comme hostiles. Il lui faut donc tout ensemble une grande volonté de comprendre, une large conception de solidarité humaine, le tout doublé d'une circonspection et d'une prudence qui demeurent absolument indispensables.

Et, veuillent bien les Orientaux me le pardonner, la réciproque est vraie, comme s'expriment les géomètres. L'effort doit donc avoir lieu de tous les côtés.

Que l'on n'aille surtout pas croire que ceci contredit ce que j'écrivais un peu plus haut, vienne ruiner mon adhésion aux idées que je viens de rappeler avant tant de plaisir. Que non pas. Il s'agit, au contraire, de bien préciser que la tâche n'est pas toujours aisée, qu'il y a des obstacles à franchir, et des difficultés à tourner. Ce ne sont que raisons de plus d'en reconnaître l'utilité et de l'entreprendre, de la poursuivre, cette tâche, avec une claire vision à la fois du but à atteindre et de ce qui nous en sépare. Raisons de plus d'être mieux armé pour parcourir, le plus aisément possible, la route qui nous doit conduire à un terme si souhaitable.

Février 1929.

GEORGES PHILIPPAR,
de l'Académie de Marine,
Président du Comité d'organisation de l'Exposition française au Caire.

L'ARCHITECTURE EGYPTIENNE [1]

par

Charles BOREUX

'EST en présence de leur architecture que l'on comprend sans doute le mieux combien le sentiment de la grandeur était inné chez les Egyptiens. Il est possible qu'ils en soient redevables, en partie, au paysage puissant et calme dans lequel ils édifiaient leurs constructions ; plus vraisemblablement, la parfaite harmonie de ces constructions et du décor qui les entoure s'explique par le goût instinctif qui poussait les architectes à réaliser des œuvres dont la majesté fût le trait dominant. Pour faire naître cette impression de majesté, ils se sont attachés à n'employer que des formes strictement géométriques, et surtout ils ont recherché les effets de masses ; ce dernier procédé, en particulier, semble bien avoir été le principe essentiel de leur architecture, et ils l'ont appliqué, dès les plus anciennes époques, à toutes les variétés de celle-ci.

A l'architecture funéraire, d'abord. En Egypte, le culte du mort exigeait en principe deux monuments : d'une part, la chambre funéraire, qui constituait la sépulture proprement dite, et, d'autre part, la chapelle funéraire, ou, plus précisément, l'ensemble des pièces dans lesquelles étaient célébrées, ou censées l'être, les multiples cérémonies de l'offrande destinées à assurer la survie de celui qui en était l'objet. Déjà, lorsqu'il s'agissait de tombes de particuliers, le souci de séparer soigneusement la chambre — où le mort, à partir du jour des funérailles, était muré pour l'éternité — d'avec les salles de culte dont l'accès devait, au contraire, au moins à certaines dates, être laissé libre aux membres de la famille et aux prêtres, avait conduit les architectes égyptiens à ménager celles-ci au-dessus de celle-là, en avant et à l'intérieur d'énormes massifs en brique ou en pierre calcaire, élevés au-dessus du sol de la nécropole, et auxquels on donne aujourd'hui le nom de « mastabas ». Quiconque a visité, à Sakkarah, les grands mastabas de la Ve et de la VIe dynastie — le mastaba de Ti, par exemple, ou encore celui de Mérérouka, lequel ne compte pas moins de trente-deux salles — ne saurait plus jamais oublier l'effet saisissant qu'ils produisent : mais même les mastabas de dimensions moindres, lorsqu'ils alignaient les unes à côté des autres,

---

(1) Extrait de *L'Art égyptien*, par M. Charles Boreux, conservateur du Département égyptien du Musée du Louvre, Collection « Bibliothèque d'Histoire de l'Art », éditions G. Van Oest, Paris, 1926, pp. 8 et suiv.

en files régulières, les nobles proportions de leurs façades, ne devaient leur céder en rien à cet égard.

L'impression laissée par les tombes royales était certainement plus grandiose encore, puisque, dans ces tombes, la distinction entre la chapelle et la chambre était réalisée au moyen d'un ensemble architectural beaucoup plus important. Ici, en effet, la chapelle, agrandie au point d'être remplacée par un véritable temple, formait une construction spéciale, accolée extérieurement à la façade orientale de la pyramide, et à laquelle on accédait par une longue chaussée couverte partant d'une autre construction bâtie en avant de l'autre. Et, quant à la chambre funéraire, c'était, comme l'on sait, cette pyramide elle-même. Si les mastabas des hauts fonctionnaires de l'Ancien Empire ont été visiblement élevés à l'imitation des mastabas en briques dans lesquels les rois égyptiens se faisaient ensevelir au commencement de l'époque historique, ce dernier type de sépulture royale paraît être tombé assez vite en désuétude — peut-être, précisément, parce que les particuliers se l'étaient trop facilement approprié, — et les Pharaons, à partir de la IIIe dynastie, ont remplacé le mastaba en briques par la pyramide en pierre. Celle-ci, au début, n'est encore que la réunion de plusieurs mastabas édifiés en retrait les uns au-dessus des autres, et affecte, en conséquence, cette forme en escalier dont la pyramide à degrés du roi Djosir à Sakkarah (IIIe dynastie) et celle du roi Snéfrou à Meidoum (commencement de la IVe dynastie) nous ont conservé de si curieux exemples. Au contraire, les successeurs immédiats de Snéfrou adoptent définitivement la véritable pyramide géométrique à parois lisses, qui va rester dorénavant, jusqu'à la fin du Moyen Empire, la tombe royale par excellence, et qui est devenue, aux yeux des peuples modernes, comme le symbole même de l'Égypte. On peut dire, en tout cas, qu'elle représente l'expression la plus parfaite de l'art de ce pays, si cet art se caractérise bien, en effet, par la recherche des proportions colossales. Ce n'est pas seulement parce que ces proportions, quand on songe que les trois grandes pyramides de Gîzeh datent de la IVe dynastie, prennent l'aspect d'une sorte de défi constructif — la plus grande, celle de Khéops (Khoufou) devait mesurer autrefois près de 150 mètres de hauteur sur une longueur de côté de 230 mètres environ ; — c'est aussi, et surtout, parce que ces pyramides — prodigieux amoncellement de pierres entassées au-dessus d'un caveau de quelques mètres de haut — traduisent, bien moins encore que le désir de mettre le sarcophage d'un roi à l'abri des profanations, celui d'égaler à la majesté divine de ce roi l'énormité du monument dans lequel était dissimulée sa sépulture. Et sans doute le grand Sphinx de Gîzeh gardien silencieux de la nécropole, accroupi depuis cinq mille ans devant la seconde pyramide, est-il né, lui aussi, d'une préoccupation analogue : avant d'être pris pour l'image du dieu solaire Harmakhis, il ne visait, très probablement, qu'à symboliser par ses énormes dimensions (sa hauteur est d'une vingtaine de mètres et sa longueur de près de soixante) la grandeur et la toute-puissance du roi Khéfren.

La XIe et la XIIe dynasties, qui marquent le début du Moyen Empire — vers l'an 2000 avant J. C., — et qui établissent définitivement, en même temps que la puissance des rois du Sud, la suprématie de Thèbes, leur capitale, introduisent aussi ou généralisent un type de sépulture nouveau, tout à fait différent du type memphite habituel. Au mastaba succède l'hypogée, dont toute l'architecture est souterraine, chambre et salles, et qui n'émerge que par sa façade du versant de montagne dans les flancs duquel il est construit. Il semble que la nature même de ce genre de tombes et les difficultés de construction qu'elles présentaient en aient quelque peu limité les dimensions, tout au moins lorsqu'il s'agissait de particuliers ; sous le Moyen Empire, les hypogées de Beni Hasan, par exemple, — composés, en général, d'une avant-cour, d'un vestibule et d'une salle, — comme aussi, sous la XVIIIe dynastie, ceux dans lesquels se sont fait ensevelir les grands fonctionnaires de Cheikh Abd el-Kourna, — et qui ne comprennent, pour la plupart, qu'une salle à colonnes et un corridor terminé par une niche — bâtis suivant un plan beaucoup plus simplifié, produisent aussi un effet bien moins grandiose que les mastabas de la période memphite. Au contraire, les rois demeurent plus que jamais fidèles au majestueux idéal de l'âge précédent. Lorsqu'ils eurent définitivement abandonné, à partir du Nouvel Empire, la pyramide pour l'hypogée, on voit celui-ci développer, sous le rocher, comme autrefois celle-là à l'intérieur de sa maçonnerie, ses suites imposantes de corridors et de salles, sur une longueur qui, dans certaines syringes de la vallée des Rois, telles que celles de Séti Ier et de Ramsès III, peut atteindre jusqu'à une centaine de mètres. En même temps, le temple funéraire, jusque-là annexé à la tombe, se sépare complètement de cette dernière : et, du même coup, ses proportions — peut-être parce qu'elles ne sont plus commandées par les proportions de cette tombe elle-même — deviennent plus considérables encore que celles des anciens temples funéraires memphites. La plus grande époque de l'architecture des Égyptiens, celle, en tout cas, où l'esthétique particulière à ce peuple a trouvé son mode d'expression le plus approprié et le plus complet, est certainement l'époque qui, entre 1500 et 1200 ans avant J. C., a vu surgir, dans la plaine thébaine, ces édifices colossaux élevés par les grands monarques des XVIIIe, XIXe et XXe dynasties, à la fois pour exalter leurs dieux et pour assurer leur propre culte. L'impression de masse qu'il est impossible de ne pas ressentir devant ces temples funéraires des Thoutmôsis, des Aménophis et des Ramsès est obtenue par des moyens qui diffèrent suivant les cas. Au temple d'Hatshopsitou, à Déir el Bahri, elle résulte surtout de la disposition de l'édifice en trois terrasses, réunies entre elles par des rampes d'accès, et fermées, sur leur face antérieure, par des portiques qui en occupent toute la largeur. Avant que le temps ne les eût en partie dégradés, le temple funéraire consacré près de Kourna par Séti Ier au culte de son père Ramsès Ier, et surtout celui que ce même roi s'était élevé à lui-même à Abydos, en même temps qu'à six autres dieux (pl. 1) devaient produire un effet saisissant, le premier par les vastes dimensions de ses cours et de ses salles, le second par ses sept nefs conduisant, à travers deux hypostyles, jusqu'aux sept chapelles du Saint des Saints. La majesté que conserve encore, tout ruiné qu'il soit aujourd'hui, le temple funéraire de Ramsès II à Thèbes, communément désigné sous le nom de Ramesseum, tient non seulement à son grand hypostyle, composé, comme celui de Karnak, de trois nefs de hauteur inégale, mais aussi aux restes de colosses royaux gisant dans les deux premières cours, ainsi qu'aux énormes piliers osiriaques demeurés en place dans la seconde. L'impression est plus forte encore devant un autre temple funéraire, creusé en Nubie par le même Ramsès II, dans la montagne d'Abou-Simbel[1], et qui montre devant la façade, seule visible du dehors, quatre statues colossales du roi assis, les mains aux genoux, dans une attitude inoubliable de toute-puissance tranquille et sûre d'elle-même ; ces statues, hautes de vingt mètres, et qui sont ici sculptées dans le rocher, correspondent à celles qui étaient habituellement placées en avant des temples funéraires, et dont les Colosses de Memnon[2], lesquels gardaient ainsi autrefois le temple d'Aménophis III, constituent

---

[1] Voir « La Vallée de la Loire », par M. Georges Philippar, l'illustration de la page 121.
[2] Voir « Description de l'Egypte », l'illustration de la page 93.

l'exemple le plus typique. Enfin le temple funéraire de Ramsès III à Medinet Habou frappe surtout les regards par ce qui subsiste de son mur d'enceinte crénelé, d'une hauteur de quatre mètres, et par l'entrée monumentale, en forme de forteresse, qui était ménagée dans ce mur.

Encore une fois, tous ces temples, bien qu'une très large part y fût faite au culte des différentes divinités de l'Egypte, étaient avant tout des « temples de doubles » royaux ; mais, à côté de ceux-ci, les Pharaons en ont aussi construit d'autres, exclusivement reservés au service des dieux, et qui se distinguent par le même caractère de grandeur colossale que les temples funéraires. Les plus célèbres sont les deux temples édifiés en l'honneur d'Amon à Luxor et à Karnak ; nulle part on ne saisit mieux que devant ces ensembles gigantesques l'idée grandiose que les Egyptiens se faisaient de l'architecture. Le schéma du temple divin en Egypte — si on laisse de côté le type périptère, lequel paraît avoir été particulier à la XVIIIe dynastie et à l'époque ptolémaïque — comporte d'abord un énorme portail à deux tours, appelé « pylône », par lequel on pénètre dans une cour à portiques, puis un vestibule à colonnes donnant accès dans une salle hypostyle ; c'est derrière cette salle qu'était ménagé le sanctuaire où l'on

PI. I. — Temple funéraire du roi Séti Ier, à Abydos : la nef et le sanctuaire d'Amon. XIXe dynastie (environ 1.300 ans avant J.-C.).

conservait la barque sacrée abritant le fétiche du dieu. Dans la pratique, il est assez rare que cet ensemble, pourtant déjà imposant, d'édifices n'ait pas été complété par d'autres constructions que les rois égyptiens juxtaposaient à celles de leurs prédécesseurs, et toujours en avant de celles-ci. C'est ainsi que le temple de Luxor (pl. 2), construit par Aménophis III, sous la XVIIIe dynastie, suivant le plan habituel, a été augmenté par Ramsès II, sous la XIXe, d'une grande cour à colonnes et d'un énorme pylône flanqué de deux obélisques (l'un de ces obélisques est celui qui se

Cliché Éditions Albert Morancé, Paris.

Pl. III. — Grand temple d'Amon à Karnak : la salle hypostyle.

Cliché Éditions Albert Morancé, Paris

Pl. II. — Temple d'Amon à Luxor : la colonnade d'Aménophis III. XVIIIe dynastie (environ 1.400 ans avant J.-C.).

dresse aujourd'hui à Paris)[1], c'est-à-dire, en somme, d'une moitié de temple venue se surajouter au temple primitif. En ce qui concerne le temple de Karnak, les chiffres sont plus éloquents que n'importe quelles descriptions : comme tous les rois égyptiens, à partir de sa fondation, ont plus ou moins travaillé à l'agrandir, l'enceinte s'en développe sur près de deux kilomètres et demi de tour, et il ne comprend pas moins de dix pylônes, auxquels correspondent autant de cours ou de portiques. Le plus important de ces pylônes mesure 113 mètres de largeur sur 43 m. 50 de hauteur, et la plus grande de ces cours 103 mètres de largeur sur 84 mètres de profondeur ; quant à la fameuse salle hypostyle (pl. 3), édifiée par Séti Ier et Ramsès II entre le deuxième et le troisième pylônes, et qui ne cessera sans doute jamais de provoquer, chez ceux auxquels il est donné de l'admirer, l'enthousiasme qu'elle inspirait déjà à Champollion, elle couvre une superficie de cinq mille mètres carrés, et ses dimensions atteignent 103 mètres de largeur sur 52 mètres de profondeur. Une véritable forêt de cent trente-quatre colonnes, alignées sur seize rangées, et dont les plus grandes mesurent 21 mètres de hauteur sur près de 4 mètres de diamètre, soutenait le plafond de ce gigantesque édifice, l'une des conceptions sans doute les plus hardies qu'ait jamais réalisées le génie de l'architecte.

Les grands monuments construits par les rois du Delta et sous les dynasties étrangères ayant disparu à peu près entièrement, il faut descendre jusqu'à l'époque ptolémaïque pour retrouver ce génie, demeuré toujours le même en son fond et continuant à puiser ses inspirations aux mêmes sources, mais quelque peu modifié, néanmoins, par des influences venues du dehors. Les temples élevés sous les Lagides dans l'île de Philæ, à Denderah (pl. 4) et à Edfou (pl. 5) ne le cèdent guère, pour les proportions, aux grands temples de l'époque thébaine ; toutefois, et bien qu'ils soient construits suivant un plan tout à fait analogue (la différence principale consiste dans la disposition du Saint des Saints, isolé du reste de l'édifice, à Denderah et à Edfou, par des couloirs sur lesquels s'ouvrent les diverses pièces servant de chapelles- annexes ou de magasins), ces proportions, tout en gardant la même majesté, apparaissent certainement plus sobres et plus harmonieuses. Le goût égyptien pour le colossal s'est ici discipliné, en quelque sorte, au contact de la Grèce : des temples comme celui d'Edfou — dont la construction, commencée par Evergète Ier, n'a été terminée que sous Néos Dionysos, c'est-à-dire deux cents ans plus tard, et qui conserve cependant une parfaite unité de plan, — sont des plus caractéristiques à cet égard. Et peut-être est-ce à la Grèce aussi que les architectes égyptiens des dernières époques ont emprunté, sinon le type, du moins la grâce légère et souriante de ces kiosques-chapelles dont le pavillon de Trajan, à Philæ, avec son portique à colonnes et ses murs d'entrecolonnement, demeure le spécimen le plus accompli et le plus séduisant (pl. 6).

Quoi qu'il en soit, ce ne sont là que des modifications assez superficielles, en somme, et la continuité du style n'en constitue pas moins, en dernière analyse, le caractère le plus frappant de l'architecture égyptienne. D'autant plus que cette continuité ne s'observe pas seulement dans l'aspect extérieur général et dans la distribution intérieure des monuments ; on la relève aussi à propos de certains procédés, destinés à accentuer encore cet aspect ou à rendre plus logique et plus harmonieuse cette distribution, et que les Égyptiens, pour cette raison, ont mis en œuvre à toutes les époques. L'un de ces procédés est l'emploi de la polychromie.

---

[1] Voir « Impressions d'Égypte », l'illustration de la page 43.

Cliché Éditions Albert Morancé, Paris.

Pl. IV. — Le temple d'Hathor à Denderah : façade nord. — Époque ptolémaïque (1).

lequel était comme imposé aux architectes, en Egypte, par la nécessité de détacher, sur un ciel aux couleurs éclatantes, des masses que ces couleurs mêmes auraient autrement risqué d'absorber, ou qu'elles auraient, pour le moins, désarticulées en leur enlevant tout modelé. Appliquée aux angles des murs et aux couronnements des pylônes, cette polychromie permettait d'animer, en en soulignant

(1) Comparer avec l'illustration de la page 100 dans « Description de l'Egypte ».

Cliché Éditions Albert Morancé, Paris.

Pl. V. — Le temple d'Horus à Edfou : angle sud-ouest de la cour. — Époque ptolémaïque.

Cliché Beato.

Pl. VI. — Le pavillon-kiosque de Trajan dans l'île de Philae. — Epoque romaine

les contours, les différentes parties de l'édifice ; pour les immenses surfaces de ces murs et de ces pylônes eux-mêmes, on obtenait un résultat analogue au moyen des représentations, également coloriées, dont étaient décorées ces surfaces. Ici encore, ce procédé, étant donné les préoccupations auxquelles il répondait, ne pouvait manquer d'être d'un usage tout à fait général : et, de fait, les Égyptiens l'ont étendu à toutes les surfaces lisses indistinctement, aussi bien aux fûts ronds des colonnes qu'aux parois plates des murailles ; il paraît aussi, et pour la même raison, avoir été d'un usage constant, et les sanctuaires de l'Ancien Empire sont déjà couverts de scènes figurées commentées par des inscriptions, comme le sont encore, près de trois mille ans plus tard, les temples de l'époque ptolémaïque. On doit noter seulement qu'il s'est produit, à ce point de vue, une évolution très nette dans la technique décorative des artistes égyptiens. Aux plus anciennes époques, les thèmes développés par les représentations murales sont différents suivant qu'il s'agit de la partie du temple accessible au public, ou bien, au contraire, de celle qui était réservée aux seuls personnages ayant le droit d'offrir le sacrifice — ou, pour employer l'expression consacrée, de « contempler la majesté du dieu », — c'est-à-dire au roi et aux prêtres. Sur l'extérieur des murs du temple, comme aussi sur les pylônes et dans les cours, les scènes représentées se rapportent à des sujets profanes, qui célèbrent à l'envi la gloire du roi et retracent les victoires et autres événements mémorables de son règne, tandis que, dans le temple proprement dit (non seulement dans le sanctuaire, mais encore dans le pronaos et dans les hypostyles), les représentations offrent un caractère exclusivement religieux, et montrent le roi dans ses rapports avec le dieu, protégé par celui-ci ou accomplissant devant lui les multiples cérémonies de l'offrande. La décoration de tous les grands temples de l'époque thébaine — des temples funéraires aussi bien que des temples divins — est conçue d'après cette formule ; à partir de l'époque ptolémaïque, au contraire, les représentations profanes disparaissent complètement, et le temple tout entier n'est plus décoré que de scènes religieuses.

La persistance de certains types de supports constitue enfin, avec la polychromie et l'illustration murale, l'un des traits les plus caractéristiques des monuments égyptiens. Il est vrai que quelques autres de ces types, par contre, n'ont connu que des vogues intermittentes ; c'est le cas, par exemple, pour les colonnes au chapiteau formé d'un faisceau de palmes, qu'on relève déjà dans les temples funéraires des rois de la Ve dynastie, et qui soutiennent encore, sous les Ptolémées, l'hypostyle du temple d'Horus à Edfou, mais qui paraissent cependant n'avoir jamais joué qu'un rôle assez effacé dans l'architecture égyptienne ; et c'est le cas aussi — bien qu'on leur ait attribué pendant longtemps une importance considérable, jusqu'à vouloir qu'ils eussent, par leur seule évolution, donné naissance à la colonne — pour ces piliers polygonaux à huit, douze et seize pans, dont les modèles les plus typiques se trouvent au tombeau de Ptahhotep à Sakkarah (V^e dynastie) et dans celui de Khnoumhotep à Beni Hasan (XIIe dynastie). L'analogie que les supports de ce dernier hypogée présentent avec les colonnes doriques leur avait fait donner autrefois par Champollion le nom de colonnes « protodoriques », encore qu'il soit impossible, en réalité, de tirer aucune conclusion sérieuse de ressemblances de ce genre ; ces piliers polygonaux, en tout cas, ne se rencontrent plus après la XVIIIe dynastie.

Au contraire, les deux principaux types de supports empruntés au règne végétal semblent avoir constamment joui en Égypte d'une faveur particulière. Le premier est la colonne dite lotiforme, dont le fût est toujours fasciculé (c'est-à-dire formé par la réunion de plusieurs tiges serrées au moyen de liens à leur partie supérieure), et dont le chapiteau se compose de plusieurs fleurs figurées presque invariablement en bouton, d'où le nom de chapiteau fermé sous lequel il est communément désigné. On admet, d'ordinaire, que ces fleurs représentent des lotus, mais il est à présumer qu'il faut bien plutôt y voir, dans la majorité des cas, des ombelles de papyrus repliées : aussi bien, la souple tige du lotus paraît assez mal indiquée pour avoir servi de modèle à un support en pierre, tandis que le papyrus (cyperus papyrus), naturellement plus haut et plus résistant, convient beaucoup mieux pour ce rôle. Quoi qu'il en soit, la colonne dite lotiforme — dont l'exemple le plus ancien à la fois et le plus indiscutable est fourni par le mastaba de Ptahshepses à Abousir (V^e dynastie) — a cédé la place, après le Moyen Empire, à la colonne papyriforme, laquelle existait déjà, elle aussi, sous l'Ancien Empire, puisqu'on la relève dans le temple funéraire de Né-user-ré à Abousir (V^e dynastie), mais dont l'usage s'est généralisé surtout, semble-t-il, à partir de la XVIIIe dynastie. Il faut ajouter que, jusqu'à cette époque, la colonne papyriforme se présente exclusivement, tout comme la colonne dite lotiforme, sous la forme fasciculée à chapiteau fermé (une colonne papyriforme à fût simple et chapiteau ouvert vient d'être découverte tout récemment dans la chapelle d'un tombeau de la IIIe dynastie, mais cet exemple est jusqu'à présent unique), en sorte que les deux types ont été et continuent à être encore trop souvent pris l'un pour l'autre. La distinction est facile à faire, en réalité, si l'on observe que les tiges composant le fût de la colonne papyriforme ont le pied étranglé et décoré de feuilles lancéolées, et aussi que, dans le chapiteau dit lotiforme, les sépales occupent toute la hauteur de la fleur, tandis qu'ils s'arrêtent au tiers ou à la moitié de cette hauteur dans le chapiteau papyriforme. Par ailleurs, on voit la colonne papyriforme, à partir de la fin de la XVIIIe dynastie, changer complètement de caractère. De fasciculé qu'il était jusque là, le fût devient lisse et se couvre d'inscriptions et de bas-reliefs ; en même temps, le chapiteau ouvert, largement épanoui en forme de cloche (chapiteau campaniforme) fait son apparition à côté du chapiteau fermé, et donne naissance à ces magnifiques colonnes dont la majesté formidable n'a jamais été surpassée, et auxquelles la colonnade de Luxor, par exemple, comme aussi la nef centrale de la salle hypostyle de Karnak (1) sont redevables, pour une grande partie, de leur incomparable splendeur.

Aux basses époques, alors que la colonne égyptienne semble avoir perdu le souvenir de ses origines végétales, — au point que le fût, d'ordinaire, ne s'en rétrécit plus à la base — et ne joue plus que le rôle d'un support, dans le sens strict du mot, c'est ce type campaniforme qui réapparaît pourtant dans ces chapiteaux, dits composites, qui distribuent leurs motifs décoratifs en étages superposés, suivant des combinaisons aussi multiples qu'imprévues (un ouvrage paru il y a peu d'années (2) a pu distinguer jusqu'à vingt-sept variétés différentes de ces chapiteaux). Si certaine que soit l'influence exercée par l'art grec sur cette dernière forme de l'architecture égyptienne, à l'aspect un peu déconcertant d'abord et presque irréel, le fait que les éléments de ces chapiteaux (abstraction faite des chapiteaux hathoriques ou à tête de Bès, qui représentent des types assez exceptionnels) continuent à être empruntés à la flore des âges précédents — tout comme ces temples de l'époque gréco-romaine eux-mêmes demeurent toujours identiques, en somme, aux sanctuaires thébains et memphites — montre de façon saisissante avec quelle rigueur la tradition, en Egypte, imposait ses lois à l'architecture ; et l'on peut déjà présumer qu'elle ne devait pas y régir moins impérieusement l'inspiration et la technique des autres arts.

Charles BOREUX,
*Conservateur du Département égyptien
du Musée du Louvre.*

<hr>

(1) Voir l'illustration de la page 95 dans « Description de l'Egypte » et aussi les planches 2 et 3 du présent article.

(2) Jéquier, « Manuel d'archéologie égyptienne — les éléments d'architecture », pages 230 et suivantes.

LES VILLES MORTES
DES DÉSERTS AFRICAINS

par

CHARLES DE LA RONCIÈRE

ES cités et les temples ont vu se succéder des périodes alternatives de splendeur et de décadence. Le limon du Nil est venu à son tour recouvrir les assises les plus anciennes quand il n'a pas fait disparaître jusqu'au souvenir de la cité elle-même. Et cependant, les ruines sont là, sous la couche épaisse, attendant le fouilleur qui viendra arracher leurs trésors historiques. Nous connaissons le site de quelques grandes villes, telles que *Saïs*, *Athribis*, *Tanis* ; mais combien de localités importantes demeurent inexplorées par suite de l'oubli complet de leur situation exacte. » Depuis que le vicomte Jacques de Rougé écrivait ces lignes dans la *Géographie ancienne de la Basse-Egypte*, des ombres sont sorties de terre, qui furent des villes célèbres, *Avaris*, la capitale des Hyksos, ou *Pithom*, l'une des étapes de l'*Exode*.

... Qui furent ? Leur état civil est discuté. Est-ce bien *Pithom*, ou est-ce *Succoth*, ces ruines de Tell-el-Maskhouta où des inscriptions en l'honneur du dieu Thom ou Tom ont fait croire à un savant que c'était là la ville de Thom, Pi-Thom. Et Tell-el-Yehudiyeh? Ses ruines correspondent bien à celles des camps retranchés d'où les mystérieux Hyksos tenaient en échec de leurs flèches acérées les Egyptiens habitués au corps à corps. Mais est-ce *Avaris*, leur capitale? Elle était au bord d'un cours d'eau, car nous possédons la relation d'un officier de marine qui participa au siège. Le Commandant de la *Splendeur en Memphis*, ancien officier du *Septentrional*, assista à plusieurs actions navales, dont l'issue, conjuguée avec celle des opérations terrestres, aboutit à la prise d'*Avaris* et à l'expulsion des Hyksos. Et Tell-el-Yehudiyeh ne semble pas assez proche d'un bras du Nil pour réaliser ces conditions. Ses ruines ne sont-elles pas plutôt celles de *Leontopolis*, où les Juifs avaient construit un temple à l'instar de celui de Jérusalem, avec une tour haute de soixante coudées?

Et de quel nom appeler la ville qu'exhuma en 1906 Flinders Petrie à quelques kilomètres à l'ouest de Tell-el-Maskhouta ? Au lieu dit Tell-Artabi, trois enceintes successives, d'époques différentes, révèlent une ville très forte. Un détail frappa le savant explorateur. Sous les briques des remparts, une petite tombe voûtée contenait le corps d'un enfant, la tête à l'Orient, sacrifié selon un rituel en vigueur en Syrie pour inaugurer la construction des murs. Parmi les objets trouvés dans les fouilles, il y avait des scarabées, et ces scarabées étaient au timbre des Hyksos.

A l'inverse des villes disparues dans le voisinage du Delta, les villes mortes des déserts africains de l'Égypte n'eurent point de renommée. Simples villes industrielles le plus souvent, elles disparurent avec l'industrie qui les avait fait naître : mines d'or dont la carte a été conservée dans un papyrus de Turin ; porphyre du Gebel Doukhân où s'éleva la ville de Porphyrites ; veines de jaspe, de serpentine verte et d'albâtre jaune de miel...

En 1816, les compagnons de Frédéric Cailliaud, en se glissant par des labyrinthes inextricables dans les flancs du Gebel Zabarah, trouvaient des émeraudes, de l'amphibole, des tourmalines et des grenats, et aussi à leur grande surprise, tout un matériel de mineurs, cordes, leviers, couffins, lampes grecques, abandonné là depuis des siècles. Au Sud, au penchant de deux montagnes, se dressait une ville morte de cinq cents maisons en pierre, attestant la vitalité de l'entreprise à cette époque reculée : des lampes en terre cuite, des débris de verre, des pierres creuses pour écraser le grain, décelaient la vie d'antan, lorsque « le Mont des Émeraudes » alimentait de pierres précieuses le commerce de l'Antiquité.

En amont de la Haute-Egypte, Cailliaud avait découvert d'autres ruines, qu'il ne serait pas moins intéressant d'explorer. Au versant du Gebel Barkal, à proximité de la quatrième cataracte, sont les ruines d'une ville que le Livre des Morts appelle *Napata* de la terre de Nubie . Napata était, sous la xviiie dynastie, l'extrême frontière de l'Empire des Pharaons.

Des garnisons égyptiennes révoltées s'étaient retirées dans le Sud, transportant jusque dans la fertile terre de Sennaar la civilisation égyptienne.

Cette même civilisation, transmise de proche en proche par les courants commerciaux, avait atteint le golfe de Guinée. Dans l'oasis du Touat, à Tamentit, une tête de bélier surmontée du disque solaire rappelle le culte d'Ammon-Râ, le dieu de Thèbes et de l'oasis de Syouah. Et à la côte d'Ivoire, les coutumes Baoulées portent l'empreinte des prêtres de Thèbes et de Memphis : les momies de personnages de marque ont, comme celles des Egyptiens, les yeux, la bouche et parfois la tête recouverts de feuilles d'or ; le génie à masque de bœuf préside à la cérémonie funéraire ; et comme la tombe égyptienne, la sépulture baoulée comporte la salle d'audience où le double vient s'asseoir sur le tabouret des sacrifices, et le caveau mortuaire auquel on accède par un puits.

D'une extrémité à l'autre de la chaîne, de l'Egypte à la Côte d'Ivoire, les anneaux n'apparaissent point. Mais l'exploration des villes mortes du Sahara en démontrera sans doute l'évidence. L'influence de la civilisation venue d'Orient est telle au Sahara qu'il y était encore question, il y a quelques siècles, des luttes entre les Juifs et les Philistins. Les Philistins, c'étaient les Touaregs, adversaires déclarés des Juifs des Oasis.

Les villes mortes, dont le chapelet se déroule au long du désert occidental, commencent à *Sidjilmassa*, la capitale du Tafilet, dont les palais et les villes superbes bordaient le Ziz ; des chiens engraissés comme des porcs, des lézards, du blé et des dattes exquises, y donnaient aux femmes l'embonpoint si prisé des peuples du Maghreb.

Cinquante et un jours après le départ de Sidjilmassa, des vols d'oiseaux audessus d'une colline couverte de gommiers annonçaient l'approche d'une délicieuse étape. Les négresses d'*Aoudaghost* excellaient dans la confection des pâtisseries, des gâteaux à la noix et du macaroni au miel, qui servaient de dessert à un repas composé de viande de chameau aux truffes ou de serpents accommodés à l'eau, au sel et à l'absinthe. Elles avaient tant de vogue comme cuisinières qu'on les achetait cent pièces d'or. La ville, qui fut, au xe siècle, un important centre commercial, n'est plus. On ne sait même où sont ses ruines, en bordure peut-être du Tagant, vers Tichit.

Mais « la ville la plus considérable, la plus peuplée et la plus commerçante du pays des Noirs, » au rapport d'Edrisi, était *Ghana* : divisée en deux quartiers, quartier musulman aux douze mosquées, quartier nègre avec des massifs, des oubliettes, des souterrains peuplés d'idoles, elle était au bord d'un fleuve, le Nil de Ghana dont le lit desséché existe toujours au sud d'Oualata. Assis sur un trône, le roi donnait audience, une tiare d'or et de coton sur la tête, les vizirs à ses pieds, des pages à ses côtés, des esclaves aux boucliers d'or derrière lui, tandis que des chevaux caparaçonnés d'or piaffaient autour du trône et que grondaient des molosses aux colliers d'or. Venait-il à mourir? On l'enterrait, comme en Egypte, avec ses ornements, son trône et ses armes. Dans un territoire, qui relevait des rois de Ghana, le tumulus d'El-Oualdji a confirmé l'existence de ces rites funéraires. Le chef était enseveli avec ses serviteurs et son mobilier dans une chambre, où un puits permettait d'envoyer des vivres à leurs mânes. Ghana fut détruit en 1240. Ses ruines, encore importantes au lieu dit El-Koumbi, ont donné lieu à quelques fouilles de M. Bonnel de Mézières.

Mais par le simple aperçu qu'on vient de lire apparaît avec évidence la nécessité de dresser un plan d'ensemble pour les fouilles des Villes mortes des déserts africains. De Napata à Ghana, de la capitale nubienne à la capitale saharienne, toutes deux imprégnées de la civilisation égyptienne, que de villes mortes gisent sur la route désertique !

Ch. de la RONCIÈRE.

Conservateur à la Bibliothèque Nationale,
membre de l'Académie de Marine.

L'ÉGYPTE MUSULMANE MONUMENTALE

AU XIIIᵉ SIÈCLE

par

Gaston MIGEON

A Croisade de Louis de France fut vraiment la Croisade des Français et non pas celle de toute l'Europe qu'avait prêchée Saint-Bernard ! Y prirent part près de 3.000 chevaliers français et 5.000 archers auxquels se joignirent de petits contingents d'Anglais, de Chypriotes, de Francs Syriens. La nombreuse flotte, dispersée par une tempête, ne se retrouva groupée, mais diminuée de plus de moitié, en face de Damiette, qu'en juin 1249. Elle ne trouva au débarquement qu'une ville vidée de ses habitants enfuis et réfugiés à Mansourah. Les Francs perdirent six mois à attendre jusqu'en octobre leurs compagnons que les accidents de mer avaient rejetés en Syrie. On discuta alors si on marcherait sur Alexandrie ou sur le Caire : c'est cette dernière décision qui prévalut, répétant le malheureux précédent de 1219, et ayant laissé aux Sarrasins le temps de se remettre de leur panique et de se renforcer.

Arrivés devant Sharmesâh en décembre, de l'autre côté du petit bras du Nil, les Francs pouvaient voir l'armée égyptienne qui s'était regroupée à Mansourah ; un duel d'artillerie s'ensuivit dont crurent profiter les Arabes pour passer la rivière ; ils furent repoussés. Sur l'indication d'un traître qui se fit payer 500 pièces d'or, le roi Louis décida de faire traverser lui-même le fleuve en amont à ses meilleures troupes, le 9 février, d'abord les Templiers, puis les archers à cheval que commandait son frère Robert, comte d'Artois, qui, en dépit des ordres du Roi, voulut progresser sans attendre la division royale, et se mit avec ses cavaliers à charger de folle façon pour atteindre le Palais du Sultan au bord du fleuve. Mais les solides escadrons des 10.000 Mameluks du Sultan Salih, ralliés, firent une solide contre-charge qui décida du sort de la journée ; ils dispersèrent les Croisés égarés dans les rues étroites de Mansourah. Le comte d'Artois et 300 de ses cavaliers furent tués ; le reste se replia comme il put vers le fleuve où le Roi Louis, repoussant les assauts des Mameluks, s'exposait en personne au danger. Un pont de fortune avait pu être établi, qui permit de passer, et à la fin du jour le duc de Bourgogne put faire passer un corps d'infanterie qui couvrit la retraite des cavaliers, repoussa les Mameluks, et s'emparant de leur camp, y détruisit un puissant matériel.

Ce qui est remarquable, c'est que ces événements se produisirent en plein trouble politique musulman : le Sultan Ayyub était mort le 21 novembre quand les Francs quittaient Damiette et avançaient. C'était un prince de ferme caractère, taciturne, sévère, très autocrate. Il n'avait pas diminué le pouvoir qu'il tenait d'El-Kamil. Sous son règne s'étaient élevés le château de Roda, celui de Kebsh, entre le Caire et Foustah. Sa mosquée Tour d'eau s'élève encore au Caire dans Beyn-el-Kasreïn.

Un interrègne en un pareil moment devait être grave : heureusement, Salih avait dans son harem une esclave turque ou arménienne, Sheger-ed-durr, d'une très forte personnalité. Elle réunit aussitôt les émirs les plus capables. On décida de dissimuler la mort et de régler les affaires comme si le Prince, ne le pouvant, en avait laissé les ordres, en attendant que Türanshah, héritier au trône, pût revenir de très loin, de Kaïffa (Diar-bekir). Aussitôt revenu, avec beaucoup d'énergie et d'astuce, transportant secrètement des bateaux démontés sur le Nil, les armant, les lançant contre la flotte française devant Damiette, il captura 32 de ses bateaux. La position des Francs était critique. Ne pouvant forcer le passage vers le Caire, leur retraite vers la mer libre était devenue difficile. On parlementa, pendant que la fièvre et le découragement diminuaient la force de résistance des Croisés. Saint-Louis se résigna à se replier vers la mer, sans détruire les ponts que passèrent aisément les cavaliers Mameluks, attaquant ainsi l'arrière-garde. Ce fut un désastre dans lequel périrent peut-être 30.000 Francs. Le roi Louis, épuisé lui-même par la fièvre, fut pris, ainsi que le sire de Joinville, qui devait être plus tard l'historiographe de la triste aventure. Contre une très forte rançon, le Sultan lui rendait la liberté et possibilité de se rembarquer avec ce qui restait de son armée. Mais Türanshah, que son court règne avait fait détester de sa garde, en fut la victime : il fut assassiné par ses Mameluks, sous les yeux mêmes de Joinville, sur la barque du Nil où il cherchait à leur échapper.

En mai 1250 le roi et ses débris de flotte et d'armée appareillaient de Damiette pour Akka en Syrie.

*
* *

Avec Türanshah prenait fin, en Egypte, la dynastie des Ayyoubides, issue de Saladin : trois souverains remplissent à peu près tout le temps qui s'écoula de 1196 à 1250, Adil, Kamil et Salih, tous trois intelligents et dont l'autorité et l'organisation laissèrent très prospère l'agriculture, richesse du pays. Les chroniqueurs contemporains, Ibn-Khallikan, Ibn-el-Athir et Baha-ed-din Zuheyr ont laissé un tableau très honorable de la Société d'alors, cultivée et distinguée. Ils comprenaient les avantages d'ouvrir leur pays au trafic européen ; en 1208, Adil accordait de grandes facilités aux Vénitiens, et les autorisait même à construire un « fondouk », le Souk-ed-dik, à Alexandrie. De même aux Pisans y établissant un Consulat en 1215, privilèges que ne fortifia pas l'invasion de 1219. Il est intéressant de trouver ceci confirmé dans la description de Foustah, qu'a laissée Ibn-Saïd traduit par Corbett, le maure espagnol.

Les relations des Ayyoubides avec leurs sujets chrétiens ne firent que s'améliorer,

Mosquée Ibn Touloun (sa porte d'entrée).

depuis le temps que Saladin et son frère Adil les avaient assez sévèrement traités. Kamil, déjà prince régent, intercédait en leur faveur ; souverain, il fut reconnu, par l'Eglise d'Egypte, comme prince généreux et bienfaisant. Sa correspondance avec l'Empereur Frédéric en témoigne : elle est presque d'un converti. Saint François d'Assise visita la Cour en 1219 et prêcha devant Kamil. En 1245, nous voyons Salih écrivant au pape Innocent IV et regrettant de ne pouvoir converser dans sa langue d'Europe. Mais la Croisade de Saint-Louis interrompit ces heureux essais d'entente, et l'on dit que 115 églises d'Egypte détruites en furent la rançon.

Qu'existait-il de l'Egypte musulmane monumentale en 1250, qui vit, en même temps que l'échec de la Croisade de Saint-Louis, la chute de la dynastie des Ayyoubides ?

La première ville fondée par les Arabes en 642, Foustah, avait été brûlée en 1168 lors de l'approche des premiers Croisés. La première mosquée qu'y avait édifiée l'Islam, celle d'Amrou, anéantie, fut depuis lors reconstruite tant de fois qu'on n'y saurait retrouver presqu'aucun vestige de l'édifice primitif. Le site de Foustah, fait de ruines et de déblais, a été heureusement fouillé et a révélé beaucoup de restes anciens qui ont enrichi le musée arabe du Caire.

Mais de l'époque Toulounide subsistent l'aqueduc en une série de belles arcades en ogives, dans le désert, entre le cimetière del Iman Châfey et le village de Barsatin, et surtout la magnifique mosquée d'Ibn Touloun (876-879), chef-d'œuvre de l'architecture du moyen âge en Orient. Bâtie sur le rocher, elle a résisté aux séismes ; les arcades ogivales et les murailles datent de la fondation ; la coupole, au centre de la cour, parties du minaret et du mirhab, et le ninbar, datent de la restauration de la fin du XIIIᵉ siècle. Les bandes d'ornements aux voussures des

Mosquée El-Hakim.

— 62 —

ogives à l'ouest de la cour sont du plus grand intérêt.

Les monuments des Fatimides sont incomparables. La première mosquée qu'ils édifièrent à leur arrivée en Egypte (971), et qui est toujours demeurée la principale et célèbre Université du monde musulman, pleine de prestige et d'activité studieux, existe toujours, restaurée et agrandie par les Sultans Beibars (XIIIe siècle) et Gaitbay (XVe siècle). La mosquée

Bab-En-Nasr.

d'El-Hakim (990), ruinée en partie, ne fut pas moins importante, ni moins splendide : elle a conservé ses beaux minarets, découronnés en 1303 par un tremblement de terre, mais bien réparés dans leur style ancien. Sa façade ouest intacte, très ornée, comme ses minarets, d'un décor de bandeaux décoratifs et d'inscriptions sculptées avec un goût incomparable, sont précieux pour l'étude de la décoration fatimide au Caire. On en jugera dans le magnifique ouvrage très prochain que MM. Creswell et S. Flury y consacreront.

Les murailles et les portes fatimides, Bab en Nasr, Bab el Fontouh, Bab Zoueïla (1087-1099), peut-être dues à ces architectes arméniens d'Edespe, sont encore debout et du plus grand intérêt archéologique. Et la petite mosquée el-Gouyouchy (1085), sur le plateau du Mokattam, est d'un charme très grand, pas moindre que n'est la mosquée El-Akmar (1125), presque contemporaine du splendide mausolée de Sayeda Roukkaya (1132) avec ses beaux minarets de plâtre refouillé et son splendide cénotaphe de bois (au musée arabe).

Les monuments des Ayyoubides nous rapprochent bien plus du moment où les Croisés auraient pu les admirer en leur fraîcheur, s'ils avaient pu atteindre le Caire. La citadelle de Saladin datait de 1176, les murailles qui la reliaient à l'ancienne Foustah encerclaient cette dernière ainsi que le Caire ; les vestiges importants retrouvés sont d'un grand intérêt, qui n'a pas échappé à

Mosquée Iman El Châfey (coupole et minaret).

M. Creswell, son dernier historiographe.

Si nous n'avons pas au Caire de grande mosquée du temps des Ayyoubides, du moins y admirons-nous de splendides mausolées : l'un des plus magnifiques est assurément celui de l'Iman Châfey (1211) édifié par l'épouse du khalife el-Adil, frère et successeur de Saladin, au-dessus du tombeau du savant théologien du 9e siècle ; sa magnifique coupole, refaite au XVe siècle, de proportions si parfaites, est en complète harmonie avec le reste du monument et cause, dès l'entrée, une impression saisissante. Les boiseries, finement sculptées, du cénotaphe du Saint et de celui de la royale fondatrice, sont de la plus grande beauté, de même que les poutres auxquelles sont suspendues les lampes à huile.

Le tombeau des Khalifes Abbassides, avec ses dix-sept sépultures, bien que remanié, offre encore beaucoup d'intérêt : de même que celui de Câlih-Negm ed-din Ayoub (1250) que lui édifia sa veuve Chasaret ed-dour, aujourd'hui ruiné, mais offrant encore son minaret et son portail.

Mosquée El-Azhar (vue extérieure).

Tel était à peu près l'état monumental musulman du Caire au milieu du XIIIe siècle, du moins tel que nos yeux peuvent encore en juger sept siècles plus tard. L'accession au pouvoir des sultans Mameluks Bahrites et Circassiens allait accroître la splendeur du Caire et en faire une des plus belles cités de tout l'Orient.

Gaston MIGEON.
Directeur honoraire des Musées nationaux.

Mosquée Monayad (1) vue intérieure.

(1) Il est absolument interdit de prendre des photographies à l'intérieur de la mosquée El-Azhar. Nous donnons cette vue intérieure d'une mosquée de même style.

L'ÉCHELLE FRANÇAISE D'ÉGYPTE

par

F. CHARLES-ROUX

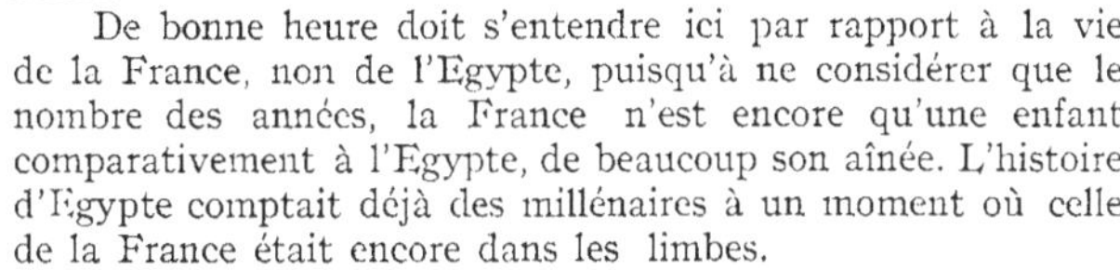

ES relations entre la France et l'Egypte, il en exista de bonne heure.

De bonne heure doit s'entendre ici par rapport à la vie de la France, non de l'Egypte, puisqu'à ne considérer que le nombre des années, la France n'est encore qu'une enfant comparativement à l'Egypte, de beaucoup son aînée. L'histoire d'Egypte comptait déjà des millénaires à un moment où celle de la France était encore dans les limbes.

C'est par le commerce que l'Egypte est entrée dans la vie extérieure de la France. Un courant commercial d'autant plus nourri a existé, pendant tout le moyen âge, entre Alexandrie et les ports de la Méditerranée occidentale, que l'Egypte a été, jusqu'aux dernières années du XV\ :sup:`e` siècle, l'entrepôt des produits de la Chine, de l'Inde, de la Perse, de l'Arabie et de l'Afrique. Jusqu'au jour où les Portugais, en 1497, doublèrent le Cap de Bonne-Espérance et ouvrirent ainsi à la navigation une voie maritime directe d'Occident en Extrême-Orient, Alexandrie et le Caire jouirent d'un véritable monopole du commerce de l'Asie. C'est sur leur marché que l'Europe s'approvisionnait donc, non seulement en produits du crû égyptien, qui n'étaient déjà pas négligeables, mais encore en marchandises asiatiques dès lors très recherchées, ainsi qu'en matières provenant du Soudan et de l'Ethiopie. De même que les Vénitiens, Livournais, Gênois et Catalans, les Marseillais prélevaient leur part de tous ces articles, dont leur ville devint vite un dépôt, en même temps qu'un marché de distribution pour des régions contiguës, voire même pour des régions éloignées, qui les recevaient au moyen de la batellerie fluviale. Ce trafic connut une époque particulièrement florissante sous le règne de Charlemagne qui favorisa les échanges entre son empire et l'Orient. Arles, Aigues-Mortes, Sète, Narbonne, Martigues, la Ciotat y participaient avec Marseille. Une longue période de déclin vint ensuite avec les troubles qui suivirent la division de l'empire de Charlemagne et désolèrent la Provence et le Languedoc sous le gouvernement de ses successeurs. Ce fut principalement par les ports d'Italie que furent alors importés en Europe les produits du Levant, entre autres ceux d'Égypte, et c'est par leur intermédiaire que les reçurent les contrées qui s'en étaient précédemment fournies à Marseille ou dans les petits ports circonvoisins. Mais le trafic direct reprit peu à peu, au fur et à mesure du retour de l'ordre et de la prospérité, pour autant que le permirent la piraterie des Sarrazins dans nos parages et leurs incursions sur nos côtes. Marseille ni la Provence n'étaient plus d'ailleurs sous le même sceptre que les provinces dont se composait alors le royaume de France : en sorte qu'on ne saurait porter au compte de la France les relations renouées avec le Levant en général et l'Égypte en particulier par le Comté de Provence et l'espèce de ville libre que fut Marseille, sous le gouvernement de princes dont certains, comme Charles d'Anjou et le bon roi René, sont restés célèbres à juste titre. C'est le rivage à l'ouest du Rhône, sur la rive droite de ce fleuve, qui constitue à cette époque la fenêtre de la France féodale sur l'Orient et l'Égypte ; à telles enseignes que c'est à Aigues-Mortes en Camargue que Saint-Louis s'embarque pour celle de ses deux croisades qui le conduisit en Égypte, à Damiette.

Par la croisade de Saint-Louis, l'Égypte, déjà entrée dans la vie extérieure de la France au titre économique, y entre si l'on peut dire au titre politique. Elle y entre à ce titre nouveau comme voisine des états chrétiens de Palestine et de Syrie. Ce sont les attaques de ses sultans fatimites contre le royaume de Jérusalem et leur pression de plus en plus forte sur la sorte d'organisation catholique créée par les croisés en Palestine et Syrie, qui lui valent en 1249 la visite du grand roi Louis IX et de la fleur des chevaliers de son royaume.

L'influence sur la suite des rapports de la France avec l'Égypte n'en fut pourtant pas celle que l'on pourait croire. Cette prise de contact, des deux parts un peu rude, a laissé subsister de part et d'autre un souvenir glorieux et touchant. « Le souvenir du débarquement de Saint-Louis à Damiette, a-t-on pu écrire, celui des prouesses de ses chevaliers, de ses propres malheurs, de sa captivité, fixèrent à jamais l'attention des Français sur l'Égypte et lui donnèrent dans notre histoire une place qui n'a cessé de s'agrandir jusqu'à nos jours. » De ce temps date aussi l'entrée de l'Égypte dans notre littérature par la chronique du Sire de Joinville. Réciproquement, les Sarrazins d'Égypte mêlèrent à la fierté de leur victoire un sentiment d'admiration pour la valeur d'adversaires, qui ne l'étaient du reste que par la foi. Enfin, là comme ailleurs, les difficultés même de l'attaque et de la défense ont fait engager, entre musulmans et chrétiens, des négociations qui ont montré le chemin à celles de l'avenir. En Égypte comme dans tout le reste de l'Orient les relations peu cordiales que constituent les croisades ont préparé les voies à de plus pacifiques.

Il s'en est fallu de peu que Saint-Louis ne reparût en Égypte en 1270, au lieu d'aller mourir à Tunis ; car il s'est préparé depuis 1267 à y retourner, aux mêmes fins que la première fois c'est-à-dire pour sauver les états chrétiens de Palestine et de Syrie, alors aux abois. Si le pieux roi a été détourné de ce projet et si sa dernière croisade l'a été du but qu'elle avait d'abord eu, c'est par suite des manœuvres de son frère, Charles d'Anjou, comte de Provence, seigneur de Marseille, roi de Naples et de Sicile, qui ne se souciait pas de compromettre les relations commerciales de ses états avec l'Égypte et entretenait de bons rapports avec le Sultan du Caire, Bibars, tandis qu'il avait une querelle à régler avec l'Émir de Tunis, Mostancir. Cet exemple prouve qu'on peut, en parlant des croisades, être moins loin qu'il ne paraît du commerce et de l'origine des Échelles.

De fait, les croisades ont été, pour le commerce de la Méditerranée, le signal d'une renaissance dont profitèrent Marseille et les petits ports de Provence, en même temps que ceux du Languedoc. Malgré l'avantage alors conféré à la Syrie sur l'Egypte, par l'établissement en Syrie de principautés chrétiennes en relations suivies avec l'Europe occidentale, l'Egypte conserve son attrait sur les navigateurs européens, à cause de la multiplicité des produits exotiques qui y affluent d'Extrême-Orient. Elle gagne à la chute du royaume de Jérusalem : les Européens fréquentant le port d'Alexandrie n'y connaissent pas les mêmes vicissitudes que leurs semblables à Jaffa, Seyde (Saïda), Sour, Baruth (Beyrouth) ou Tripoli. Les Marseillais conservent et même augmentent à Alexandrie les installations qu'ils y avaient déjà, fondouks et okelles, magasins et habitations. Bien qu'encore extérieure à la France, politiquement parlant, Marseille n'en joue pas moins, à l'égard du royaume, le rôle de port pour le commerce du Levant, d'Egypte en particulier, pendant tous les 14e et 15e siècles. Jacques Cœur, le grand argentier de Charles VII se fait représenter à Marseille par un de ses neveux, Jean de Village, pendant la phase commerçante de sa carrière agitée. Des rapports politiques s'établissent, si l'on peut dire de gouvernement à gouvernement, entre le Caire et Bourges : Charles VII charge en 1447, Jean de Village de porter de sa part des présents au Sultan d'Egypte, ou, comme on disait alors, au *Soudan* d'Egypte, et une espèce de traité de commerce est le fruit de cette première ambassade extraordinaire d'un roi de France au Souverain du Caire. Les pélerins français qui vont faire leurs dévotions en Terre Sainte, retombée sous le joug musulman, visitent parfois l'Egypte, par où ils passent, et les relations qu'ils écrivent de leur voyage décèlent un commencement de curiosité pour le pays. Deux des premiers connus sont d'Anglure en 1395 et Ghillebert de Lannoy en 1421-23. Ils avaient été précédés en Egypte en 1332 par un religieux allemand, Guillaume de Boldensele, dont la relation de voyage avait tant intéressé le Cardinal de Talleyrand-Périgord, qu'il avait fourni à l'auteur les moyens de la faire copier. Ces pélerins sont les premiers touristes ; leur tourisme sacré a frayé les voies au tourisme profane de nos jours.

En 1481, Marseille passe sous la domination des rois de France. En 1488, la Provence est réunie à la couronne par Charles VIII. Le commerce du Levant, dont Marseille était le siège pour toute une partie de l'Europe, est dans une large mesure une dot, que cette ville et la Provence apportèrent à la France en s'unissant à elle. C'était une jolie dot : la France ensuite la fit très convenablement fructifier. Le commerce d'Egypte en faisait partie. Là, comme dans les autres pays d'Orient, riverains de la Méditerranée, les navigateurs du midi de la France, ou plutôt de ce qui le devint à ce moment, avaient acquis de solides positions. Venant porter et surtout charger des marchandises à Alexandrie, parfois aussi à Damiette, ils faisaient, par l'intermédiaire des habitants du pays, des affaires avec le Caire. Ils y soutenaient honorablement la concurrence de leurs rivaux d'Italie et d'Espagne. Le patrimoine économique de la France s'augmenta et s'enrichit des relations commerciales qu'ils avaient mis des siècles à nouer, à maintenir et à développer.

En opérant une révolution dans le commerce du monde, la découverte par Vasco de Gama de la route du Cap de Bonne-Espérance enleva à l'Egypte une partie de sa valeur économique. Mais ce qu'elle lui en laissa suffit à lui conserver la faveur des navigateurs de l'Europe méridionale. Les marchandises de l'Hindoustan et de la

Chine, que l'on avait pu craindre de voir disparaître complètement du marché égyptien, continuèrent à y être apportées par la mer Rouge en quantité suffisante pour fournir un précieux élément d'échange. Bientôt s'y joignit un article originaire d'Arabie: le café, dont la mode, qui n'a pas passé, s'introduisit en Europe. Chaque année, une flottille de bâtiments égyptiens, felouques, djermes, caïques et boutres arabes, partait de Suez, allait chercher à Moka et à Djeddah la savoureuse denrée, ainsi que tout ce qui avait été importé des ports de l'Inde, et rapportait ce chargement en Égypte, d'où une partie en était ensuite exportée à destination d'Europe. Les Marseillais avaient encore de quoi s'occuper et il y avait du fret pour bien d'autres que pour eux. L'Egypte gardait donc pour la France tout autant d'importance que par le passé.

La France en prenait davantage pour l'Egypte. Sans doute les chevaliers de Rhodes, en majorité Français, jetaient-ils parfois le trouble dans les relations pacifiques des deux pays, en excitant l'humeur des musulmans par la course qu'ils pratiquaient sur mer.

Mais les derniers souverains mameluks du Caire avaient alors trop de tracas avec les Portugais pour pousser bien loin les représailles contre nos compatriotes et ne pas chercher à se concilier le roi de France. Le Sultan Kansoun Ghouri envoya à Paris un marchand ragusais porteur de lettres pour Louis XII et d'un acte qui confirmait la liberté accordée aux Français de commercer dans les ports de ses états, c'est-à-dire de l'Egypte et de Syrie. Louis XII répondit par l'envoi d'une ambassade, qu'il confia à André Le Roy et dont un des membres, Jean Théraud, nous a laissé une relation. Comme celle qui avait été envoyée au Caire par Charles VII, soixante-cinq ans plus tôt, cette ambassade aboutit à un arrangement favorable au commerce.

Le commerce français en Égypte, comme dans tout le Levant, profita ensuite grandement des « Capitulations » que François Ier passa, en 1535, avec le Sultan Soliman-le-Magnifique, empereur des Ottomans, car l'Égypte étant tombée en 1517 au pouvoir des Turcs, sous le règne du Sultan Selim, et ayant donc perdu de ce jour son indépendance pour ne plus être qu'une province ottomane, les privilèges stipulés par les Capitulations franco-turques en faveur des commerçants français dans les états du souverain qu'on appelait alors le Grand-Seigneur leur furent acquis en Égypte, aussi bien que dans tout le reste de l'immense empire que la Turquie est si longtemps restée. Les Marseillais, de plus en plus les agents à peu près exclusifs du commerce de la France avec le Levant, purent fréquenter le port d'Alexandrie avec plus de sécurité encore qu'auparavant, y ouvrir des comptoirs, s'y livrer à leurs occupations, y résider et bientôt même s'installer au Caire. Du XVIe siècle date réellement la naissance des Echelles du Levant, de l'Echelle d'Égypte comme des autres, en tant que l'on comprend sous ce nom d'« Echelle », — qui rappelle l'estacade où les navires d'autrefois venaient s'amarrer pour charger et décharger, — des établissements permanents, une collectivité de résidents confondus sous le nom générique de « nation », un consulat pour les administrer et un va-et-vient de capitaines-marchands pour transporter leurs expéditions.

Du jour où le développement et la relative sécurité du trafic eurent amené les Marseillais à détacher un certain nombre des leurs en permanence à Alexandrie et par intermittence au Caire, pour y exécuter les ordres de maisons de Marseille spécialisées dans le commerce du Levant, il devint nécessaire de donner un chef à ces quelques négociants français établis en Egypte, pour veiller à ce que leurs droits et privilèges fussent respectés par les autorités locales et pour les maintenir eux-mêmes dans le devoir, faire observer parmi eux une certaine discipline, dont dépendaient largement leur propre sécurité et celle de leurs opérations. Il devint nécessaire aussi de soumettre, en France même, le commerce du Levant à une direction centrale. Au premier de ces besoins répondit la création des consuls ; au second, la création de la Chambre de Commerce de Marseille. Les consuls ne furent pas, avant longtemps, nommés par le roi ; ils le furent d'abord par la communauté de Marseille, c'est-à-dire par ce que nous appellerions aujourd'hui la municipalité de cette ville. Neuf fois sur dix naturellement, ils étaient Marseillais et la plupart du temps aussi négociants eux-mêmes. Bientôt s'introduisit l'usage de leur affermer leurs consulats, ainsi que cela se pratiquait alors pour une quantité d'offices publics. Souvent ces consuls-fermiers déléguaient la gestion de leur consulat à un sous-fermier, choisi parmi leurs parents ou leurs employés. Quant à la Chambre de Commerce de Marseille, composée, dans une proportion qui a varié plusieurs fois, d'échevins de la ville et de négociants, elle se fonda dans la seconde moitié du XVIe siècle et fut reconnue par ordonnance royale d'Henri IV en 1599. La direction supérieure du commerce du Levant lui fut confiée, avec le soin de contrôler le fonctionnement des Echelles et l'administration des consuls, qui correspondirent avec elle, de même que les députés nommés par la nation de chaque Echelle pour assister le consul, et de même que l'ambassadeur du roi à Constantinople, à qui elle fit 16.000 livres de pension par an.

L'Echelle française d'Égypte s'organisa sur ce type. Elle se composa désormais de la « nation » française d'Égypte, c'est-à-dire de la petite collectivité des négociants français établis à Alexandrie et au Caire, de son consul, qui, pour ne pas être encore un officier royal, n'en avait pas moins juridiction sur elle, de ses deux députés investis d'attributions administratives assez étendues, des quelques religieux franciscains qui desservaient la paroisse de la nation et la chapelle consulaire et qui, même lorsqu'ils n'étaient pas de nationalité française, étaient placés sous la protection de la France par le seul fait qu'ils étaient catholiques et moines, enfin des capitaines-marchands de passage. Elle relevait de la Chambre de Commerce de Marseille, à laquelle ressortissaient ses affaires, aussi bien que celles de toutes les autres Echelles. Le gouvernement du roi ne s'occupait pas d'elle, non plus que des autres, du moins pour entrer dans le détail, soit de leurs opérations, soit de leurs vicissitudes. Les consuls n'avaient contact ni correspondance avec aucun département ministériel. Il n'y avait d'ailleurs pas encore de ministères organisés comme il y en eut bientôt après ; les secrétaires d'État du roi, au nombre de quatre en général, se répartissaient les affaires du royaume selon leur compétence ; mais toujours est-il qu'Echelles du Levant ni consulats d'Orient n'entraient dans le ressort d'aucun. Les affaires des Echelles n'aboutissaient au gouvernement royal que par l'intermédiaire de l'ambassadeur du roi à Constantinople, qui, lui, correspondait avec le secrétaire d'État chargé des affaires étrangères et parfois avec le roi en personne. Mais il va sans dire que pour qu'une affaire aboutît aussi haut par le canal d'un ambassadeur, il fallait que la chose en valût la peine. La manière dont le gouvernement royal agissait, en bien ou en mal, sur l'activité du commerce des Echelles et leur fonctionnement n'était donc pas directe, mais pouvait n'en pas être moins efficace : c'était par ses rapports avec Constantinople, par le soin qu'il apportait à faire confirmer ou à étendre les privilèges commerciaux de ses sujets en Turquie, par le renouvellement des capitulations, comme cela se fit en 1604 sous Henri IV, par l'attention qu'il portait au commerce extérieur en général et par l'intérêt qu'il témoignait à la marine, comme ce fut le cas sous Louis XIII et Richelieu, enfin par la protection qu'il accordait aux missions religieuses.

Les choses durèrent ainsi jusqu'à Colbert. Au moyen de réformes commencées par lui en 1685 et continuées par ses successeurs, Seignelay et Pontchartrain, une complète refonte de l'organisation des Echelles s'opère sous Louis XIV. Le secrétaire d'État de la Marine devient le chef des consulats. Les consuls, dont les multiples attributions administratives et judiciaires sont minutieusement déterminées, prennent le caractère de véritables fonctionnaires, deviennent des officiers royaux, nommés par commission du roi, rétribués tant par an. Plus de consuls-fermiers ni négociants. Plus de taxes levées par les consuls sur le commerce de leur Echelle pour se rémunérer de leurs services. L'Intendant de Provence, qui porte le titre d'inspecteur du commerce du Levant, représente le secrétaire d'État de la Marine auprès de la Chambre de Commerce de Marseille, dont les attributions restent toutefois très amples ; il a le droit de la présider. Des règlements précis définissent les obligations des députés de la nation et la compétence de son « assemblée ». Les devoirs des résidents, parmi lesquels on distingue les « facteurs » ou négociants représentant des maisons de Marseille et les « artisans » ou ouvriers, les conditions de leur activité professionnelle et de leur vie privée sont rigoureusement réglementées. Ils ne peuvent venir s'établir dans une Echelle qu'en vertu d'une autorisation de la Chambre de Commerce de Marseille, attestée par un certificat, et après avoir versé caution. La durée de leur séjour dans le Levant est limitée à dix ans. S'ils se rendent coupables d'insubordination, causent du scandale ou font faillite, le consul peut les expulser. Ils n'ont le droit, ni d'amener leur femme, s'ils étaient mariés avant leur départ de France, ni de se marier pendant qu'ils résident en Orient : la présence des femmes dans les Echelles est prohibée comme un objet de désordres et de discussions. Ils sont tenus à tous habiter le domicile commun de la nation, dénommé, selon les endroits, khan, fondouk, okelle ou contrée ; là sont leurs logements et les magasins des négociants ; là est l'habitation du consul, qui contient obligatoirement une salle meublée à l'européenne pour les assemblées de la nation, décorée de portraits des rois et des armes de Marseille, une autre aménagée à l'orientale, pour les visites des indigènes, enfin la chapelle consulaire. Il est interdit aux Français de prêter leur nom à des étrangers pour faire le commerce et de commercer eux-mêmes sous le nom d'un étranger, de charger des marchandises sur un bâtiment étranger ; d'exporter à destination d'un port français autre que Marseille, d'où leur arrive aussi tout ce qu'ils reçoivent. Marseille jouit donc du monopole du commerce du Levant avec la France. Toute cette réglementation procède d'un principe de centralisation et de contrôle, de l'idée que le commerce du Levant est, en raison de son importance, une institution d'État, enfin de la conviction que la prospérité des Echelles et la sécurité même des résidents dépendent d'une rigoureuse discipline et d'une étroite solidarité entre les membres de la nation.

Cette abondance de règlements stricts, fréquemment revus, complétés, renforcés par une infinité d'ordonnances et d'arrêts sous Louis XV et sous Louis XVI, mais sans que l'esprit et les dispositions générales en soient pour cela touchées, donne aux Echelles du Levant la constitution et la physionomie qu'elles garderont intégralement jusqu'à la Révolution française, et dont elles conserveront même quelque chose bien au delà de ce temps. Telles sont donc les conditions dans lesquelles ont vécu nos compatriotes dans l'Echelle d'Egypte pendant toute la durée de l'Ancien Régime en France.

Ils sont établis à Alexandrie et au Caire et détachent un ou deux facteurs à

Rosette. Ils en avaient aussi détaché à Damiette, où exista quelque temps un vice-consulat, tout au début du XVIIIe siècle. Le siège de l'Echelle, qui suit toujours celui du consulat, a été d'abord à Alexandrie, ensuite au Caire, depuis la seconde moitié du XVIIe siècle ; ramené à Alexandrie en 1777, il y resta jusqu'à la Révolution française, qui de nouveau le transféra en 1793 au Caire, où il ne put d'ailleurs être maintenu plus de quelques mois. Bonaparte le trouve à Alexandrie, lorsqu'il y débarque en 1798.

Mais même pendant les périodes où le consulat et par conséquent l'Echelle ont eu leur siège à Alexandrie, quelques marchands français sont toujours demeurés au Caire.

La nation française en Égypte est peu nombreuse. Là comme dans toutes les Echelles du Levant, le gouvernement royal et la Chambre de Commerce de Marseille en maintiennent intentionnellement l'effectif au strict nécessaire : on ne veut pas de gens inutiles. En tout une cinquantaine de personnes, dont quatorze officiers de consulats, — rubrique qui comprend des consuls, vice-consuls, drogmans, chanceliers et chirurgiens de la nation, — dix-sept négociants, huit commis et douze artisans ; voilà ce dont se compose la petite colonie vers le milieu du XVIIIe siècle.

D'abord assez mal installée à Alexandrie et au Caire, elle y échange en 1681, les logements malsains où elle avait habité jusqu'alors contre ceux où on la trouve jusqu'à l'expédition d'Égypte. C'est, au Caire, une « contrée », c'est-à-dire un petit quartier fermé d'une lourde porte et analogue à ceux entre lesquels se divise alors la ville. Située le long du Khalig, du canal qui traverse le Caire et transforme l'Ezbekieh en un lac au moment de l'inondation, elle est dénommée la « contrée des Francs ». Les janissaires de la nation, qui sont ce que l'on a appelé depuis les cavass, en gardent la porte. Mais la porte ni la garde n'assurent aussi bien, en cas d'émeute, la sécurité des hôtes de la contrée, que ne le feraient les bons murs d'un khan, d'un caravansérail, comme ceux où vivent nos nationaux dans la plupart des autres Echelles. A demeurer au Caire dans une « contrée », ils gagnent donc d'être un peu plus indépendants les uns des autres, mais y perdent en sécurité. « Il est de vos intérêts et de la sûreté de vos biens, écrit un de leurs consuls à la Chambre de Commerce de Marseille, que la nation soit ici fermée et, si vous me faisiez l'honneur de me croire, vous prendriez la sage résolution de lui faire bâtir un khan, qui ne reviendrait pas à 100.000 francs ». La dépense fit reculer devant la sage résolution qui ne fut pas prise, et c'est encore dans la contrée en bordure du Khalig que Bonaparte trouva les marchands français établis au Caire, quand il y fit son entrée. A Alexandrie, leurs congénères habitaient une okelle, c'est-à-dire un de ces édifices d'un seul tenant qu'on appelle ailleurs un fondouk. « Elle est près de la mer, dans le fond du port neuf » dit un voyageur, de Mononcourt, qui habita l'okelle des Français d'Alexandrie en 1777. C'est un bâtiment carré dont les côtés enferment une grande cour, autour de laquelle et sous des arcades sont les magasins. Les arcades sont soutenues par des colonnes ou, pour mieux dire, par des parties de colonnes arrachées aux décombres de l'ancienne ville : plusieurs sont de granit et il s'en trouve une de porphyre. Il y avait aussi dans cette cour une statue de grandeur naturelle en pierre blanche, représentant une femme assise avec un enfant debout à côté d'elle. Les Arabes l'avaient trouvée dans les ruines et vendue à un interprète français. Les logements sont au-dessus des magasins et les croisées en sont par conséquent très élevées. Une seule porte, bien solide, ferme ce vaste enclos. On la renforçait encore, dans les moments de tumulte, par des ballots amoncelés.
« A Rosette, ville alors réputée pour le charme de ses jardins, les Français habitaient »,

au dire du même voyageur qui y demeura, « une vaste okelle de la même forme que la factorerie française d'Alexandrie ». Elle était « près du Nil et, de même que toutes les maisons de Rosette, construite en briques ». Sur la terrasse des okelles d'Alexandrie et de Rosette et sur la maison consulaire de la contrée des Francs au Caire flottait le pavillon français, la bannière blanche fleurdelysée.

Les moins bien lotis de nos nationaux en Égypte étaient donc, sous le rapport du logement, ceux du Caire. « La nation sait le mauvais état de la maison consulaire, écrivait leur consul, Benoist de Maillet, en 1707, à la réserve de la salle qui fut accommodée en 1699. Je n'ai pas même une chambre pour me mettre à l'abri du froid et des chaleurs... Le nombre des paroissiens n'est aussi guère moins de cent et cependant la chapelle n'en peut pas contenir une trentaine. C'est une honte pour nous de voir, aux bonnes fêtes, les trois quarts des marchands et paroissiens dans des cours et sur des escaliers ».

Dans un cadre aussi exigu et mesquin, la cérémonie traditionnelle des messes consulaires, où le consul recevait les honneurs liturgiques, devait manquer de solennité et ne guère imposer aux paroissiens admis, les dimanches et jours fériés, à fréquenter la chapelle française, à laquelle était attachée le droit de cure pour les catholiques latins : « un des droits les plus honorables dont la nation fût en possession », déclare un de nos consuls. Marseille pourtant ne se désintéressait pas de la dignité du culte en Orient : la Chambre envoyait à Alexandrie et au Caire des ornements d'église ; mais elle répugnait davantage à des dépenses d'aménagements qui montent vite plus haut. La nation, astreinte à une sévère économie, hésitait plus encore à mettre la main à la caisse de l'Échelle en faveur, soit de la chapelle, soit de l'appartement consulaire. Quant à leurs aises personnelles, c'était de leurs propres deniers que les marchands y pourvoyaient, quand ils étaient en fonds. Ainsi l'un d'eux, au Caire, achète-t-il en 1702 un jardin attenant à la contrée. Tous ensemble possédaient, en 1770, à Guizeh une maison de campagne, où furent hébergés, l'année suivante, le voyageur Savary et le comte d'Entraigues.

L'Échelle d'Égypte passait pour une de celles où le fanatisme musulman et l'orgueil turc rendaient la vie la plus difficile aux Européens, sans en excepter les Français. Sur le fronton d'un portail qui se dressait dans leur contrée du Caire et que fit abattre leur consul, Lemaire, en 1720, se lisait une inscription en caractères arabes dorés : elle appelait la malédiction du Prophète sur ceux qui logeaient dans ce quartier et sur ceux qui le permettaient. Défense était faite aux Français de monter à cheval. En vaquant à leurs occupations, qui les appelaient souvent loin de leur logement, à Alexandrie pour aller au port, au Caire pour aller à Boulak sur le Nil, ils devaient se contenter d'enfourcher des bourricots. Seul leur consul était autorisé à cavalcader ; encore ne se passait-il guère cette fantaisie que pour se rendre à une audience solennelle du Pacha. Jusqu'au milieu du XVIIe siècle, nos nationaux ont revêtu le costume indigène, ce qui du reste fut longtemps de règle dans toutes les Echelles. Ensuite ils ont pu circuler vêtus à l'européenne, mais non sans être astreints à porter une coiffure spéciale, la « cesse », bonnet noir garni d'un léger turban de soie bigarrée. Quand ils s'écartaient de cette obligation, leur infraction à l'usage leur attirait des vexations. Aussi, « le chapitre des chapeaux » était-il une affaire d'État, qui faisait l'objet de règlements du ministre de la Marine. Dans les rues, il n'était pas rare que quelque propos malsonnant retentît à l'oreille du « Franc » qui passait. Une rumeur dédaigneuse et inhospitalière était dans les traditions du pays depuis la fin du xviie siècle. Un capitaine de vaisseau du roi, venu en visite en 1698, se montrait « fort choqué de ne pas trouver en Egypte la même liberté dont on jouit à Smyrne et aux autres Echelles, qu'un Français ne pût repousser la force par la force, l'injure par l'injure, et que des officiers du roi se vissent obligés à s'observer, à moins que de se compromettre. » Il demeura « persuadé qu'il y va de l'honneur du roi de faire changer ces manières. » Elles ne devaient pourtant pas changer de si tôt.

De même que partout en Orient, les Français d'Egypte s'efforçaient de gagner la bienveillance des « puissances du pays », c'est-à-dire des autorités locales, par des « donatives », c'est-à-dire par des présents en espèces ou en nature. C'était l'application du principe : les petits cadeaux entretiennent l'amitié. Les puissances du pays étant nombreuses, les donatives l'étaient aussi. Elles ne mettaient toutefois pas nos nationaux complètement à couvert des persécutions et extorsions de fonds, dont le caractère était si chronique dans tout le Levant, qu'elles y étaient invariablement qualifiées du même nom d'« avanies » et donnaient matière à de nombreux règlements, destinés à les prévenir sans généralement y réussir. Les avanies étaient fréquentes en Egypte.

Une autre caractéristique de l'Echelle d'Egypte était que la nation française y avait mauvaise tête. Par tradition, elle était frondeuse envers son consul et un peu turbulente. Un de ses consuls se plaint que de jeunes étourdis du Caire se soient oubliés jusqu'à afficher sur les murs de la contrée et de sa propre maison des placards injurieux pour lui et qu'une perquisition ait fait découvrir dans une salle où ils se réunissaient quantité de caricatures et de vers libres à son adresse. En outre, nos nationaux se permettaient parfois des fredaines, qu'excusait la contrainte exercée sur leur vie privée, mais qui ne les en exposaient pas moins aux représailles des habitants.

Pour ne pas être toujours aussi austère que l'eût souhaité leur consul, leur existence était cependant laborieuse.

Le commerce qu'ils entretenaient avec Marseille par Alexandrie classait souvent l'Echelle d'Egypte en tête de toutes celles du Levant et pouvait s'évaluer, par année commune, à 5.500.000 livres, dont 2.500.000 pour les « envois » de France en Egypte et 3.000.000 pour les « retours » d'Egypte en France. Ainsi se désignaient alors les exportations et les importations. Ce trafic consistait, en fait d'envois de France, en draps du Languedoc et du Dauphiné, soieries de Lyon, tissus de Provence, métaux bruts et ouvrés, poteries, verreries, épiceries ; en fait de retours ou « retraits » d'Egypte, en café, riz, épices, drogueries, safran ou indigo, natron, lin, coton, mousselines des Indes, marchandises d'Extrême-Orient, produits du Soudan, tels qu'ivoire, poudre d'or, myrrhe, encens. Une série de concessions, obtenues de la Porte par nos ambassadeurs à Constantinople, Guilleragues et Girardin, de 1683 à 1686, avaient placé nos commerçants en Egypte dans une situation privilégiée. Ils ne payaient à l'importation des marchandises de France qu'un droit de 3 % *ad valorem*, étaient autorisés à faire les expéditions de denrées d'Alexandrie à Constantinople, jouissaient en fait d'une sorte de monopole du commerce, l'emportaient sur tous leurs concurrents étrangers. Leur consul, Maillet, à la fin du xviie siècle, avait mené la vie dure à quelques négociants anglais qui avaient voulu s'établir au Caire, et les avait promptement éliminés. Jusqu'à la fin du xviiie siècle, il ne devait revenir d'Anglais que par intermittence et en très petit nombre : un seul le plus souvent.

Active comme elle l'était, l'Echelle présentait pour le pays un intérêt, qui conseillait aux habitants de ne pas trop la tourmenter. Les Musulmans les plus intolérants devaient en tenir compte. Quant aux chrétiens orientaux, ils portaient à la France des sentiments de vénération. « Mgr. l'Archevêque du Mont-Sinaï, écrit notre consul en 1699, m'avait demandé un portrait du roi pour mettre dans la salle de ce fameux monastère et transmettre à la postérité l'image d'un Prince dont les actions ont pénétré jusque dans les déserts les plus reculés. Cet archevêque et toute sa famille ont une vénération singulière pour la personne de Sa Majesté. »

En France, l'importance du mouvement d'affaires avec l'Egypte n'était pas le seul titre de ce pays à l'attention. L'Egypte excitait déjà l'intérêt par tout ce qui, en elle, l'a si fort attiré depuis. « On ne parle, écrit en 1740 l'abbé Le Mascrier, que des anciennes villes de Thèbes et de Memphis, des déserts de la Lybie, des grottes de la Thébaïde. Le Nil est aussi familier à beaucoup de gens que la Seine. Les enfants mêmes ont les oreilles rebattues de ses cataractes et de ses embouchures. Tout le monde a vu et a entendu parler des momies. En un mot, le puits de Joseph, la colonne de Pompée, le phare d'Alexandrie, les pyramides d'Egypte sont des objets dont on a été si souvent entretenu, qu'entreprendre d'ajouter aux connaissances qu'on en a, ce serait vouloir apprendre à ces Parisiens ce que c'est que Saint-Denis, ou faire connaître le tombeau de Saint-Martin à un habitant de la Touraine. » Il fut plusieurs fois question de faire venir d'Alexandrie à Paris la colonne de Pompée, pour l'ériger sur une de nos places. La proposition en fut soumise à Louis XV en 1737 par un rapport du secrétaire d'Etat de la Marine, qui disait : « L'on propose de faire enlever d'Alexandrie la colonne de Pompée, qui menace ruine, et de la faire transporter en France, pour être élevée avec une statue du roi au-dessus. C'est un des plus grands et des plus anciens monuments des siècles passés, qu'il serait digne de la gloire du roi de conserver. » On calculait que le transport coûterait 100.000 livres et qu'il faudrait pour cela un bâtiment construit exprès. L'obélisque de Louqsor faillit donc être précédé à Paris par la colonne de Pompée. Les voyageurs français venaient, de temps à autre, visiter le pays et la publication de leurs impressions de voyage suscitaient parfois beaucoup de curiosité : ainsi entre autres pour Tavernier, Morison, Lucas, Tollot, les pères Sicard, et Dubernot, Savary, Volney.

A partir du milieu du xviiie siècle, l'autorité de la Porte ottomane en Egypte commença à faiblir et fut peu à peu usurpée par une caste militaire, les « Mameluks », dont les chefs appelés beys, exercèrent en fait le gouvernement. Ce changement enleva aux Français la ressource de recourir au pouvoir du Pacha du Caire et à celui de la Porte elle-même pour obtenir justice, quand ils avaient été molestés.

En outre, l'influence de la France à Constantinople avait quelque peu décliné. Ainsi arriva-t-il que notre Echelle d'Egypte fut soumise à des tribulations qui lui avaient été jusqu'alors épargnées. En 1767, le drogman de la nation à Alexandrie fut arrêté, en violation des Capitulations, et transporté à Constantinople, où il mourut en prison. Peu d'années après, un de nos vice-consuls dans la même ville périt assassiné par un arabe, sans qu'il fût possible à nos nationaux de faire punir ce crime. Le premier mameluck qui exerça un pouvoir souverain au Caire, le célèbre Ali-Bey, régnant de 1770 à 1773, n'en fit pas mauvais usage. Néanmoins, quand il mourut de mort violente, ses engagements financiers envers certains de nos marchands étaient suffisants pour les endetter dangereusement. Rien n'alla trop mal encore sous son successeur, Mohamed-Abou-Dahab, dont le nom, qui signifie père de l'or, indique pourtant qu'il se montra assez cupide. Mais après sa mort, en 1776, des compétitions s'élevèrent entre Ismaïl Bey et deux de ses congénères, Mourad et Ibrahim Beys, associés entre eux. La nation, surtout au Caire, fut plus d'une fois dans les transes, au cours des troubles suscités par leurs rivalités : c'était précisément le cas au moment où arriva en Egypte un haut personnage, brigadier des armées du roi, le baron de Tott, chargé de l'inspection générale des Echelles. Les partisans des Beys en guerre les uns avec les autres se combattaient jusque dans le Caire quand il y vint, en juillet 1777, et leurs querelles obligeaient la nation à se tenir enfermée dans la contrée pour en attendre la fin. Le baron de Tott jugea la situation trop troublée pour permettre le maintien au Caire du siège de l'Echelle et du consulat, qui venait d'être érigé en consulat général, et décida de le transférer à Alexandrie, un peu plus calme et surtout plus à portée des secours de la marine. Ainsi fut fait. Tott avait laissé aux négociants qui le voudraient la faculté de demeurer au Caire à leurs risques et périls : la majorité d'entre eux en usa.

De ce temps date en France l'étude approfondie du projet de diriger une expédition militaire en Egypte pour s'y installer. Le projet n'était pas nouveau et jadis le philosophe Leibnitz l'avait soumis à Louis XIV, s'attirant du ministre Pomponne cette dédaigneuse réponse : que les croisades avaient cessé d'être de mode depuis Saint-Louis. Depuis plus de deux ans, l'ambassadeur de France à Constantinople, Saint-Priest, et le baron de Tott lui-même, insistaient auprès du gouvernement royal pour qu'il prît le parti de mettre la main sur l'Egypte, dans le cas où l'Empire Ottoman, qui menaçait ruine, viendrait à se dissoudre. Tott avait été chargé, concurremment avec son inspection générale des Echelles, de la mission secrète d'étudier les modalités d'une expédition militaire et d'en préparer le plan. Il en fit le sujet d'un rapport détaillé qu'il remit à Versailles en 1779. En même temps, le consul général de France à Alexandrie, Hure, adressait à la Cour un remarquable mémoire où il examinait sous tous ses aspects, la question de l'occupation de l'Egypte. Bien qu'écarté par le gouvernement de Louis XVI, le projet continuellement remis sur le tapis par une quantité de propositions successives, ne devait plus cesser d'être à l'ordre du jour jusqu'au moment où, en 1798, le Directoire, Talleyrand et Bonaparte, s'en emparèrent et le réalisèrent. Les propositions qui le prirent pour thème de 1776 à 1798 montrent, chez ceux qui les firent, un véritable enthousiasme pour l'Egypte, pour ses ressources et pour les conséquences, politiques et économiques, que l'on pouvait faire découler de son occupation.

Transférée à Alexandrie avec le consulat général, mais toujours représentée au Caire par les négociants qui y étaient restés volontairement, l'Echelle continua à exploiter le commerce d'Egypte aussi activement que le permirent des désordres locaux qui allèrent croissants. Le pouvoir était exercé au Caire et dans tout le pays par les beys Mourad et Ibrahim, les mêmes que Bonaparte y trouva et qu'il eut pour adversaires. Ils gouvernaient conjointement. Leur avidité et leurs caprices exposèrent l'Echelle, même retirée à Alexandrie, à mainte exaction. Mais il arrivait aussi que, la fortune les humanisant, et la raison les éclairant sur leurs propres intérêts, ils accordassent aux Français quelque avantage nouveau. C'est ce qui arriva notamment en 1785 quand le chevalier de Truguet, le futur amiral Truguet, vint à Alexandrie sur sa corvette, *la Poulette*, envoyé par l'ambassadeur de France à Constantinople, Choiseul-Bouffier, pour obtenir des Beys la concession du commerce avec l'Inde par Suez et la mer Rouge. Obtenir l'autorisation de ce commerce, interdit aux chrétiens par cette voie, était un projet déjà ancien, que Louis XIV et Colbert avaient essayé de faire aboutir par l'action de deux ambassadeurs successifs à Constantinople,

Nointel et Girardin. Depuis longtemps représenté au gouvernement de Louis XVI, celui-ci avait fini par se décider à l'adopter. Tout un plan d'exploitation avait été dressé par le maréchal de Castries, ministre de la Marine, qui avait prescrit à Choiseul-Bouffier de faire en sorte que l'exécution n'en rencontrât pas d'opposition sur place. Truguet se rendit au Caire et, grâce aux services et à l'influence du négociant marseillais, Charles Magallon, obtint de Mourad Bey un traité en bonne et due forme octroyant aux Français toutes les garanties possibles pour la réception de leurs navires à Suez et le transport de leurs marchandises de Suez au Caire et du Caire à Alexandrie. Malheureusement les lenteurs calculées de la Compagnie française des Indes, qui préférait la voie du Cap de Bonne-Espérance, réduisit le bénéfice de cette concession, à une simple expérience, faite avec succès en 1789, après quatre ans de retard et jamais renouvelée ensuite. L'Echelle d'Egypte ne profita donc presque pas du traité de 1785 et vit lui échapper le profit d'un trafic qu'elle avait pu espérer s'assurer.

A mesure que la monarchie française s'affaiblit, Mourad et Ibrahim, la craignant moins, devinrent plus arrogants et plus exigeants pour nos nationaux d'Égypte, dont la vie se fit plus pénible. Survint la Révolution française, qui désorganisa l'Echelle et y suscita, comme dans toutes les autres du Levant, l'indiscipline et le désordre. Un grand nombre des règlements, devenus désuets, qui régissaient l'activité commerciale et l'existence des résidents, furent rapportés ou devinrent caducs. L'Echelle d'Eygpte perdit en même temps que toutes les autres, la constitution et la physionomie qu'elle avait eues pendant deux siècles. L'écho des dissensions intérieures de la France, le spectacle de l'insubordination des équipages sur les navires français de commerce et même de guerre qui touchaient Alexandrie, nuisirent au prestige de la nation, qui se vit encore moins respectée. Ce fut pour elle une triste époque. Dès 1790, nos nationaux du Caire, les plus exposés puisqu'ils y étaient isolés du consulat, adressèrent à l'Assemblée Nationale Constituante à Paris, une longue et intéressante supplique, où ils rassemblaient tous les arguments les plus propres à faire comprendre l'importance politique et économique de l'Égypte, pour demander l'intervention navale de la France afin de mettre les Beys à la raison. Mais la Constituante avait d'autres soucis que celui, sinon du sort des suppliants, au moins de nos intérêts en Égypte. Rien ne fut fait jusqu'à ce que les premières victoires de nos armées en Europe eussent permis de rendre un peu d'attention au Levant. En 1793, nos nationaux du Caire revinrent à la charge, cette fois auprès de la Convention, et lui adressèrent une supplique qui reprenait, en les modifiant légèrement, les termes de celle qu'ils avaient envoyée à la Constituante trois ans auparavant. Ils y montraient le parti admirable que l'on pouvait tirer du commerce d'Égypte et du territoire même de ce pays pour communiquer avec l'Inde et demandaient encore une intervention armée pour faire respecter leurs droits. La même année, le Comité de Salut Public, dûment documenté sur la question par le négociant Charles Magallon, qui s'était rendu à Paris, rétablissait au Caire le siège du consulat général et de l'Echelle d'Égypte et y nommait consul général Magallon lui-même. Il adoptait en cela les conclusions d'un rapport où cette mesure était justifiée par l'intérêt du commerce et aussi par celui de la communication avec l'Inde. Magallon retourna donc au Caire et y prit possession de ses fonctions, bien accueilli par Mourad et Ibrahim, à qui il avait fait la distribution de cadeaux rituelle dans cette circonstance. Bientôt pourtant, leur sans-gêne à l'égard de nos nationaux et de nos intérêts l'amenait à commencer, auprès du gouvernement républicain de France et du chargé d'affaires français à Constantinople, Verninac, une véritable campagne par lettres et rapports en faveur de l'idée d'une expédition en Égypte. Obligé, après peu de temps de se retirer à Alexandrie, pour les mêmes raisons que son prédécesseur en 1777, il y continua sa campagne. Mais ce n'était pas encore en 1794 ni en 1795 qu'elle pouvait porter ses fruits. En 1795, Verninac lui envoya un de ses collègues, Dubois-Thainville, chargé de négocier avec Mourad et Ibrahim les conditions du rétablissement de l'Echelle et du consulat général au Caire et le paiement des dettes importantes que les deux Beys avaient contractées envers la nation. Dubois-Thainville se rendit au Caire, y fut bien reçu, eut de nombreuses entrevues avec les Beys, les unes cordiales, les autres plutôt orageuses, mais n'obtint en définitive, rien de concret, ni garanties, ni argent. La situation n'avait pas changé en bien ni en mal, quand, en 1797, Magallon partit en congé pour Marseille et Paris, laissant la gérance du poste à un de ses neveux, du même nom que lui. Il se trouvait à Paris au moment où Talleyrand, ministre des Relations extérieures du Directoire, commençait à incliner vers le projet d'expédition en Égypte et il lui remit à ce sujet un mémoire, auquel Talleyrand fit de larges emprunts dans celui que lui-même soumit en 1798 au Directoire. Ainsi l'histoire de l'Echelle française d'Égypte, fortement aidée en cela par celle de nos rapports politiques avec l'Angleterre qui n'entraient pas dans le sujet de la présente étude, aboutissait-elle à attirer une de nos armées sur les bords du Nil.

Pendant les quatre ans de l'occupation française en Égypte, il n'y a plus à proprement parler d'Echelle ; sans jamais interrompre toute communication avec la France, le blocus maritime anglais entrave cependant assez la navigation pour que le commerce soit négligeable.

Peu après l'évacuation du pays par les Français, l'Echelle est reconstituée : et ce ne sera pas de longtemps un anachronisme d'en parler sous ce nom, qui est resté en usage jusqu'à nos jours dans la langue politique et commerciale, pour désigner les places du Levant où nos négociants s'étaient établis. Devenu Premier Consul, Bonaparte y envoya d'abord en mission extraordinaire, dès 1802, un de ses aides de camp, le colonel Sebastiani, chargé de hâter le départ des troupes anglaises d'occupation, d'enquêter sur la situation et les partis en compétition pour le gouvernement, enfin de renouer des relations avec tous et d'assurer de son intérêt les notables indigènes avec qui le vainqueur des Pyramides avait été personnellement en rapports. La même année est nommé un consul général au Caire, Mathieu de Lesseps, père du créateur du Canal de Suez, et un vice-consul à Alexandrie, Drovetti. La situation troublée du pays, où Turcs, Mameluks, Albanais se disputent le pouvoir, diminue l'activité du commerce, auquel vient apporter une entrave de plus, en 1804, la reprise de la guerre entre la France et l'Angleterre. Cette circonstance, la guerre franco-anglaise, se prolongera pendant tout le premier Empire, troublant le trafic maritime dans la Méditerranée, où les Anglais ont conservé Malte. En Egypte, Mathieu de Lesseps manœuvre habilement entre les partis, ménageant notre influence auprès de tous, et voit se lever l'étoile de Mohamed Aly, le futur maître du pays. Il quitte le poste en 1804 et est remplacé par Drovetti, qui reste à Alexandrie, représenté au Caire, où résident plusieurs de nos nationaux, par un agent officieux, Mengin, auteur d'une intéressante histoire de l'Egypte sous le règne de Mohamed Aly. Ce Pacha qui a assumé le gouvernement du Caire en 1805, est désormais le point de mire des regards de nos nationaux, qui sont en bons rapports avec lui. En 1807, le débarquement à Alexandrie d'une armée anglaise en fait déguerpir précipitamment Drovetti, qui se transporte au Caire et y agit, pendant les quelques mois que dure une expédition très malheureuse pour les Anglais, en véritable auxiliaire de Mohamed Aly, dont il gagne la confiance. Aussi le Gouvernement français le maintient-il très longtemps à son poste, où la Restauration le trouvera encore et le laissera en place.

L'opinion publique en France, sous le Consulat et l'Empire, a eu des sujets de préoccupation plus pressants que l'Égypte, vers laquelle les pensées de Napoléon se sont encore envolées par intermittence, mais sans s'y arrêter de nouveau. Les communications par mer sont alors irrégulières ; les voyageurs le sont aussi. Cependant l'itinéraire de Paris à Jérusalem fait passer Chateaubriand par l'Égypte, en 1806, et il est guidé dans le Caire par un des « mameluks français », un traînard de notre armée d'Égypte, qui a faussé compagnie à sa compagnie au moment de l'embarquement et qui, comme les quelques centaines de ses camarades qui en ont fait autant, s'est fait mameluk et musulman, sous le nom d'Abdallah. Le Toulousain d'origine qu'il est et l'ancien chasseur à cheval ont survécu à sa métamorphose, et le portrait que Chateaubriand brosse de lui et de quatre autres lascars de son acabit leur vaut un souvenir, donné en passant. En 1813 arrive un voyageur que n'amène pas la curiosité littéraire : le colonel Boutin, chargé par l'Empereur d'une reconnaissance militaire en Algérie, d'où il vient, Égypte et Syrie. Il recueille en Égypte des renseignements dont sa mort en Syrie a entraîné la disparition.

Depuis 1811, après le fameux massacre des mameluks, Mohamed Aly est le maître incontesté de l'Égypte et commence une œuvre intérieure et extérieure, — politique administrative, économique, militaire, — dans laquelle il recourra, jusqu'à sa fin, survenue en 1849, aux services de très nombreux Français. L'Égypte alors n'est plus seulement pour nos nationaux une Échelle ; c'est une terre à la mise en valeur de laquelle ils coopèrent, un pays qu'ils concourent à ranimer et à régénérer, reprenant ainsi la tâche qui s'est dérobée à leurs prédécesseurs, les compagnons de Bonaparte. La nation française, depuis ce moment, n'est plus seulement une poignée de négociants ; elle compte, à côté de commerçants et d'hommes d'affaires dont l'effectif s'est considérablement accru, des militaires en grand nombre, des officiers de marine, des ingénieurs, des agronomes, des médecins, des professeurs, des savants. Telle est la composition et la physionomie de la nation française d'Égypte sous Mohamed Aly.

Son armée lui est organisée par Sève, ancien officier de Napoléon, qui, sous son nom musulman de Soliman, devient successivement colonel et bey, général de brigade, général de division et pacha, major-général des armées, et, aux côtés d'Ibrahim, fils du vice-roi, concourt à remporter les victoires d'Acre, d'Homs, de Beilan, de Konieh et de Nézib, à conquérir la Morée, la Syrie, la Cilicie et à faire trembler Constantinople en s'avançant en Anatolie. Autour de Sève-Soliman servent sous le drapeau égyptien une quantité d'officiers français, les uns dans les états-majors, les autres comme instructeurs des troupes : Mary, Cadeau, Daumergue, Caisson, Planat, les deux frères Vaissière, de Pron, de Brassy, de Beaufort d'Hautpoul, d'Armagnac, Arago, de Bock de Wulfingen, Haragly, Gonon, etc., etc. A la tête des écoles spéciales militaires sont des Français : Varin, ancien aide de camp du maréchal Gouvion Saint-Cyr, dirige l'école de cavalerie ; Gaudin, celle d'état-major ; Rey, celle d'artillerie. De 1824 à 1826, une mission militaire française, commandée par le général Berger, vétéran de la campagne d'Égypte, composée de sept officiers, des grades de colonel à lieutenant, ensuite augmentée jusqu'à quatorze, présida à l'instruction de régiments nouvellement formés. En 1840, un Français, Gallice, élève les fortifications d'Alexandrie.

Les premières frégates de Mohamed Aly sont commandées dans des chantiers d'Europe par Livron, qui en surveille la construction. L'arsenal naval d'Alexandrie et la marine de guerre construite sur place sont l'œuvre de l'ingénieur de Cerisy, venant de l'arsenal de Toulon. L'escadre est instruite et en fait commandée par les officiers de marine français : Besson, Touzé, Letellier entre autres. Un grand ingénieur français, Linaut de Bellefonds successivement ingénieur en chef de la Haute-Égypte et directeur-général des travaux publics de l'Égypte, fait creuser des canaux, élever des digues, construire des barrages. Un autre, Mongel, édifie le barrage de la pointe du Delta. A côté d'eux travaillent Lambert, Fresnel, Lefebvre, Coste. De l'instruction publique s'occupent Kœnig et Labbert. Le docteur Clot Bey organise le service de santé militaire, le conseil de santé, crée l'école de médecine, fonde les premiers hôpitaux. Le docteur Perron dirige après lui l'école de médecine. Les médecins militaires Dussap, Chédufau servent aux armées. Le service de pharmacie de l'armée est organisé par Destouches. Homont fonde l'école vétérinaire et le premier haras. Un professeur d'Alfort, Prince, lui succède à l'école vétérinaire. L'horticulteur français, Jumel, découvre le cotonnier auquel il a donné son nom et qui a fait la fortune de l'Égypte. L'agronome français Bonfort dirige les vastes propriétés d'Ibrahim Pacha. Une école de chimie est fondée par Agme, un observatoire par Boudsot. Nos consuls généraux, Mimant, Cochelet, font entendre maints bons avis au vice-roi, dont ils gardent la confiance et l'amitié, même lorsqu'ils ont à lui tenir tête. Voilà ce qu'est la collaboration des Français à l'œuvre de Mohamed Aly : elle a été essentielle et décisive.

En 1833, nos compatriotes au service égyptien étaient environ 70, valant plus par la qualité que par la quantité. Ultérieurement, ils purent être un peu davantage, sans que leur nombre montât jamais beaucoup plus haut. En même temps, le nombre des maisons françaises de commerce à Alexandrie avait augmenté et la nature de leurs opérations s'était diversifiée. Beaucoup ne faisaient plus seulement de l'exportation de produits égyptiens et de l'importation d'articles français, mais de la commission en tout ce dont avait besoin leur clientèle. En Egypte, leur clientèle consistait surtout en un client, Mohamed Aly, lui-même, qui avait institué à son profit un monopole agricole et commercial. Les maisons de commerce se livraient aussi, avec lui, à des opérations de banque, par exemple quand il lui fallait acquitter le tribut de l'Egypte à la Turquie. Ainsi naissait en Egypte une activité d'affaires plus complexe que par le passé. Certaines des maisons françaises qui y participaient, par exemple celle des frères Pastré, avaient sur la place et en France une situation de premier ordre.

La France, à cette époque, ne rendit pas qu'en Egypte des services à l'Egypte ; elle lui en rendit aussi en France. Quand les écoles de toute nature qu'il avait fondées eurent fonctionné quelques années, Mohamed Aly envoya chaque année quelques-uns de leurs meilleurs élèves parachever leurs études à ses frais dans des écoles spéciales de Paris et de la province française. Ce fut ce que l'on appela la mission égyptienne en France. A sa tête était un Égyptien. Mais un savant français, Jomard, passionné pour l'Egypte, où il avait accompagné Bonaparte, s'institua bénévolement le mentor et le directeur d'études des jeunes boursiers égyptiens, dont le nombre s'éleva jusqu'à une quarantaine à la fois.

Il n'est donc pas étonnant que l'opinion publique française se fût alors engouée de Mohamed Aly, suivit son œuvre intérieure avec plus que de l'intérêt, de la passion, et fit des vœux ardents pour le succès de sa cause. On le vit bien, lors de la crise internationale de 1840 où le gouvernement de Louis-Philippe alla jusqu'à l'extrême limite de la tension avec quatre grandes puissances, pour défendre les prétentions du Vice-Roi, et réussit à lui épargner la complète destruction qui était à craindre.

Un public moins nombreux, mais plus choisi, que celui qui vibrait aux péripéties de la naissance de l'Egypte moderne s'intéressait, en France, à l'Egypte ancienne. C'est aussi à l'époque de la Restauration et de la Monarchie de Juillet que remontent l'éveil et l'essor de l'égyptologie, science française, à laquelle les travaux de Champollion font faire alors, non ses tout premiers pas, mais ses premiers grands progrès. Comme pour consacrer les succès de l'égyptologie française, l'obélisque de Louqsor vient, à ce moment, prendre sa faction entre la Madeleine et le Palais Bourbon. Le projet jadis formé pour la colonne de Pompée, un amateur d'art et voyageur français, le baron Taylor, le réalise pour ce magnifique obélisque, en le faisant céder par Mohamed Aly à Charles X. La Révolution de juillet 1830 ayant, sur ces entrefaites, fait passer la couronne sur la tête de Louis-Philippe, le nouveau roi des Français prend des dispositions pour entrer en possession du beau, mais pesant et volumineux cadeau. Un bâtiment spécialement aménagé, le *Louqsor*, doit être envoyé à Alexandrie pour le transporter en France et un bâtiment spécial aussi est nécessaire pour lui faire descendre le Nil depuis Louqsor. Nos nationaux d'Egypte voient alors débarquer et passer l'équipage de matelots de l'État qui, sous le commandement de leurs officiers, vont procéder à ce délicat et laborieux déménagement d'un obélisque et bivouaquer, pendant quelques semaines, dans le saint des saints du temple de Louqsor.

Avec les successeurs de Mohamed Aly continue en Egypte la faveur dont les Français ont joui auprès de lui et qu'ils ont méritée par leurs services. Quelques-uns de ses meilleurs auxiliaires français, Linant de Bellefonds, par exemple, restent encore longtemps en fonctions. Sous son fils, Mohamed Saïd, régnant de 1854 à 1863, commence la grande œuvre du canal de Suez, réalisation française d'une conception française. Alors notre Echelle d'Egypte s'étend aux chantiers de l'isthme, puis aux villes nouvelles que le génie de Ferdinand de Lesseps y fait surgir, Port-Saïd d'abord, Ismaïlia bientôt, Port-Tewfik ensuite, auxquelles s'est joint l'an dernier Port-Fouad. Nos nationaux d'Alexandrie et du Caire reçoivent, avec les premiers collaborateurs de Lesseps, — ingénieurs, entrepreneurs, administrateurs, Borel, Lavalley, Couvreux, Dussaud, Laroche, Voisin, Guichard, — un contingent de nouvelles recrues, qu'absorbent la plupart du temps leurs rudes et magnifiques travaux dans l'isthme, mais qui viennent parfois s'en délasser avec leurs compatriotes à l'hôtel Abbatt d'Alexandrie, à l'hôtel d'Orient, à celui du Nil ou au Shepheards du Caire. En 1863 monte sur le trône Ismaïl Pacha, de fastueuse mémoire. Depuis 1868 son titre est Khédive d'Egypte. Sa mémoire, à laquelle ont fait trop de tort les dettes qui ont attiré sur lui le malheur, mérite bien de vivre aussi par les grands travaux qu'il a fait exécuter dans les villes et dans la campagne, pour l'embellissement des cités, l'amélioration de l'agriculture, le développement de l'industrie. Ancien élève de l'école de Saint-Cyr, il fait volontiers appel, comme son grand-père Mohamed Aly, au concours de techniciens français. Ce sont des ingénieurs français qui créent les quartiers modernes d'Alexandrie et du Caire, Cordier, la place des Consuls et les rues avoisinantes à Alexandrie, Grand, le quartier Ismailieh au Caire. Ce sont deux architectes français, Bourrillat et Delchevalerie, qui dessinent et exécutent le jardin de l'Ezbékieh au Caire. Lebon, qui introduit l'éclairage au gaz à Alexandrie et au Caire ; Bijard, qui dirige l'usine à gaz du Caire ; Mannoury, celle de Port-Saïd.

L'armée égyptienne est encore instruite par des officiers français, Princeteau, Mircher, Rapatel, Perrin, Larmec Pacha et Bernardy Bey. Ce sont des Français, Cordier, Pierre, Hugin, Gallois, qui dotent Alexandrie et le Caire d'un système de distribution d'eau potable et en assument l'exploitation ; des Français, Pastré, Darblay, Guerry, qui créent les moulins d'Egypte ; d'autres, Carcher et Beaup, qui fondent une brasserie de bière et une fabrique de glace artificielle. Les sucreries, créées en grand nombre par Ismaïl, pour travailler la canne produite par ses domaines, se montent avec un personnel technique français ; le matériel en est fourni par la maison Cail. Dans l'Administration égyptienne sont employés beaucoup de Français occupant des postes élevés ; Peltier dirige l'Ecole normale ; Bernard Bey et Mirguet sont inspecteurs de l'Instruction publique ; l'Ecole khédiviale de Droit a pour directeur Testard. L'Ecole des Arts et Métiers, l'Imprimerie Nationale, dont le directeur, Chelu, a été auparavant ingénieur en chef du Soudan, sont entre leurs mains ; il s'en trouve aux Travaux Publics, dont le secrétaire général est Rousseau ; aux chemins de fer, qui ont à leur tête Timmermann ; à la Justice. Mazuc est inspecteur des finances et directeur de l'octroi.

Un ingénieur en chef des Ponts et Chaussées, Prompt, s'est adonné de bonne heure à l'étude des barrages à construire sur le Nil en Haute-Égypte. Certains d'entre ces Français : Ventre, Boinet, Barrois, continuèrent encore longtemps en Égypte des carrières commencées sous Ismaïl. Les hôpitaux, l'école de médecine, le conseil de santé sont dirigés par des continuateurs de l'œuvre de Clot Bey : ce sont, entre autres, les docteurs Gaillardot, Gastinel, Perron. Quand Ismaïl, ayant institué avec son ministre Nubar les tribunaux mixtes, doit faire élaborer des codes pour cette juridiction nouvelle, c'est un juriste français, Maunoury, qu'il charge de cette tâche et qui s'en acquitte. L'institution des tribunaux mixtes procure à la nation française d'Egypte le renfort d'un contingent de magistrats français. Des avocats français, Borelli, les frères Piétri, Roccaserra, — ces quatre formant avec quelques autres une petite colonie corse qui s'est longtemps maintenue influente, — sont utilisés par le Khédive pour son contentieux. Lorsque le service des emprunts oblige à constituer en administrations autonomes les domaines de l'État et la Daïra Sanieh, ce sont des Français, Bouteron et Gay-Lussac, qui sont appelés à les diriger, avec un personnel technique français. Le mouvement croissant des affaires, l'immense développement de la production du coton, favorise l'activité de financiers comme Delort de Cléon, et provoque l'ouverture d'agences du Crédit Lyonnais et de la Société Générale. Ces exemples, — car ce ne sont là que des exemples et non une énumération complète, — permettent de se faire une idée, non seulement de ce qu'était la situation des Français en Egypte à la veille des événements de 1882, mais encore de l'augmentation numérique, de la complexité et de la diversité que le temps et la mise en valeur du pays avaient apportées à la composition de leur nation.

Sous le même règne s'est accru, dans de grandes proportions, un afflux qui avait commencé sous Mohamed Aly : celui des missions religieuses françaises. Le signal en avait été donné, du vivant du fondateur de l'Egypte moderne, par les Sœurs de Saint-Vincent-de-Paul, venues s'installer à Alexandrie. Tandis que se multiplient leurs établissements dans les principales villes d'Egypte, des écoles, des hôpitaux des dispensaires ou des asiles sont ensuite fondés dans ce pays par les Lazaristes, les Frères des écoles chrétiennes, les Jésuites, les Pères des Missions africaines de Lyon, les Dames de Sion, les Sœurs de Saint-Joseph et par bien d'autres congrégations encore. Leur arrivée ajoute à la nation française un élément jusqu'alors très faiblement représenté en elle et fait assumer à la France une sorte de mission éducatrice et charitable.

Enfin la même période voit l'égyptologie française réaliser des progrès plus rapides qu'aucune science peut-être et, en tout cas, aucune discipline archéologique n'en a accomplis en un court espace de temps. Entrant dans les voies frayées par Champollion, un illustre savant français, Mariette, restitue à l'Egypte son passé ; et par son passé il faut entendre, non seulement son histoire, peu à peu déchiffrée et reconstituée, mais les mouvements de son histoire et de son art, découverts quand ils ne l'étaient pas encore, — ce qui était le cas de beaucoup, — déblayés, conservés, quand il s'agissait de grands temples depuis longtemps connus. Mariette fonde à Boulak l'admirable musée, qui a ensuite été transféré à Guizeh, puis est revenu à Boulak, où sont conservés les trésors de l'antiquité égyptienne, sauvés par lui et ses successeurs de l'oubli, de la destruction ou de la dispersion. Ses fouilles, sa découverte du Serapeum enorgueillissent ses compatriotes d'Egypte, sensibles à l'honneur que leur fait sa gloire scientifique. Avant d'avoir disparu, il trouve un continuateur en Maspero, à qui il passe le flambeau que lui-même avait pris des mains de Champollion : et c'est aussi une sorte de règne scientifique sur l'égyptologie que commence, après Mariette, Maspero, que la Haute-Egypte a vu, pendant tant d'années, passer sur sa dahabieh en tournée d'inspection archéologique et que le Caire a retenu jusqu'à peu d'années avant sa mort.

Voilà ce qu'a été l'histoire de l'Echelle et de la nation française d'Egypte. Depuis le moment où nous l'arrêtons ici, son histoire serait celle de sa vie contemporaine et actuelle. Ce n'est plus du passé ; c'est du présent. Ce n'en est pas moins intéressant et pas moins méritoire : mais il faut réserver quelque chose à faire aux historiographes de l'avenir.

F. CHARLES-ROUX.

Envoyé extraordinaire
et Ministre plénipotentiaire
de France à Prague.

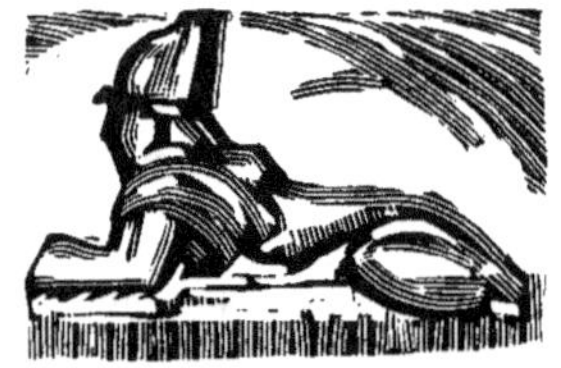

L'INSTITUT D'ÉGYPTE

(1798-1801)

par

Henri DEHÉRAIN

E gouvernement du Directoire, en envoyant le général Bonaparte en Égypte, avait bien l'intention d'y fonder des institutions qui ouvriraient cette admirable contrée à la civilisation. Mais l'Angleterre, toujours inquiète pour ses communications avec l'Inde, résolut de s'opposer à ce grand dessein. Entraînant dans son alliance le Sultan, qui considérait l'Égypte comme une partie intégrante de son Empire, elle réussit à lui faire expédier en Afrique trois armées. La tentative des Turcs pour reprendre l'Egypte se heurta à la valeur de l'armée française. Les Turcs furent battus successivement, par Bonaparte à la deuxième bataille d'Aboukir, par le général Verdier au boghaz de Damiette, et par Kléber à Héliopolis. Après cette dernière victoire, les Français restèrent les maîtres de l'Egypte.

Devant cette défaillance de son allié, l'Angleterre intervient par ses propres forces; un corps d'armée anglais débarque en Egypte. Le général Menou, successeur de Kléber, tente de le jeter à la mer, mais il est battu à Canope ; les Anglais prennent pied dans le Delta, y progressent, s'y fortifient, réussissent à séparer l'un de l'autre Belliard et Menou, les assiègent dans le Caire et dans Alexandrie, finalement les obligent à capituler. L'armée d'Orient évacue le pays et rentre en France.

Mais si nous ne réussîmes pas à fonder un établissement définitif dans la Méditerranée orientale, l'expédition eut pourtant un résultat considérable. L'Egypte, l'Egypte entière, des bouches du Nil à la cataracte, fut explorée scientifiquement.

*
* *

Le centre des études des savants français fut l'Institut d'Egypte.

Quelques semaines après la bataille des Pyramides et l'occupation du Caire, le général Bonaparte fonda un Institut des sciences et des arts. Décision dont on n'a pas lieu d'être surpris : Bonaparte se plaisait à s'entretenir avec les savants et l'on sait d'autre part combien il avait été flatté quand, revenu vainqueur d'Italie après la paix de Campo-Formio, il avait été élu membre de l'Institut national.

L'Institut d'Egypte fut composé d'un certain nombre de membres de la Commission des Sciences et Arts qui accompagnait le corps expéditionnaire, de plusieurs officiers et de quelques hauts fonctionnaires civils. Il comprit quarante-huit membres

Monge

Berthollet

Bonaparte

Desgenettes

Dolomieu

répartis en quatre sections : Mathématiques, Physique, Economie politique, Littérature et Arts. L'âme de l'Institut fut son secrétaire perpétuel, le mathématicien Fourier.

Bonaparte installa luxueusement l'Institut dans un palais devant lequel s'étendait un grand jardin, le palais d'un bey fugitif, Cassim ; il concéda aux membres de l'Institut et de la Commission des Sciences et Arts plusieurs maisons du voisinage, dans lesquelles ils se logèrent.

Pendant toute la durée de l'occupation, l'Institut d'Egypte fut le centre intellectuel des Français. Les doctes conversations qui s'y tenaient étaient empreintes de fantaisie, de gaîté et d'une grande élévation de pensée. Les soirées passées à deviser dans le jardin de Cassim bey laissèrent à tous ceux qui y furent admis, savants, littérateurs, archéologues, artistes, officiers, administrateurs, un inoubliable souvenir.

Les séances de l'Institut se tinrent de l'an VI à l'an IX (1798 à 1801) avec une régularité qui ne fut interrompue que par les voyages accomplis par ses membres. Bonaparte les suivait assidûment quand ses fonctions le lui permettaient ; il intervenait fréquemment dans les discussions ; il fut même président pendant tout un trimestre.

L'Institut entendit la lecture de nombreux mémoires scientifiques relatifs, soit à l'Egypte même, soit à des questions d'ordre général; Monge, Berthollet, Fourier, Dolomieu, Geoffroy Saint-Hilaire, Andreossy, Desgenettes, apportèrent à l'Institut la primeur de leurs découvertes et de leurs méditations. Il suffit de citer ces noms pour préjuger de l'éclat des séances.

C'est également à l'Institut d'Egypte que furent préparés les nombreux voyages accomplis par les savants français, soit vers le désert lybique, soit à Suez et sur les côtes de la mer Rouge, soit enfin vers la Haute-Egypte. C'est ainsi que ces savants découvrirent littéralement l'Egypte, car les voyageurs qui les avaient précédés au XVIIe et au XVIIIe siècles n'avaient pu que très rarement remonter le Nil en amont du Caire. Les Français visitèrent et étudièrent les grandes ruines de l'antiquité pharaonique, Dendera, Abydos, Edfou, Esneh, Kom-Ombo. Certains d'entre eux séjournèrent au milieu des ruines de Karnak et, sur la rive opposée, ils s'arrêtèrent longuement devant Medinet Abou, Deir el Bahari et les colosses de Memnon. La grandiose et sinistre vallée des Rois les pénétra d'étonnement. Ils révélèrent la beauté des temples de Philæ. La cataracte marqua le terme de leurs investigations.

A l'Institut aussi prit naissance le projet de la *Description de l'Egypte*, ouvrage qui, tant par les savants mémoires qui le composent que par les gravures qui illustrent le texte, reste le monument le plus extraordinaire, on dirait volontiers le plus majestueux de la littérature française relative aux pays exotiques.

L'Institut d'Egypte se désagrégea dans le courant de l'an IX (1801). Mais il avait montré à l'Egypte les services que peut rendre une société de savants consacrée principalement à l'étude du pays. Une première tentative de restauration eut lieu sous le règne de Méhémet Ali. La Société égyptienne qui fut fondée alors n'eut, il est vrai, qu'une assez brève existence. Mais sous le règne de Saïd pacha, en 1859, naquit l'Institut égyptien qui, pendant sa carrière, longue maintenant de soixante-dix ans, a rendu aux sciences d'éminents services et qui, jaloux de perpétuer une tradition illustre, a repris le nom glorieux d'Institut d'Egypte.

Henri DEHÉRAIN,
Conservateur de la Bibliothèque
de l'Institut de France

M. GAILLARD
Ministre de France en Égypte.

S. E. FAKHRY PACHA
Ministre d'Égypte à Paris

Pl. I. — Tableau symbolique de l'Égypte.

DESCRIPTION DE L'EGYPTE

ou

RECUEIL

DES OBSERVATIONS ET RECHERCHES

qui ont été faites en Égypte, pendant l'expédition de l'armée française,
publié par les ordres de Sa Majesté l'Empereur Napoléon le Grand
(1802-1827)

ANALYSE DE L'OUVRAGE

*Architecte, propriétaire et principal habitant, de 1799 à 1814, il
[Napoléon Bonaparte a fait la France moderne ; jamais caractère
individuel n'a si profondément imprimé sa marque sur une œuvre
collective...*

*Ce qu'il a fait est surprenant, mais il a entrepris bien davantage
et quoi qu'il ait entrepris, il a rêvé bien au delà...*

*Certainement parmi ses facultés, si grandes qu'elles soient, celle-ci,
l'imagination constructive, est la plus forte.* [H. TAINE : Les origines
de la France contemporaine. — Le régime moderne.*

'UNE des plus éminentes qualités de Bonaparte, qui en avait beaucoup, est d'avoir été en même temps que l'un des plus grands
généraux que le monde ait connus, un organisateur, un administrateur et un esprit constamment curieux. Certes, il avait
sa façon, parfois un peu brusque, d'aimer les savants et de
protéger les arts, mais malgré cela il ne les oubliait jamais. C'est
ainsi qu'au moment de cette expédition d'Égypte, qui se place
tout à fait au début de sa carrière, nous le voyons prendre le
soin d'emmener avec lui une pléiade de savants, d'économistes et d'artistes, qui, après avoir accompagné, sous sa direction, le corps expéditionnaire, devaient devenir par la suite les membres de l'Institut d'Égypte (1).

En agissant ainsi à une époque où sa méthode aurait pu ne pas être définitivement
fixée, il nous montre que le besoin d'activité, comme aussi, en un certain sens,
l'amour de l'ordre, étaient l'un des traits profonds de son caractère et de sa nature.
Quelques écrivains, d'ailleurs, ont montré qu'il a donné de ces dispositions de
nombreuses preuves en diverses circonstances. Il est intéressant de rappeler ici, en

---

(1) Voir p. 83, *l'Institut d'Egyte* (1798-1801), par M. Henri Dehérain, conservateur de la Bibliothèque
de l'Institut de France.

raison de l'opposition même des dates, ce qu'a été l'œuvre de création et d'organisation extraordinaire accomplie par Napoléon, dans un domaine minuscule, au cours d'une brève période de la fin de sa vie. Il s'agit de son court séjour à l'île d'Elbe, d'une œuvre accomplie en quelque sorte pour se distraire et par besoin de se dépenser.

M. Paul Gruyer, dans son ouvrage intitulé *Napoléon, roi de l'île d'Elbe* (1), nous montre Napoléon, pourtant affligé et malade, occupé à mille travaux : à peine arrivé dans l'île, « il se rendit dans les forts, examina leurs tourelles, leurs caves, leurs bastions, leurs magasins et leurs réserves. Il releva les points stratégiques à pied, à cheval, marchant dix heures de suite par des soleils à foudroyer un bœuf. Au bout de quinze jours, il n'y avait plus personne qui ne fût sur les dents. Lui seul semblait encore frais et dispos. Il donne des ordres et ses ordres sont toujours pressés. Chacun sue sang et eau (2). »

Plus tard, il se constitue une bibliothèque, aménage sa demeure de San Martino, dirige les travaux des architectes, fait le plan de ses jardins, visite l'île entière, envoie chercher des meubles par un navire, se commande des vêtements, se constitue une petite cour, une armée, une flotte, une écurie ; se fait construire de nouveaux palais à Orto, Longone et à Rio ; fonde des théâtres, etc. Bref, pendant ces années de captivité et de réclusion, tous autour de lui ont l'impression qu'il règne encore, que les destinées du monde sont encore entre ses mains. Son besoin d'ordonner, de régler, d'organiser et d'administrer est si profondément ancré en lui, fait à tel point partie de sa nature que rien ne l'arrêtera plus jusqu'à sa mort.

Les savants et les artistes qui accompagnaient le corps expéditionnaire en Égypte devinrent, par décret du 3 Fructidor an VI, membres de l'Institut d'Égypte, fondé par Napoléon Bonaparte, à qui l'idée de cette création avait été donnée par la fondation de l'Institut de France, trois ans auparavant. Les travaux de l'Institut d'Égypte durèrent jusqu'à la fin de l'expédition. A cette époque, les académiciens vinrent à Paris où ils publièrent leurs études : ce furent les *Mémoires sur l'Egypte* (Paris, an VIII, an XI, 4 volumes in-8⁰). On fonda même, à l'époque, deux recueils : le *Courrier de l'Egypte* et la *Décade égyptienne*, en vue de faire connaître au public les observations effectuées au cours de l'expédition. Mais ces deux recueils disparurent bientôt et furent remplacés par l'ouvrage considérable qui devait s'appeler *Description de l'Egypte*, en 10 volumes in-folio de textes, plus 12 volumes in-folio de planches, ces dernières étant au nombre de 894, et qui fut publié de 1803 à 1828.

L'idée première de la publication de cet ouvrage est attribuée à Kléber. On devait y insérer tous les mémoires consacrés à l'exploration du pays occupé par l'expédition française ou visité par les savants qui l'accompagnaient. Une décision du Comte de la Bourdonnaye, ministre de l'Intérieur dans le Cabinet Polignac, puis ministre d'Etat et membre du Conseil privé et Pair de France, interrompit, en 1828, cette publication. Elle avait été dirigée, pour la plus grande partie, par M. Jomard, un des derniers survivants de l'expédition d'Égypte.

Ce que généralement on ignore, c'est l'activité incessante qu'on a mise aux travaux de cette édition, quoi qu'elle ait été exécutée *en cinq fois* et qu'elle ait exigé

---

(1) Paris, Hachette, 1926.
(2) Paul Gruyer, ouvrage cité, p. 76, d'après Campbell et Fabry.

vingt-cinq ans ; que les 894 planches de l'ouvrage renferment environ 4.000 dessins et qu'une grande partie a exigé une fabrication spéciale de papier et des presses inusitées. On peut dire, sans exagération, que 300 personnes y ont été employées en dehors des voyageurs ; 20 laboratoires étaient ouverts en permanence à Paris ; un certain nombre de collaborateurs étaient répandus dans les provinces et à l'étranger. Une commission, envoyée à Londres pour y copier des documents qui avaient été emportés par des officiers anglais au cours de l'expédition d'Alexandrie, passa trois mois à ce travail.

Avant l'achèvement de ces travaux, les finances de la France se trouvèrent engagées dans nombre de dépenses plus urgentes. Cependant, Louis XVIII donna des ordres pour que la publication fût protégée et continuée. L'Empereur Napoléon Ier avait reçu deux parties de l'ouvrage en 1809 et en 1813. Le roi reçut la troisième en 1817 et la quatrième en 1821. La dernière fut présentée en 1825 à son successeur. Par la faute de M. de la Bourdonnaye, qui renonça à l'impression déjà prévue d'un certain nombre de documents, l'ouvrage est tronqué en quelques points et il lui manque une table des matières.

Tel qu'il est, cet ouvrage, admirable à tous égards, est une source précieuse de renseignements. Il constitue encore, après plus de cent ans, la somme des connaissances sur l'Égypte, dans divers ordres d'idées (1).

A l'heure qu'il est, il faut bien le reconnaître, cet ouvrage est finalement plus connu et mieux apprécié en Égypte qu'en France. Si, à certains égards, la chose est naturelle, elle n'en est pas moins regrettable.

La publication dont nous nous occupons a pour titre et sous-titre général :

DESCRIPTION DE L'EGYPTE

Recueil des observations et des recherches qui ont été faites en Egypte pendant l'expédition de l'armée française, publié par les ordres de Sa Majesté l'Empereur Napoléon le Grand, à Paris, Imprimerie impériale.

Matériellement parlant, cet ouvrage se compose, dans les éditions que l'on peut encore trouver actuellement dans le commerce. de 19 volumes, dont 9 volumes, in-folio, de textes et 10 volumes, grand in-folio, de planches.

La première partie, celle qui contient les textes proprement dits, se présente de la manière suivante :

Antiquités.

Tome Ier. — *Descriptions.* — 2 volumes, 1809.
Tome II. — *Mémoires.* — 2 volumes, 1819.

État moderne.

Tome Ier. — 1 volume, 1809.
Tome II. — 2 volumes, 1812, première partie. — 1822, deuxième partie.

---

(1) Voir Henri Dehérain, article cité, p. 83.

ÉGYPTE-FRANCE

Histoire naturelle.

Tome Ier. — 1 volume, 1809.
Tome II. — 1 volume, 1813.

La seconde partie de la publication, d'où sont extraites les illustrations de la présente analyse, comprend d'abord un volume sans date, intitulé *Préface avertissement, Explication des planches*, et un autre volume, également sans date, intitulé *Atlas géographique ;* enfin trois séries de planches correspondant aux trois divisions de la première partie contenant les textes, c'est-à-dire :

Antiquités :	Tome Ier,	1809
—	Tome II,	1812.
—	Tome III,	1812.
—	Tome IV,	1817.
—	Tome V,	1822.
Etat moderne :	Tome Ier,	1809.
—	Tome II,	1817.
Histoire naturelle :	Tome Ier,	1809.
—	Tome II,	1817.
—	Tome II *bis*,	1817.

La présentation de ces différentes parties n'est d'ailleurs pas strictement la même dans toutes les collections. Lors de la première publication, environ 180 planches de très grandes dimensions avaient été reliées en albums spéciaux du format très grand in-folio. Par la suite, pour plus de commodité, ces planches furent repliées et encartées dans un des volumes de planches de format grand in-folio.

C'est la raison pour laquelle les éditions les plus récentes, celles que l'on trouve seules maintenant dans le commerce, ne comportent plus que 10 volumes de planches, au lieu de 12.

*
* *

Pour l'intelligence de ces différentes parties un peu disparates parfois et qui, d'autre part, semblent aussi se répéter, faute d'un sommaire qui en eût éclairé l'idée directrice, il semble bon d'en commencer la lecture par la *Préface avertissement* placée au début du volume des *Explications des planches.*

M. Fournier, auteur de cette préface historique, y rappelle que l'Egypte a été le but des voyages de très grands historiens de tous les temps et de tous les pays, et que Bossuet, en particulier, dans son *Histoire Universelle*, avait recommandé la visite de l'Égypte. « Maintenant, écrivait-il, que le nom du Roi pénètre aux parties « du monde les plus inconnues et que ce Prince étend aussi loin les recherches qu'il « fait faire des plus beaux ouvrages de la nature et de l'art, ne serait-ce pas le digne « objet de cette noble curiosité, de découvrir les beautés que la Thébaïde renferme « dans ses déserts et d'enrichir notre architecture des inventions de l'Égypte? »

Ce début qui, d'une manière frappante, nous montre en Napoléon le metteur en œuvre de l'une des grandes idées conçues pendant le siècle de Louis XIV, n'est en quelque sorte qu'un vaste tableau de l'Histoire de l'Egypte à travers les âges, destiné à situer et mettre en relief le rôle de Bonaparte en 1798. Son « génie » est loué en un passage de cette préface où on le voit jeter les bases des travaux qui

Pl. II. — Les colosses de Memnon.

aboutiront au percement, en 1869, du canal de Suez : « Le Général en chef portait « depuis longtemps ses vues « sur la communication des « deux mers. Il se rendit au « port de Suez, vers le fond « du Golfe arabique, et s'a- « vançant au nord, il décou- « vrit et fit remarquer à « ceux qui l'accompagnaient « les vestiges du canal en- « trepris par les anciens rois, « dans le dessein de joindre « le Nil à la Mer Rouge. « Peu de jours après, il re- « connut aussi l'extrémité « opposée du canal, à l'est « de l'ancienne Bubaste. Il « ordonna aussitôt toutes « les mesures nécessaires pour préparer l'exécution du grand ouvrage qu'il méditait. »

Cette préface, dont l'importance est telle que nous y insistons un peu longuement, contient l'expression du regret que l'occupation française n'ait pu se prolonger plus longtemps. « Le canal destiné à faire communiquer les deux mers serait achevé, dit l'auteur, et l'Égypte, mise en valeur et connue complètement, serait, au point de vue économique, historique et scientifique, un des pays les plus beaux du monde. »

C'est, en quelque sorte, pour compenser, en partie du moins, cette renonciation, qu'a été publié ce grand ouvrage descriptif : « Envisagée sous ce point de vue, cette « collection, poursuit l'auteur, est un monument remarquable de l'histoire et des arts ; « celui dont la perfection auguste en a favorisé les progrès ou plutôt qui en est le « premier et le véritable auteur, lui prêtera l'immortalité de son nom. Ce grand ouvrage « intéresse la gloire de notre patrie ; il rappellera le séjour des Français dans une des « contrées les plus célèbres de l'univers ; il ramènera souvent sur ce pays les pensées « et les vues des amis des Beaux-Arts et de tous ceux qui portent un intérêt sincère « à l'avancement des connaissances utiles. »

Bien que cet ouvrage ne soit signé d'aucun nom d'auteur, l'avertissement, qui suit la préface historique dont nous venons de parler, nous informe qu'une Commission de huit personnes, désignées par le Ministre de l'Intérieur, avait été nommée pour diriger l'exécution de sa publication, faite aux frais du Trésor public. Ces huit membres furent : MM. Berthollet, Conté, Costaz, Desgenettes, Fourier, Girard Lancret et Monge (1).

MM. Conté et Lancret ont été remplacés par la suite par MM. Jomard et Jollois et, en 1810, MM. Delile et Devilliers ont été adjoints à cette Commission.

M. Conté fut nommé par le Ministre en qualité de Commissaire spécial chargé de régler les détails de l'exécution, de choisir les graveurs, de présenter le tableau

(1) Voir Henri Dehérain, article cité, et les illustrations, p. 83.

des dépenses, etc., etc. Il fut remplacé, en 1805, par M. Michel-Ange Lancret, puis, après sa mort, en 1807, par M. Jomard, ancien ingénieur du Cadastre et du Dépôt de la Guerre.

La Commission nomma également un Secrétaire chargé de la correspondance et concourant avec le Commissaire, à la composition et à la correction des planches. Cette fonction fut d'abord confiée à MM. Lancret et Jomard, puis à M. Jollois.

D'après les indications contenues dans la *Préface Avertissement* de la Description de l'Égypte, l'importance de cette publication, dans la pensée des auteurs, réside dans les planches elles-mêmes. Il est facile d'imaginer, d'ailleurs, quel prodigieux intérêt devaient susciter, à une époque où n'existaient pas certains des moyens de reproduction actuels, la photographie en particulier, ces belles planches minutieusement gravées, si scrupuleusement exactes, qui formaient comme un miroir de l'Egypte monumentale. Cet intérêt, du reste, est demeuré prépondérant. A l'heure actuelle, ce sont encore les planches, plus que le texte de la « Description de l'Egypte », qui sont utilisées par les égyptologues et retiennent aussi l'attention des artistes soucieux de vérité documentaire pour qui elles constituent une source non seulement précieuse, mais même véritablement sans égale.

Dans les *Mémoires* et les *Descriptions,* est-il indiqué au cours de la *Préface* « on a eu pour but de rendre plus complète l'exposition de ces objets (dessins des Antiquités, dessins relatifs à l'Egypte moderne, planches de zoologie, de botanique, de minéralogie, cartes géographiques, etc...), d'indiquer avec précision tout ce que l'art du dessin n'aurait pu nous faire connaître, de comparer les faits, de rapprocher les résultats et d'examiner les conséquences qu'ils peuvent offrir. »

Ainsi le texte ne doit être considéré que comme le commentaire des planches. Il est, si l'on veut, dans la pensée des auteurs, un développement plus complet des idées succinctement exprimées dans les *Explications des planches* proprement dites.

Et les auteurs de la *Préface* ajoutent que l'itinéraire choisi pour la présentation des planches et leur description est le suivant :

« On est allé du Midi au Nord, depuis l'île Philae jusqu'à la Méditerranée; puis « de l'Est à l'Ouest, depuis Péluse jusqu'à Alexandrie.

« Dans l'Histoire naturelle, on a observé le même itinéraire.

« Les Antiquités comprennent tous les monuments antérieurs à la conquête de « l'Egypte par les Arabes ; tout ce qui est postérieur à cette époque compose l'Etat « moderne. »

*
* *

Les monuments passés en revue dans cette description sont, d'ailleurs, curieusement réunis sous la forme d'un tableau symbolique qui sert de frontispice à l'ouvrage.

Dans la vue perspective que nous reproduisons ici (Pl. 1) encadrée d'une sorte de portique égyptien, l'Égypte est caractérisée par les principaux monuments dont elle est parée depuis la mer jusqu'aux cataractes.

La corniche de l'encadrement est ornée d'un globe ailé sur lequel est placée une étoile symbolique. Au-dessous, on voit les Sciences et les Arts marchant à la suite du Héros (en l'espèce le Général Bonaparte) qui les ramène sur la terre d'où ils ont été si longtemps exilés.

Au milieu du soubassement est le chiffre de Napoléon, entouré du serpent, emblème de l'immortalité. Aux extrémités, deux cartouches égyptiens renferment une abeille et une étoile, sorte de symbole caractéristique de l'Empereur.

****

Nous ne saurions entreprendre d'analyser ici le volumineux ensemble de chapitres que forme la « Description de l'Egypte ». Les différentes parties sont morcelées en un très grand nombre de subdivisions et chaque étude prise isolément se suffit en soi. Chaque auteur a composé son mémoire sans connaître ce qu'un autre allait écrire sur un sujet à peu près analogue, en sorte qu'il y a de fréquentes répétitions au cours d'un même volume. Il n'est pas sans intérêt, cependant, de contrôler l'opinion d'un de ces savants par les déclarations d'un autre. Si ces auteurs, en effet, possèdent tous une culture approfondie, leurs connaissances, néanmoins, sont très nettement spécialisées et les aperçus d'un géologue, ceux d'un artiste et ceux d'un historien sur un même sujet, s'ils offrent entre eux des points de ressemblance, s'éclairent, néanmoins, les uns les autres de la manière la plus profitable pour le lecteur.

Nous chercherons surtout, dans les pages qui vont suivre, en citant de larges extraits des études qui nous ont paru les plus intéressantes, à donner un aperçu de l'ensemble.

Au point de vue de la forme, bien qu'il y ait des différences profondes de style entre les différents auteurs, le lecteur contemporain est frappé, d'une façon générale, par le ton un peu emphatique qui est assez bien celui du XVIIIe siècle.

Les descriptions sont toujours minutieuses. On peut leur reprocher de ne pas donner de vues d'ensemble. Qu'il s'agisse de paysages ou de monuments, on voit surtout les détails. Cet art de la description savante, qui n'est pas seule-

Pl. III. — Vue intérieure du Palais de Karnak.

ment une esquisse, une ébauche, une impression à la manière des écrivains de notre temps, est très particulier à cette époque, où le document photographique n'existait pas. C'est l'art descriptif des Champollion, des Mariette. Il nous vaut parfois des formules qui sont demeurées excellentes, témoin cette indication des caractéristiques de l'architecture égyptienne par M. Jomard, dont les études sont, d'ailleurs, de beaucoup les plus intéressantes, les plus dignes de retenir l'attention du lecteur contemporain par l'intelligence des hypothèses et la clarté des explications : « Il suffit, dit l'auteur, d'une « attention légère pour expliquer cette heureuse alliance de la décoration avec l'archi- « tecture proprement dite. Les sculptures, étant peu profondes et de peu de saillie, se « détachent doucement sur un fond qui est parfaitement lisse ; en second lieu, la plus « parfaite symétrie règne dans la distribution des ornements ; ce sont des tableaux « tous de même hauteur, tous encadrés et placés parallèlement sur les faces des murs...

« Les monuments du monde les plus chargés d'ornements sont ceux où la décoration
« s'aperçoit le moins et où l'architecture paraît lisse, quoique nulle de ses parties ne
« soit nue. » On ne saurait, croyons-nous, définir plus exactement et brièvement, tout
à la fois, l'architecture égyptienne.

*
* *

Le premier volume des « Antiquités », Tome I, *Descriptions*, est consacré aux
ruines de l'antiquité égyptienne. MM. Jollois et Devilliers nous y donnent la description d'Edfou et celle d'Esné et de ses environs ; M. de Saint-Genis, Ingénieur en chef
des Ponts et Chaussées, celle des ruines d'El-Kab ou Elythia.

Les auteurs ne se contentent pas de décrire telle figure déterminée, mais ils
retracent les légendes, les cultes dont le personnage est l'objet, comme c'est le cas par
exemple pour la figure du typhon à Edfou. Car il n'y a pas un trait, pas une figure dans
tous ces temples d'Egypte qui n'ait un sens mystérieux et profond, ne soit le fruit de
longues considérations et l'occasion de rites infiniment compliqués.

A propos du Grand Temple d'Esné, les auteurs nous font entrevoir l'état d'esprit
dans lequel on se trouvait, avant l'expédition d'Egypte, en ce qui concerne le canon de
la beauté architecturale. A une époque où l'on ignorait presque tout encore de l'art
égyptien, c'est à l'art grec que chaque œuvre est comparée et les archéologues français
demeurent éblouis, déçus parfois, des notions nouvelles que leur suggèrent leurs
découvertes. Ce trouble, cette admiration se traduisent dans des phrases telles que
celles-ci : « Cette lutte de la beauté réelle de l'architecture que nous avions sous les
yeux contre nos préjugés en faveur des proportions et des formes grecques nous
tinrent quelque temps en suspens. » N'avons-nous pas vu plus récemment un grand
égyptologue français, M. Maspero, demeurer, pour ainsi dire, conquis par l'art grec,
alors même qu'il décrivait, en les louant, les beautés de l'art égyptien?

Après le chapitre de M. Jomard consacré à Ermen ou Hermontis, « seul pays dans
toute l'Egypte où soit figurée en sculpture la girafe », le volume est ensuite occupé,
pendant plus de 400 pages, par la description générale de Thèbes.

Dans le passage consacré aux « Edifices et à l'hippodrome de Medynet-Abou »,
on voit que peu à peu l'idée que l'art grec avait pu procéder en partie de l'art égyptien,
et parfois même être inférieur à son maître, se fait jour dans l'esprit des explorateurs.
Ainsi, à propos des cariatides de Medynet-Abou, l'auteur déclare qu'elles n'ont pas
l'air accablé, écrasé des cariatides grecques. « Elles ne supportent pas un poids : elles
sont, dit-il, la représentation d'une divinité grave. » Et il rappelle, à ce propos, que
Platon dans son « Timée », fait tenir à son interlocuteur égyptien le langage suivant :
« O Solon, Solon ! vous autres Grecs, vous n'êtes que d'hier ; rien chez vous ne porte
l'empreinte d'une haute antiquité. » On juge si de telles réflexions, à l'époque où elles
parurent, devaient sembler hardies, parfois même présomptueuses.

Un peu plus loin, nous sont décrites les scènes militaires sculptées sur les murs
du Palais de Medynet-Abou, et l'auteur indique tout ce qu'elles nous apprennent sur
l'ancienne histoire des Egyptiens. Le long passage que nous donnons ci-après au sujet
d'un combat entre une flotte égyptienne et une flotte indienne (c'est-à-dire de l'Océan
Indien) est particulièrement intéressant, parce qu'il montre bien la manière infiniment
prudente dont agit l'auteur dans les hypothèses qu'il émet en matière d'histoire.
Nous avons, à dessein, souligné les expressions et les membres de phrases qui
décèlent cette prudence d'un savant s'appuyant sur des textes anciens, grecs

— 96 —

Pl. IV. - Scène sculptée sur le mur d'enceinte du Palais de Karnak.

pour la plupart, s'essayant avec audace et minutie tout à la fois à dégager la vérité :

« Le combat qui est ici figuré se livre sur les eaux. *En l'examinant avec attention*, on ne tarde pas à reconnaître qu'une escadre égyptienne est aux prises avec une flotte ennemie et qu'elle est vigoureusement secondée sur terre par une armée égyptienne dont on n'a représenté ici que le héros qui la commande et les généraux qui servent sous ses ordres, *comme pour indiquer* que la valeur de quelques braves supplée seule à toute une armée.

« Les vaisseaux égyptiens *sont distingués* par leurs proues décorées d'une tête de lion. Les hommes qui les montent se *reconnaissent, au premier abord, à leurs airs de tête*, à leurs costumes et à leurs armes ; mais d'ailleurs la *forme oblongue* de leurs boucliers, *forme décrite par les anciens auteurs, signale encore les Egyptiens d'une manière plus précise.* Sur la gauche du dessin, on voit trois des barques égyptiennes placées l'une au-dessus de l'autre, disposition qui *paraît avoir été employée* pour suppléer à la perspective. Une quatrième barque est à droite. Elle a déjà doublé et coupé la flotte ennemie ; elle la prend en arrière et s'avance pour agir de concert avec les trois autres. Les barques égyptiennes ont peu souffert dans le combat ; elles ont conservé leurs mâts, leurs voiles, leurs pilotes et leurs rameurs ; elles ont aussi leur gabier, qui *paraît sortir* d'un mât terminé en fleur de lotus. Ce personnage *semble jouer* ici un grand rôle. »

Ce sera plus tard, grâce à la pierre découverte à Rosette par des soldats de l'Expédition française, l'œuvre des Champollion et des Mariette d'inventer la clef de l'écriture hiéroglyphique, puis de lire, sur les pierres mêmes des monuments égyptiens, l'histoire du peuple ancien.

Ici, il faut au savant se servir uniquement des textes de Diodore de Sicile et d'Hérodote (1) dont il donne, d'ailleurs, à la fin de chaque paragraphe, avec ce souci d'érudition qui est l'un des plus grands mérites de cette édition remarquablement soignée, des citations entières suivies d'une version latine et souvent aussi d'une version française. Malgré tout ce soin,

(1) La littérature française ne semble pas avoir été une source de documentation pour les auteurs de la « Description de l'Égypte ». C'est à peine s'il y est fait quelquefois allusion à l'ouvrage de M. de Volney : « Les Ruines, ou Méditations sur les Révolutions des Empires. »

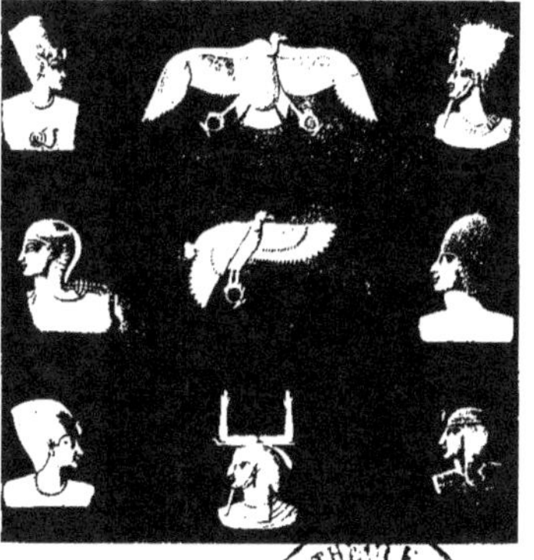

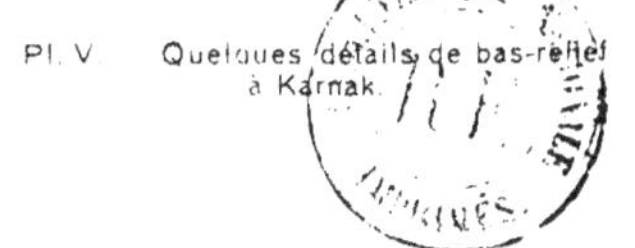

Pl. V. — Quelques détails de bas-reliefs à Karnak.

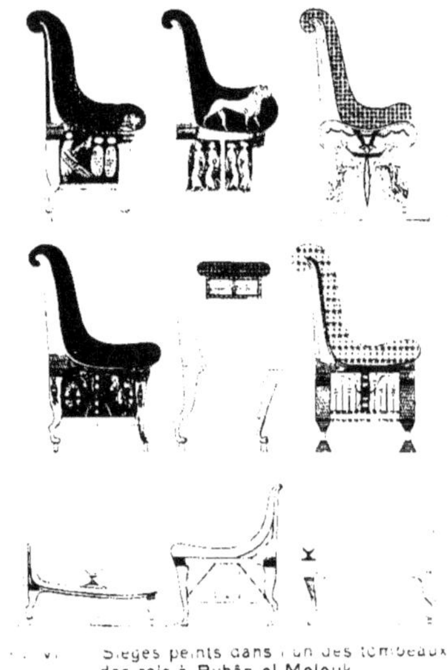

Sièges peints dans l'un des tombeaux
des rois à Bybân-el-Molouk.

on sait que la traduction des inscriptions des monuments égyptiens devait projeter une clarté bien plus vive sur les admirables dessins relevés et décrits par les collaborateurs du Général Bonaparte, à qui tout l'honneur reste du moins d'avoir tracé la voie. Avec des moyens imparfaits, ils ont forgé les éléments de tous les travaux ultérieurs.

Cette prudence dans l'interprétation des textes anciens, que nous signalions, il y a un instant, nous en trouvons un autre exemple dans l'article consacré aux colosses de Memnon. Les énormes statues retrouvées autour de Thèbes sont-elles bien, se demande l'auteur, ces statues géantes dont Strabon et Pausanias racontent qu'elles émettaient au soleil certains sons mystérieux? (Pl. II.)

C'est à la description du Palais de Karnak que sont empruntées les planches III et IV qui ornent le présent article. Nous quitterons un instant le volume de la *Description* pour lire ce que nous en dit l'auteur des *Explications des Planches* :

« Cette image nous montre, dit-il, une vue perspective intérieure du Palais prise de l'est. Le pylône formant l'entrée du Palais à l'ouest a été supposé terminé et revêtu de toutes les décorations dont il devait être orné. On y voit, au fond, l'avenue de Sphinx à corps de lions et à têtes de béliers, qui précédait ce pylône, ainsi que l'avenue de colonnes dans la cour du Palais. A l'intérieur, au premier plan, on admire les colonnes du grand ordre de la Salle hypostyle. »

La scène guerrière représentée par la planche IV est ainsi décrite dans un chapitre de la description de Karnak extrait également des *Explications des Planches* : « Ce sujet a été sculpté sur la face extérieure du mur d'enceinte du Palais exposé au nord. Il représente un guerrier monté sur son char. Ce héros a percé de ses flèches un grand nombre d'ennemis. Il en vient aux mains avec leur chef qui se distingue par sa haute stature. Nous avons déjà vu plusieurs fois que, dans la sculpture égyptienne, le rang des personnages est indiqué par la différence de leur taille. A la légèreté du char monté par le héros égyptien, on doit croire que le char est de métal et la couleur verte que l'on voit encore sur quelques parties de la sculpture dénote assez le bronze ou le cuivre. »

La planche V montre les détails de figures dessinées sur les bas-reliefs de divers édifices de Karnak.

Voici comment nous les décrit l'auteur de l'*Explication des Planches* :

1. — Forme de la coiffure des héros égyptiens. On la retrouve à Karnak, à Medynet-Abou et au tombeau d'Osymandias.

2. — Vautour planant. Cette figure accompagne toujours les héros égyptiens.

3. — Figure de héros égyptien.

4. — Tête remarquable par la singularité de sa coiffure et la tresse que l'on voit derrière la tête.

5. — Vautour vu de profil.

6. — Détail de la tête du personnage qui se trouve généralement sculpté sur les pylônes à côté des portes, tenant par les cheveux une grande quantité d'individus qu'il se dispose à immoler.

7. — Cette figure est remarquable par le casque dont elle est coiffée.

8. — L'espèce de bonnet formé de deux bras que cette figure a sur la tête se retrouve dans les hiéroglyphes.

9. — Cette figure est une de celles des personnages à qui l'on fait des offrandes.

Quels documents précieux constituent ces dessins exacts comme des calques et accompagnés d'observations si consciencieuses dans leur apparente naïveté !

C'est encore de cette partie de la « Description de l'Égypte » que sont extraites les planches VI et VII reproduites ici et représentant quelques-unes des peintures les plus

PI. VII. — Peinture dans un tombeau des rois, à Bybân-el-Molouk

curieuses et les plus intéressantes du cinquième tombeau des rois, à l'est, à Bybân-el-Molouk, près de Thèbes.

La planche VI montre divers sièges et un fauteuil peints dans ce tombeau. « La forme de ces divers meubles, nous dit l'auteur de l'*Explication des Planches*, a été fidèlement copiée », et, si l'on voulait les construire en grand, on pourrait suivre exactement les dessins [1].

Le motif supérieur de la planche VII représente, d'après des dessins exécutés par MM. Jollois, Devilliers et Delile, une scène musicale. Le fond est jaune et les contours bordés d'un trait rouge. La figure assise tient dans sa main les signes de la divinité. La harpe est décorée d'une tête de jeune homme.

Au-dessous, est reproduite une autre scène de harpistes.

Avant de quitter cette partie, de beaucoup la plus importante et la plus intéressante, des *Descriptions* des Antiquités, indiquons que les auteurs y font un très long et très intéressant parallèle entre les ruines de Palmyre, en Syrie, où les avait conduits aussi Bonaparte, et celles de Karnak. Dans ce chapitre, la comparaison s'étend au moindre détail, tout à la faveur de Karnak d'ailleurs, malgré les louanges adressées au temple du Soleil de Palmyre et à celui de Baalbek.

*** *

Le volume second des « Antiquités », Tome I, *Descriptions*, est consacré aux antiquités de Denderah (Tentyris), de Memphis, d'Antæopolis et du Caire, mais ne

(1) Il n'est pas sans intérêt de signaler qu'on s'est inspiré de ces différents sièges pour la composition des sièges des paquebots « Champollion » et « Mariette Pacha » des Messageries Maritimes, qui ont transporté les participants à l'Exposition Française au Caire.

PI. VIII.   Denderah (Tentyris). Vue perspective de l'intérieur du portique du grand temple.

nous paraît pas retenir le lecteur par un attrait égal.

C'est à ce volume cependant que se rapportent les planches VIII, IX, X et XI de la présente étude.

La planche VIII représente la « Vue perspective de l'intérieur du portique du grand temple de Denderah. »Nous laisserons encore parler à ce sujet l'auteur des *Explications des Planches* : « Le portique, nous dit-il, est supposé débarrassé de tous les décombres qui cachent les bases des colonnes et les parties inférieures des murs principalement vers le sud ; ce que l'on ne considérera point sans doute comme une restauration, puisque tout existe et que, d'ailleurs, les fouilles que nous avons fait exécuter nous ont mis à portée de connaître les bases des colonnes, la hauteur totale de l'édifice et même la nature des ornements dont les parties encombrées sont décorées. »

« Il faut se représenter toutes les sculptures revêtues de couleurs vives et variées dont on voit encore des traces si nombreuses dans le portique. »

« On a supposé qu'une procession isiaque pénètre dans le portique où toutes les parois des murs et notamment toutes les frises renferment des images de la déesse Isis.»

A une époque comme la nôtre, on préfère le plus souvent la photographie brutale d'un temple en ruines à une reconstitution dont on redouterait avant tout la fantaisie. Au XIXᵉ siècle, le point de vue était tout différent. On ignorait les merveilles de l'art égyptien et rien ne pouvait intéresser davantage le lecteur que de se figurer, grâce au talent d'un habile dessinateur, ce qu'avaient pu être, avant l'ère chrétienne, les temples et les monumeuts que l'on venait de commencer à découvrir.

Sur la planche IX figure le zodiaque sculpté au plafond de l'une des salles supérieures du grand Temple.

La planche X nous montre une vue perspective du temple d'Antæopolis, qu'on appelle encore Qâou-el-Kebyreh. Ce temple est l'objet, dans le second volume des *Descriptions* des Antiquités, d'un chapitre fort intéressant de M. E. Jomard, intitulé « Description des Antiquités d'Antæopolis », qui débute ainsi : « Quand on « remonte le Nil pour visiter les monuments de la Thébaïde, le premier que l'on « rencontre sur les rives du fleuve et qui donne une haute idée du style et de la « majesté des ouvrages de l'Egypte ancienne, est celui que l'on trouve au village de

« Qâou. Tous les voyageurs seront frappés, comme nous l'avons été nous-mêmes, en
« apercevant de leurs barques ces belles colonnes et ces chapiteaux à feuilles de
« dattier, à travers des groupes de palmiers de même grandeur, et, pour ainsi dire,
« confondus avec ces arbres eux-mêmes, dont ils retracent la fidèle image. »

Ce temple est, en effet, un modèle de l'interprétation que les Egyptiens
ont faite, à de fréquentes reprises, des beautés naturelles, arbres et plantes, dans
leur architecture.

Le dessin reproduit ici, de l'avis même de son auteur, M. Jomard, n'est pas une
copie, mais une sorte de restauration : « Ce dessin, dit-il dans le volume
consacré aux *Explications des Planches*, rétablit l'état des choses à peu près tel
« qu'il l'a été avant le temps des Perses : on a restauré la façade entière du temple à
« l'exception du milieu de la frise où a été restitué le globe ailé qui devait primitive-
« ment orner cette frise. La barque descendant sur le Nil, ou plutôt sur le canal qui,
« dans les temps anciens, amenait les eaux près de la ville et qui, depuis, est devenu le
« lit même du fleuve, a pour forme celle d'une barque figurant dans les hypogées
« d'Elythia. On suppose ici le temps de l'inondation, ... »

Le palmier n'est pas le seul arbre qui ait été interprété dans l'architecture du
temple d Antæopolis. C'est, ainsi qu'un examen attentif de la gravure que nous reproduisons permet d'apprécier la forme légèrement conique des colonnes qui les fait
ressembler à des troncs de dattiers. Le chapiteau est formé par neuf longues palmes,
dont les côtes seules sont indiquées — et non pas les folioles — et qui se terminent au
sommet par des courbes gracieuses.

La frise était décorée, à l'origine, de deux bandes horizontales d'hiéroglyphes
et, au milieu, d'un globe ailé qui a été reconstitué dans la gravure. Cet ornement
avait été supprimé pour y graver des caractères grecs et M. Jomard ajoute : « Deux
« peuples célèbres ont gravé des inscriptions sur ce temple. Ils ont mis à honneur
« d'apprendre à la postérité qu'ils en avaient réparé quelque partie : et aujourd'hui,
« après tant de siècles, les hiéroglyphes,
« les sculptures, et toutes les inscrip-
« tions en langue sacrée, sont encore
« conservés et intacts, tandis que les lettres
« grecques et romaines, gravées après coup,
« sont presque illisibles et éparses sur des
« débris. »

Dans un chapitre suivant, intitulé
« Description des Antiquités de l'Heptano-
mide », M. Jomard a rassemblé les descriptions des antiquités qui sont comprises dans
l'Egypte moyenne, depuis Mamphalout
jusqu'à Memphis.

Les hypogées de Beny-Hasan sont,
dans cette partie, les vestiges les plus
curieux et ce qu'il y a, nous dit-il, de plus
important sous le rapport de l'antiquité
égyptienne. C'est à cette partie que sont
empruntées les figures reproduites sur la

Pl. IX. — Denderah (Tentyris). Zodiaque
sculpté au plafond de l'une des salles supérieures du Grand Temple.

PI. X. — Qâou-el-Kebyreh (Antæopolis). Vue perspective du Temple.

planche IX de notre étude. M. Jomard nous donne à leur sujet les renseignements suivants :

« Les deux premières figures réunies représentent une chasse aux gazelles : les chasseurs poursuivent les gazelles à coups de javelot, suivis par des chiens lévriers tenus en laisse, semblables au selouqs des camps arabes.

« Au-dessous, deux figures représentent une offrande de fleurs, de fruits et de légumes parmi lesquels on distingue des oignons.

« Au milieu, une figure représente un Egyptien portant des plantes de diverses espèces ; au-dessous une musicienne pince une harpe à sept cordes à côté d'une scène représentant le supplice de la bastonnade où le patient est couché sur le ventre, un homme lui tenant les pieds et un autre les bras, tandis qu'un troisième le frappe. » (Ce triste sujet se retrouve, nous dit M. Jomard, dans les hypogées de Thèbes.)

Ces dessins sont intéressants, en ce sens que les scènes représentées sont purement civiles et n'ont aucun rapport avec les sujets religieux. Apparemment, nous dit M. Jomard, l'artiste avait un peu plus de liberté dans ces sortes de compositions, d'où cette hardiesse dans les poses et cette sorte d'essai de perspective dans le dessin qui est tout à fait remarquable dans la planche reproduite ici.

*
* *

Les deux volumes du Tome II des « Antiquités » contiennent, sous le titre de *Mémoires*, toutes les observations recueillies par les savants de l'Institut Français d'Egypte, sur la religion et les mœurs de l'Egypte ancienne.

« En ce qui concerne ces Mémoires, nous dit la *Préface* dont nous avons déjà parlé, « les auteurs ont porté leurs recherches :

1º Sur les institutions, les mœurs, la littérature, les sciences, les arts, le système des mesures et l'industrie des anciens Egyptiens ;

2º Sur la géographie ancienne et moderne, l'histoire de l'Egypte, le Gouvernement actuel de ce pays, la religion, les mœurs, les usages publics ou particuliers, l'état des arts, de la littérature et des sciences, l'agriculture, l'industrie, les revenus publics, la navigation et le commerce ;

3º Sur la nature et l'état physique du sol, de l'air et des eaux, sur la zoologie, la botanique, la minéralogie et la géologie de l'Egypte. »

Nous y voyons M. Villoteau, littérateur musicien, y publier une étude sur les « Instruments de musique et la Musique de l'Egypte ancienne ». Son article se base, non sur des résultats de fouilles, mais sur un grand nombre de textes anciens.

« Voici, écrit-il, comment Diodore de Sicile, en parlant des premiers siècles de la civilisation des Egyptiens, nous explique la formation des arts de la musique et de la poésie, car alors l'une était inséparable de l'autre, ou plutôt elles ne faisaient qu'un seul et même art : « Osiris eut en grande estime Hermès (Mercure), parce qu'il lui reconnut beaucoup de perspicacité dans la découverte des choses qui pouvaient contribuer au bonheur de la vie humaine ; et celui-ci fut le premier, dit-on, qui détermina la prononciation des mots dans le langage ordinaire... Il monta de trois cordes la lyre qu'il inventa, à l'imitation des trois saisons de l'année, et il obtint par ce moyen trois sons, l'aigu, le grave et le moyen : il affecta l'aigu à l'été, le grave à l'hiver et le moyen au printemps. »

Dans une notice fort intéressante sur le « Séjour des Hébreux en Egypte » par M. du Bois-Aymé, correspondant de l'Institut de France, l'on voit Moïse traverser la Mer Rouge et tous les textes de l'Ancien Testament étudiés d'une manière qui s'efforce d'être rigoureusement scientifique.

Alors que la France venait de faire un si grand effort au point de vue de la réforme de son système de poids et mesures, le « Mémoire sur le système métrique des anciens Egyptiens », sur leurs « connaissances géométriques », leurs « mesures agraires », sur le « Nilomètre » contient des renseignements qui ont dû captiver les lecteurs et nous intéressent encore.

Dans le « Mémoire sur l'agriculture, sur plusieurs arts et plusieurs usages civils et religieux des anciens Egyptiens » par M. Costaz, des renseignements très pittoresques nous sont donnés, en particulier, sous la rubrique « Commerce », sur la navigation et la forme des navires des Egyptiens, d'après les dessins relevés dans les grottes d'Elythia.

Pl. XI. — Figures des hypogées des Beny-Hasan.

Pl. XII.   Egyptien.

Ainsi que nous l'avons dit précédemment, la partie de la « Description de l'Egypte » consacrée aux textes proprement dits, comprend, outre les quatre volumes que nous venons d'analyser, groupés sur le titre général « Antiquités » et formant les deux tomes *Descriptions* et *Mémoires*, deux autres subdivisions : celle de l'« Etat moderne » et celle de l'« Histoire naturelle ».

Nous voyons traiter, dans le volume du Tome I de l'« Etat moderne », les sujets les plus divers, les plus disparates parfois, depuis la « Relation historique et descriptive des recherches et observations faites sur la musique de ce pays » par M. Villoteau, auteur d'un mémoire dont nous avons précédemment parlé, contenant des extraits de chants et de danses funèbres, de chants de fakirs, de chants des bateliers du Nil, de chants coptes, etc... jusqu'à un « Mémoire sur les tribus arabes des déserts de l'Egypte », par M. du Bois-Aymé.

Pour le lecteur français, le plus intéressant passage de ce volume est certainement le « Mémoire sur le Canal des deux Mers » par M. Le Père, Ingénieur en Chef, Inspecteur Divisionnaire du Corps Impérial des Ponts et Chaussées, membre de l'Institut d'Egypte.

Il est curieux d'observer que c'est seulement dans un court chapitre de la première partie de ce Mémoire que le tracé actuel du Canal, reliant directement la mer Rouge à la mer Méditerranée, est envisagé et seulement *comme complément du tracé le Caire-Soueys*, le Caire étant considéré alors comme le grand marché intérieur de l'Afrique.

Alors que tout le reste de la « Description de l'Egypte », sauf, bien entendu, la *Préface Avertissement* dont nous avons parlé au début de cette étude, demeure muet sur la personne de Bonaparte qui ne suivit pas les savants dans leurs recherches et ne participa pas à leurs descriptions, l'Ingénieur Le Père nous montre le Général prendre une part active à ses propres travaux et ne manque aucune occasion de prononcer son éloge.

Voici comment il s'exprime : « Le Général en Chef Bonaparte, ayant résolu de se rendre à Soueys pour juger de l'état de ce port et ordonner les travaux propres à lui rendre tous les avantages dont il est encore susceptible, partit du Caire, le 4 nivôse, an VII (24 décembre 1798) : les Généraux Berthier et Caffarelli, le Contre-Amiral Gantheaume MM. Monge, Berthollet, Costaz et divers autres membres de l'Institut, l'accompagnèrent » et plus loin : « Le 14 (3 janvier 1799), étant à Belbeys, le Général Bonaparte voulut aussi reconnaître l'autre extrémité du canal ; il se porta jusqu'à dix lieues dans l'Ouâdy-Toumylât, où il en retrouva de nouvelles traces sur plusieurs lieues d'étendue.

« Le vif intérêt que le Général Bonaparte montrait dans ces diverses reconnaissances, était un témoignage de son désir d'avoir des résultats plus précis ; il était pour moi, dans cette circonstance, plus impératif encore que l'ordre qu'il me donna de les lui soumettre le plus tôt possible. »

Le tracé du canal préconisé par l'Ingénieur Le Père, après étude de la question, partait du Nil, près de Bubaste. Il était donc exactement le même que celui de l'ancien canal des Rois, qui avait été utilisé de 644 à 767 après Jésus-Christ. Voici d'ailleurs, en quels termes l'Ingénieur s'exprime, dans son rapport en date du 6 décembre 1800 : « Plus j'y ai réfléchi, Citoyen Premier Consul (et j'apprécie toutes les « conséquences d'une opinion hasardée), plus je me suis convaincu que le rétablisse- « ment du canal ne présente aucune difficulté majeure : au moyen d'écluses, ouvrages « d'invention moderne, on pourra profiter plus avantageusement des eaux du Nil « pendant toute la durée des crues, quel que soit le niveau variable de ces eaux « par rapport à celui de la mer Rouge, également variable par l'effet des marées ; « c'est dans cette considération que je vois les difficultés qui durent essentiellement « contribuer à l'abandon de cette navigation chez les anciens... Je crois, Citoyen « Premier Consul, que le rétablissement du canal des deux Mers est nécessai- « rement soumis à l'état présent de la navigation du golfe Arabique : cependant « je ne doute pas que, d'une part, une politique ombrageuse, et, de l'autre, l'impéritie « des marins du pays, n'aient beaucoup exagéré les dangers de cette navi- « gation. C'est donc aux navigateurs instruits à résoudre cette question préa- « lable, après l'avoir considérée par rapport au temps et à la durée des moussons, « et aux difficultés de la navigation de ce golfe. »

A la lecture de ce premier rapport, Bonaparte ordonna à Le Père de rédiger un Mémoire qui servirait de base aux travaux futurs. Le Mémoire a été rédigé au retour d'Egypte et présenté, le 24 août 1803, au premier Consul qui en ordonna la publication. La première livraison parut en 1808. Il fut inséré par la suite, dans l'ouvrage qui nous occupe ici et devait être étudié par Ferdinand de Lesseps, lorsque ce dernier procéda aux travaux qui aboutirent, en 1869, au perce- ment de l'Isthme de Suez.

*
* *

Le premier volume du Tome II de l'« Etat moderne » débute par une « Notice sur la conformation physique des Egyptiens et des différentes races qui habitent en Egypte par M. le Baron de Larrey, Docteur en Chi- rurgie de Paris.

Après une « Notice sur les embaumements et un « Récit d'un voyage dans le Delta », le « Mémoire sur la ville d'Alexandrie », par M. Gra- tien Le Père, frère de l'auteur de la note sur le Canal des deux Mers, contient une compa- raison entre Bonaparte et Alexandre le Grand.

Ce volume contient aussi un « Essai sur les mœurs des habitants modernes de l'Egypte », par M. de Chabrol, d'où sont extraites les planches XII et XIII de cette étude.

Pl. XIII. — A'lmehs.

— 105 —

La planche XIII représente le type d'un « Egyptien aisé dont, nous dit l'auteur, la vie se partage entre la prière, le bain... la paresse, l'usage de la pipe et du café. Il serait presque permis de dire que la nation entière, ajoute-t-il, passe son temps à fumer. » La planche XII nous montre des a'lmehs musiciennes. « Ces femmes, qui appartiennent ordinairement aux classes du peuple, dit l'auteur, sont réputées poètes et improvisatrices ». Elles sont assises à la manière égyptienne, les jambes croisées sur une natte. Les danses et les pantomimes des a'lmehs constituaient un des principaux attraits des fêtes du Beyrâm.

Un des autres chapitres intéressants et fort importants de ce volume est le « Mémoire de M. P.-L. Girard, sur l'agriculture, l'industrie et le commerce de l'Egypte », suivi d'un chapitre sur les « Arts et Métiers », auquel sont empruntées les figures de la planche XIV relatives au travail du coton.

*
* *

Pl. XIV. -- Metiers egyptiens.

Le volume second du Tome II de l'« Etat moderne » comprend la « Description abrégée de la ville et de la citadelle du Caire », suivie de l'«Explication du plan de cette ville et de ses environs ». Cet exposé contient des renseignements, recueillis par M. Jomard, sur les monuments, la population, le commerce et l'industrie de la capitale de l'Egypte. Malgré la date déjà ancienne à laquelle il a été composé, on peut encore le consulter avec beaucoup d'intérêt comme guide.

On y relève, parmi tant d'autres renseignements curieux, quelques titres de livres anciens concernant le Caire et lus par l'auteur, notamment le manuscrit intitulé « Passe-temps chronologique et historique », ou « Coup d'œil récréatif sur le règne des califes, des rois et des sultans d'Egypte», de la composition du cheykh de l'imâm, le plus docte des docteurs, Yousef ben-Meryi, natif de Jérusalem, de la doctrine d'Hanbel », traduit par feu Venture, « ouvrage que M. Sylvestre de Sacy regardait nous dit-il, comme inédit ». Un peu plus loin, les « Observations de plusieurs singularités, les choses mémorables trouvées en Grèce, Asie et aux pays estranges, par Pierre Belon, du Mans, Paris, 1588 » sont aussi commentées.

Les descriptions de M. Jomard sur le Caire sont parmi les plus remarquables qu'il ait écrites dans la « Description de l'Egypte ». Ce sont d'abord les palais ou maisons des Beys (1), la mosquée Soultan Hasan, beau spécimen de l'art arabe,

---

(1) Voir planche XV qui représente la vue intérieure du palais de Qasim-Bey. Les membres de l'Institut d'Egypte étaient logés pour la plupart dans ces belles demeures.

— 106 —

ainsi que Touloun, la plus
ancienne des mosquées du
Caire et el-Azhar, ou mosquée des fleurs, à laquelle
fut annexée l'école qui devait, par la suite, devenir la
célèbre Université.

Puis, l'auteur décrit longuement la citadelle du
Caire (1) qui lui a inspiré
notamment le beau passage
suivant : « Qu'on me per-
mette de revenir sur le
« magnifique spectacle que
« le voyageur a ici sous les
« yeux : quand, du haut de

Pl. XV. — Vue intérieure du Palais du Qasim-Bey.

« la citadelle, il promène ses regards vers le Caire, il a devant lui une des plus
« imposantes perspectives qui se puissent imaginer : plusieurs artistes ont
« cherché à en retracer l'image ; mais aucun, selon moi, n'a réussi, et peut-être
« est-il impossible de le faire complètement. Le champ du tableau est immense,
« principalement du côté de l'ouest. La vue s'étend bien loin dans le vaste désert
« de Libye ; à trois ou quatre lieues au delà des grandes pyramides de Gyzeh et
« de Saqqarah et de la plaine des Momies, jusqu'aux derniers rameaux de la chaîne
« Libyque. La grande plaine cultivée et les forêts de palmiers qui sont au pied
« de ces gigantesques monuments ; le Nil, qui serpente comme un ruban argenté ;
« la charmante île de Roudah ; la rive droite du fleuve, partie verdoyante et par-
« tie sablonneuse ; à droite Boulaq, à gauche le vieux Caire ; la vallée de l'Égare-
« ment, et, plus près, la ville des tombeaux et l'aqueduc ; plus près encore, l'immense
« vallée du Caire et ses trois à quatre cents minarets ; enfin, sous les pieds, une vaste
« place animée par une population pressée, avec la masse majestueuse de la mosquée
« du Soultan Hasan (2), le plus bel édifice peut-être de toute la ville, et ses deux
« magnifiques minarets qui s'élèvent au-dessus de la citadelle même ; ces contrastes
« de l'antique et de la mo-
« derne Égypte et des
« tombeaux de l'ancienne
« capitale avec ceux de la
« nouvelle ; les ruines d'Hé-
« liopolis à droite, à gauche
« celles de Memphis : tout
« ce grand ensemble émeut
« le spectateur le plus froid,

(1) Voir planche XVI représentant la citadelle du côté de la porte
du Moqattam.
(2) Voir planche XVII qui représente une vue perspective intérieure
de cette Mosquée.

Pl. XVI. — La citadelle du Caire.

« plonge le philosophe dans la méditation, l'artiste dans l'enthousiasme, et l'homme
« le plus indifférent dans la rêverie et la contemplation. On a peine à se détacher
« de ce magnifique spectacle, unique sur le globe. »

C'est à ce chapitre qu'est empruntée la planche XVIII de cet article représentant une vue de la place de l'Ezbekieh du Caire. « Les places les plus basses, nous dit l'auteur, inondées pendant l'automne, forment autant de lacs qui se couvrent de bateaux jusqu'à ce qu'ils aient fait place à des champs de verdure et plus tard à des places poudreuses ; d'où l'aspect très curieux de cette vue qui nous donne l'impression d'une Venise orientale (1).

PI. XVII.   Vue intérieure de la Mosquée
Soultan-Hasan.

Le Divan de Joseph, chef-d'œuvre du style arabe, et la mosquée de Soultan Kalaoun sont parmi les meilleures descriptions qui suivent, mais le lecteur est surtout charmé par les évocations du spectacle de la rue que M. Jomard relève avec un pittoresque tout à fait particulier, qu'il s'agisse de bateleurs avec leurs singes dressés, de charmeurs de serpents, de feux d'artifice, de danses d'a'lmehs, ou des fêtes du Beyrâm.

*
**

La « Description de l'Egypte » s'achève, ainsi que nous l'avons dit précédemment, par deux volumes consacrés à l' « Histoire naturelle ».

Le premier de ces volumes contient une « Histoire naturelle des poissons du Nil », par M. Geoffroy Saint-Hilaire, membre de l'Institut et l'un des professeurs et administrateurs du Muséum d'Histoire Naturelle — véritable traité de savant.

M. Delille donne ensuite une « Description du palmier-doum de la Haute-Egypte », suivie d'une » Discussion sur quelques points de comparaison à établir entre les plantes d'Egypte et celles de France », par feu M. Coquebert, naturaliste mort jeune en 1801, au cours d'une épidémie, puis, une « Synthèse des oiseaux de l'Egypte et de la Syrie » et une « Description des Reptiles », par M. Geoffroy Saint-Hilaire et son fils Isidore, contenant, en particulier, des études sur le crocodile, jadis animal sacré de l'Egypte.

A propos de l'aspic (Pl. XIX), M. Geoffroy Saint-Hilaire écrit : « Sa figure,
« gravée sur le portail d'un grand nombre de temples antiques, témoigne de la véné-
« ration dont de superstitieux préjugés l'avaient rendu l'objet. Les Egyptiens le
« révéraient comme l'emblème de la divinité protectrice du monde et le gardien

---

(1) De nombreuses gravures de cette époque permettent de se faire encore, à l'heure actuelle, une idée de cet aspect de l'Ezbekieh, si surprenant pour le voyageur contemporain.

Pl. XVIII. — La place de l'Ezbekieh, au Caire.

« fidèle de leurs champs. Cette opinion avait son origine dans une habitude remar
« quable de l'haje (aspic) : dès qu'on approche de lui, ce serpent dresse la tête pour
« veiller à sa propre sûreté et pour éviter d'être surpris sans défense. »

Le deuxième volume de l'« Histoire naturelle » est consacré aux plantes et
aux minéraux et, d'une manière plus générale, à la nature du sol de l'Egypte. Il
comprend un « Mémoire sur les plantes qui croissent spontanément en Egypte »,
par Raffeneau Delile, un « Mémoire sur les plantes cultivées en Egypte », une « Description minéralogique de la Vallée de Qoçeyr » par M. de Rozière, puis une
« Description des mammifères » par M. Geoffroy Saint-Hilaire.

La plus complète des études de ce volume est le long chapitre intitulé : « De
la Constitution Physique de l'Egypte et de ses rapports avec les anciennes Institutions de cette contrée », par M. de Rozière, divisé en sept parties, traitant successivement de la géographie physique du sol de la vallée d'Egypte (où il est question
des débordements du Nil, du limon fertile déposé au cours de ces débordements,
des crues, de l'exhaussement du sol — qui a fait couler des flots d'encre et qui a
joué notamment un rôle très important à l'époque du percement du Canal de Suez),
des limites de l'Egypte suivant les Anciens et du système métrique de cette
contrée, etc.

Les « Explications des Planches » gravées qui correspondent à cette dernière
partie de la « Description de l'Egypte », sont dues à M. Delile en ce qui concerne
la flore. Nous en extrayons ce passage relatif à la fleur du lotus que les Egyptiens
ont employée, à de si fréquentes reprises, dans la décoration de leurs monuments et
que nous avons cru devoir reproduire ici même (Pl. XX). d'après une des gravures
données dans les planches relatives à la flore égyptienne :

« Le lotus d'Egypte, suivant Théophraste, croît dans les campagnes inondées :
« ses fleurs sont blanches et ont leurs pétales comme ceux du lis : elles naissent en
« grand nombre, serrées les unes contre les autres ; elles se ferment au coucher du

Pl. XIX.   L'aspic.

« soleil et cachent leurs fruits : ces fleurs
s'ouvrent ensuite quand le soleil reparaît,
« et s'élèvent au-dessus de l'eau : ce qui se
« renouvelle jusqu'à ce que le fruit soit
« entièrement formé et que la fleur soit
« tombée. »

Ce sont ensuite sur des études techniques du sol et du climat et des considérations sur l'hydrographie du pays que s'achève ce dernier volume.

*
* *

Il ne semble pas que l'on puisse comparer la « Description de l'Egypte » à aucune autre œuvre. Ainsi qu'on a pu le noter au fur et à mesure de cette rapide analyse rien n'a échappé à l'attention des savants, rien n'est laissé à l'abandon. L'effort accompli pour la réalisation de cette tâche gigantesque est immense. La perfection du travail intellectuel français donne ici toute sa mesure. A l'art des planches, parfois un peu trop raffiné dans les reconstitutions, mais toujours d'une scrupuleuse vérité lorsqu'il s'agit seulement de reproduire et non plus d'interpréter ou de compléter, s'ajoute la science de l'écrivain qui, d'un style toujours correct et parfois élégant, expose avec conscience les moindres résultats de ses vastes enquêtes.

On comprend aisément, d'après cela, qu'il ait été dit ici même, à plusieurs reprises, que cet ouvrage constitue un des liens intellectuels les plus puissants qui existent et n'ont d'ailleurs cessé d'aller se resserrant entre la France et l'Egypte. De tels liens, en effet, ne peuvent exister que par une connaissance mutuelle approfondie et, plus cette connaissance s'étend, plus les liens déjà existants se précisent et s'affirment.

Nous avons dit, déjà, que de grands égyptologues du siècle dernier : Champollion, Mariette, de Rougé, Maspéro, Bénéditte, pour n'en citer que quelques-uns, ont jeté une plus grande clarté sur les beautés de l'art égyptien, sur le passé historique, la religion, les mœurs de l'Egypte ancienne, mais jamais leurs études n'ont dépassé en importance cette « Description » qui contient à elle seule le programme et les méthodes de tous les travaux postérieurs.

Il ne faudrait pas croire que cette œuvre de rapprochement par la connaissance, inaugurée par les travaux de l'Institut d'Egypte, se soit ralentie au siècle présent et il faudrait, en particulier, se garder d'oublier ce que l'Egypte, elle-même, n'a cessé de faire pour maintenir et développer sa culture française, le goût de nos lettres et de notre pensée.

Ceci nous est une trop agréable occasion pour que nous la laissions passer de rappeler le rôle joué à ce propos par le Roi d'Egypte.

On se souvient que le Roi Fouad Ier a été nommé, le 14 octobre 1927, membre associé de l'Académie des Inscriptions et Belles-Lettres, en remplacement du savant danois, Vilhem Thosmen. M. Salomon Reinach, Président, en le recevant au Palais de l'Institut de France, prononça une allocution dans laquelle il rappela précisément ce que le souverain a fait pour répandre, dans toute la nation égyptienne, le goût des lettres et de la pensée françaises. Non seulement c'est à lui que revient l'honneur d'avoir fondé l'Université du Caire, mais il assure encore de sa protection la Société Royale de Géographie. Il protège tous les arts et en assure la diffusion et surveille la conservation des monuments. Il a réuni sous sa présidence des Congrès de médecine, de navigation et de géographie et n'a jamais rien négligé pour maintenir au plus haut point le niveau intellectuel de l'Egypte. En terminant, M. Salomon Reinach évoqua les rapports établis, depuis longtemps, entre la France et l'Egypte, dans les termes suivants : « Nous n'oublions pas non plus les sentiments de constante « bienveillance que Votre Majesté, a témoignés à nos savants, à tout ce qui est « français. Et ne sommes-nous pas, France et Egypte, de bien vieilles connaissances ? « Des soldats gaulois, dont nous possédons des images sculptées ou peintes, ont « combattu dans les armées de Ptolémée. C'est d'Egypte qu'est venu en Gaule « le papyrus, précieux véhicule de la pensée. Des prêtres d'Isis ont fréquenté la « vallée du Rhône ; le culte d'Isis a laissé des traces même à Lutèce ; des moines « égyptiens ont serré les mains des moines de Lérins. Depuis saint Louis, quelle « longue série de relations militaires, commerciales, scientifiques ont, à travers la « Méditerranée, rapproché nos rives ! Faut-il remémorer le voyage en Egypte du « bon Lucas, envoyé de Louis XIV, et l'expédition révélatrice de Bonaparte, dont « l'image nous domine, et le percement de l'isthme de Suez, rêve des Pharaons réa- « lisé par la France ? »

Dans la réponse qu'il fit, S. M. Fouad Ier voulut bien indiquer que l'Egypte, de son côté, ne saurait oublier le concours dévoué que des Français n'ont cessé de lui apporter depuis environ cent ans, « en particulier, ajouta-t-il, cette Commission « des Sciences de l'expédition de 1798 à laquelle nous devons cette admirable « Des- « cription de l'Egypte », l'œuvre la plus complète et la plus riche qui ait été jusqu'à « ce jour consacrée à la « Vallée du Nil ».

Et le souverain conclut par ces mots : « A l'origine « de la plupart des Sociétés « savantes et des institu- « tions scolaires égyptien- « nes, nous trouvons les « noms de ces Français « qui ont fait de l'Egypte « leur seconde patrie. C'est « pour l'Institut d'Egypte « un titre de gloire parti- « culier que d'avoir compté « parmi ses fondateurs, « auprès de Bonaparte, les « Monge, les Jomard, les « Berthollet, les Geoffroy

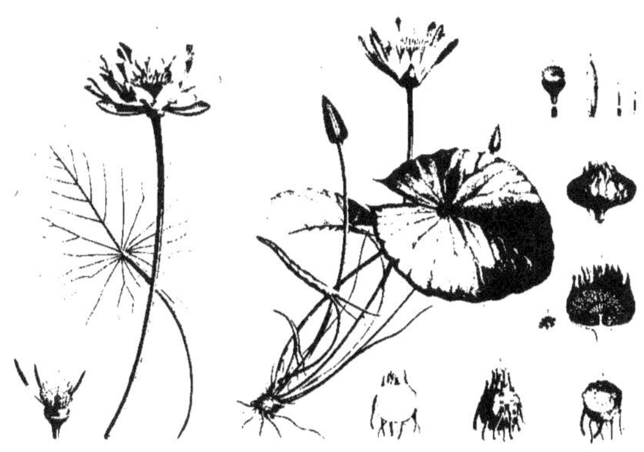

Fig. XX. Le lotus.

« Saint-Hilaire, ces savants dont plusieurs ont été membres de l'Institut de France,
« et dont les noms sont parmi les plus illustres de la science française. Cet Institut
« d'Égypte qui, par là, est si étroitement apparenté à votre Académie, il m'a été
« donné de le rétablir sur les bases mêmes qu'avaient posées ses fondateurs. »

Le roi Fouad Ier, n'a pas seulement poursuivi l'œuvre entreprise par Napoléon
en rétablissant l'Institut d'Égypte. Il a également décidé de compléter et continuer en
quelque sorte la « Description de l'Égypte » par la publication d'une « Histoire du
peuple égyptien » constituant comme la suite des chapitres consacrés à « l'État Moderne » dans l'ouvrage que nous venons d'analyser. C'est à M. Gabriel Hanotaux,
de l'Académie Française, ancien Ministre des Affaires Étrangères, que le souverain
a demandé de bien vouloir assurer la publication de cet ouvrage. Dans cette importante étude, qui comprendra au total sept volumes, M. Gabriel Hanotaux se propose de consacrer deux volumes à la personnalité si marquante de Mehemet Ali,
aïeul du souverain actuel, dont le règne n'a pas fait jusqu'ici, autant que nous le
sachions, bien que d'intéressantes études aient été publiées à son sujet, l'objet d'une
histoire complète et méthodique.

Cette « Histoire du peuple égyptien », ajoutons-le en terminant, formera pour
ainsi dire la réplique de la vaste « Histoire de la nation française » dont M. Gabriel
Hanotaux dirige actuellement la publication en voie d'achèvement et qui, sous ses
différentes divisions, constituera un vivant résumé de notre activité nationale,
autrefois comme aujourd'hui.

E. BÉNARD-SESBOÜÉ.

LA VALLÉE

DE LA LOIRE

Gravure extraite d'un ouvrage sur « Les médailles de Louis XV »

LA VALLÉE DE LA LOIRE

par

GEORGES PHILIPPAR

VANT que de nous laisser aller au fil de l'eau — secundo amne — permettez, ô lecteur bénévole, une indication liminaire.

Que si, lisant ces lignes, vous aviez tendance à remarquer qu'elles s'inspirent peu de mon propre fonds — le fonds qui manque le plus — veuillez ne pas oublier ce qui suit :

Elles font partie, ces lignes, d'un ouvrage intitulé : « Le Visage de la France (1) ». J'ai donc pensé que, pour contribuer, si possible, à vous permettre d'entrevoir une partie de ce visage, je devais moins faire appel à mon originalité — si j'en possède —, à ma modeste personnalité, qu'à notre admirable et inépuisable vieux fonds commun français.

Spécialement, j'ai tenu, prenant timidement ici ma place, à évoquer et citer de nombreux littérateurs. « Le Visage de la France », n'ont-ils pas contribué à le modeler ? Notre pays, n'ont-ils pas contribué à le faire admirer? « Les meilleurs de ses fils », ont écrit Jérôme et Jean Tharaud, « je veux dire ses écrivains ». Nos paysages, n'ont-ils pas contribué à les faire connaître, apprécier, aimer ? Ce que faisant, ils s'unirent à telles régions, à tels sites de manière que leurs noms en devinrent inséparables... Sans aller jusqu'à penser avec André Maurois que « les paysages ne sont émouvants que si des émotions humaines y sont inscrites », on doit reconnaître que, pour nous civilisés — supériorité, faiblesse ? —, de telles unions ont un charme infini.

*
* *

« Orléans occupe sur le Danube la même place que Ratisbonne sur la Loire »...

Ainsi, par un lapsus linguæ qui, se reproduisant chaque année avec une merveilleuse régularité, faisait aussi naître chaque année la même joie maligne, escomptée

---

(1) Cette « Vallée de la Loire » a, en effet, été publiée, en partie tout au moins, dans un ouvrage intitulé « Le Visage de la France », (Édition les « Horizons de France », Paris, 1926.)

et attendue de tout un petit monde malveillant et pitoyable, ainsi l'un des professeurs du lycée où j'ai fait mes études fit pénétrer dans mon esprit, d'inaltérable manière, une grande vérité : le cours de la Loire se divise en deux parties très distinctes.

La Loire, en effet, le plus long, chacun sait cela, des fleuves français, prend sa source au Mont Gerbier des Joncs, autre vérité géographique que nul n'ignore — pourquoi? —. De là, elle « monte » au sens qu'entendent les Marseillais lorsqu'ils disent : « je monte à Paris » — jusqu'à Orléans. D'Orléans à Saint-Nazaire, elle descend indolemment vers l'Océan, via Nantes.

Ces divisions correspondent aussi parfaitement à la réalité qu'à mes propres impressions, mes souvenirs.

* *

Dangeau rapporte dans ses mémoires que le doge de Gênes, obligé par Louis XIV de se rendre à Versailles, formula ainsi son opinion sur le palais et les jardins : « Ce que je trouve de plus rare ici, c'est de m'y voir ».

Tel est exactement mon cas pour cette « Vallée de la Loire ». J'en parlerai tout simplement, d'une manière essentiellement subjective — ce qui ne contredit pas, malgré certaine apparence, une précédente idée —, d'après mes seuls souvenirs personnels, d'après ce que je sais, ce que j'ai vu, si peu ce soit-il.

Écureuil, par MATHURIN MÉHEUT.
Motif décoratif pour
la salle à manger du paquebot d'Artagnan.

* *

O toi, fleuve de Loire, tu me plairais déjà pour cette seule raison que ton nom rappelle — à une lettre près, un « e » muet, vous avez même nom — l'un des plus charmants animaux de nos régions tempérées. Je veux dire le loir, proche parent du délicieux écureuil.

Comme l'écureuil, le loir a pour lui pelage roux et panache à la fois mobile et ébouriffé. Comme l'écureuil, le loir fait soigneusement ses provisions pour la mauvaise saison. Comme l'écureuil, le loir a pour lui la gracieuseté naturelle et l'agilité surprenante, quasi incroyable. A la différence de l'écureuil, des périodes de totale inactivité, d'atonie, de sommeil succèdent, pour le loir, à des moments de surabondante activité. — « Dormir comme un loir ».

Et ceci l'apparente à toi, ô Loire dont Guy Patin, ce bourgeois si bourgeois, si français... et si « frondeur »... in partibus, mandait à son ami Spon, le 16 avril 1650 : « La rivière de Loire a débordé vers Angers », de même que les journaux annonçaient, le 30 avril 1926 : « Les crues font en Touraine de très graves dégâts ».

O Loire incertaine dont le bon La Fontaine écrivait :

> *« La Loire est donc une rivière*
> *Arrosant un pays favorisé des cieux,*
> *Douce quand il lui plaît, quand il lui plaît si fière*
> *Qu'à peine arrête-t-on son cours impétueux.*

LA VALLÉE DE LA LOIRE

Elle ravagerait mille moissons fertiles,
Engloutirait des bourgs, ferait flotter des villes,
Détruirait tout en une nuit ;
Il ne faudrait qu'une journée
Pour lui voir entraîner le fruit
De tout le labeur d'une année,
Si le long de ses bords n'était une levée
Qu'on entretient soigneusement ».

La Fontaine, par HOUDON.
Cliché Archives photographiques. Paris.

Fleuve indolent, tour à tour, et impétueux, si réservé, successivement, et si envahissant. Tu coules, le plus souvent, avec autant de lenteur que de calme et d'indifférence, au milieu de douces campagnes, de nobles paysages, de belles cités. Tu coules dans un lit de sable et de petits cailloux aux couleurs variées, polis, bien sages, qu'au gré de ta souveraine fantaisie tu déplaces, formant des grèves, des îles, des plages et mille canaux divers pour y serpenter à ton aise. Et puis, avec la même indifférence, tu enfles, tu grossis, tu pars, tu t'étales, tu envahis, tu submerges, tu inondes ! J'ai souvenance d'avoir bien souvent vu, entre Angers et Nantes notamment, la voie ferrée, nouvelle levée, s'avancer dans une véritable petite mer aux vagues courtes, semée d'îlots de verdure, de chaume et d'ardoises... C'était la Loire dans ses débordements, la Loire mauvaise aux pauvres humains...

Les inondations causées par la Loire, la Loire navigable. Graves questions, problèmes liés, dont, dès notre enfance, nous entendîmes parler. Comme Français utilitaire, je m'irrite certes de la situation privilégiée faite à ce grand fleuve paresseux et parfois malfaisant...

Oui, mais, je vous le dis bien bas, je suis disposé, malgré tout, à conclure avec le même La Fontaine :

> « *C'est la fille d'Amphitrite,*
> *C'est elle dont le mérite,*
> *Le nom, la gloire et les bords*
> *Sont dignes de ces provinces*
> *Qu'entre tous leurs plus grands trésors*
> *Ont toujours placé nos princes.*
> *Elle répand son cristal*
> *Avec magnificence ;*
> *Et le jardin de la France*
> *Méritait un tel canal* ».

O Loire, fleuve déconcertant comme un animal capricieux ;
O Loire, enfant prodigue et indiscipliné ;
Pour toi, comme il convient, j'ai des trésors d'indulgence.

* *
*

De la haute vallée — Mont Gerbier des Joncs-Orléans — que je connais peu, je ne saurais rien vous dire, ou presque...

Je revois de grasses et riches prairies, de somptueux pâturages, une herbe épaisse et drue, des rideaux d'arbres.

Et, dans ce qui doit être pour lui un véritable Éden, un innombrable troupeau bovin. Superbes bêtes à la robe pâle, presque blanche, paissant ou ruminant, sur leurs jambes ou couchées, elles regardent, par un clair jour d'été, passer un train qui me conduit pour quelques heures en un certain Bourbon-Lancy ou l'Archambault.

Combien les anciens avaient raison d'admirer le regard humide et limpide, lumineux et si doux des bovidés. Les Grecs disaient de certaines de leurs déesses qu'elles étaient — mot à mot — « aux yeux de vaches ». Quelle vérité et quelle sagesse dans une telle formule. Un regard vide, direz-vous? — qu'importe, s'il est beau. Et, s'il est vide, quelle facilité d'y pouvoir placer tout ce que vous souhaiterez, tout ce que vous voudrez et pourrez imaginer...

Connaissez-vous beaucoup de productions de la nature plus plaisantes à contempler, plus douces à l'œil que le sympathique fouillis de poils dont s'ornent les oreilles des bœufs?

Qui de vous — soyons francs — n'a pas été remué d'entendre, dans le soir qui tombe, la voix profonde, rauque — et cependant voilée — d'un taureau?

J'ajouterai, ne vous déplaise, que nos ancêtres gaulois avaient pour le taureau un culte plus ou moins précis, plus ou moins prononcé. Or, ne l'oublions pas, « les divinités celtiques et romaines projettent encore leur ombre sur la caverne platonicienne où nous regardons se profiler le triple Dieu du Christianisme »...

Labourage nivernais, par ROSA BONHEUR.
Cliché Archives photographiques. Paris.

Vous ne pensez pas ainsi? Sans prétendre vous convaincre, je vous renverrai, si vous le voulez bien, aux grands maîtres flamands et à notre Rosa Bonheur.

Un trop rapide passage à Moulins — beaucoup de poussière — des rues... quelques vieilles pierres, dont certaines d'une tonalité presque rose, qui m'enchanta...

Et c'est tout — hélas oui — car je ne « connais » rien autre. Ce qui ne veut pas dire que j'ignore tant de merveilles naturelles ou humaines, tant de curiosités :

La source même et le petit ruisseau qui coule dans le vallon de Sainte-Eulalie. Le premier pont. Le premier château : Bouzols.

Le Velay et ses montagnes : « Lentement, à force de siècles, la Loire — a écrit Louis Barron — s'est frayé un lit à travers ces roches sombres et dures, les écartant, les déplaçant, les rongeant, comme une lime, se glissant entre elles comme une anguille ou bondissant par-dessus comme une chèvre. Dans son passage elle les a recouverts d'une couche de marne et d'argile, où des peupliers, des saules, des aulnes, penchés sur ses bords, ont trouvé la vie ».

Le cloître roman du Puy. Le dyke d'Aiguilhe et son baptistère romano-byzantin. La vallée du Lignon, le sombre Gévaudan, le lac du Bouchet. La Chaise-Dieu et ses trésors artistiques. Les Puys, les Monts Dore. Clermont-Ferrand, Royat, Riom. Le Forez, ses mines, ses forges... et le souvenir de « l'Astrée » d'Honoré d'Urfé !

Saint-Etienne, Saint-Galmier, Montrond, Montbrison. La Palisse, lieu natal du célèbre et, paraît-il, calomnié Monsieur du même nom. Vichy ; les stations thermales si variées, l'une des particularités et des supériorités de la douce France. Pouilly-sur-Loire, relativement pas très lointain de « son confrère » bourguignon. Nevers, le Nivernais et ses bois. Bourges — si nous faisions un peu l'école buissonnière je vous en pourrais parler longuement de cette ville de Bourges, où je fus, à la différence de toutes les autres ici

Honoré d'Urfé, par L. BEAUBRUN

Cliché Giraudon

rappelées... — Autun, la Charité, Gien et Sully-sur-Loire, berceau des « Œconomies royalles ».

*
* *

Non, ne regrettez pas trop ce que je passe ainsi à peu près sous silence.

Car c'est à partir d'Orléans que commence, pour se poursuivre jusques à Nantes, la marche triomphale du fleuve de Loire, la voie si belle que forme cette vallée parée de merveilles artistiques en accord si profond, si parfait avec son caractère si particulier et son inoubliable ciel.

Oui, la Loire s'avance au milieu de splendeurs de toutes sortes, matérielles et morales, de souvenirs nombreux, variés et très grands.

Splendeurs de la nature et de l'art. Châteaux de la Loire, l'un des ensembles architecturaux les plus remarquables de notre patrimoine national, si riche, cependant, en beautés de ce génre. Les châteaux eux-mêmes, et ce qu'ils contiennent. Nos artistes et leurs œuvres.

Cliché Félix Thiollier.

Château de La Batie, où Honoré d'Urfé écrivit « L'Astrée ».

LA VALLÉE DE LA LOIRE

Souvenirs ici réunis des différentes époques de notre histoire. Notre histoire, faite, comme toutes, de revers et de succès. Notre histoire qui tire sa grandeur et son sens véritable de sa continuité et de sa durée, de sa perpétuelle marche vers l'unité dans le cadre original de nos chères provinces, si différentes cependant les unes des autres. Quelle atmosphère, quel frémissement de vie — et quelle assemblée de morts augustes — quel ensemble ! sur lequel plane la mémoire de l'artiste prestigieux, à l'esprit encyclopédique, venu vers nous d'au delà des Alpes à l'époque étincelante de la Renaissance, je veux dire le grand Léonard...

*
* *

Quand on remonte le Nil, là-bas, fort loin, plus haut qu'Assouan, le regard, d'abord surpris, demeure confondu d'avoir contemplé les colosses d'Abou-Simbel, auprès de qui — à la lettre — les hommes sont tels des fourmis. Les puissants d'une époque ont voulu faire en ce lieu sculpter la falaise à leur ressemblance. Toutes les statues monumentales que le voyageur a laissées derrière lui sont, par celles-ci, largement dépassées.

Un grand nombre de nos compatriotes dont nous avons gardé le souvenir ont écrit, ou fait écrire, le long des rives de la Loire, avec du bois, des pierres, de la terre cuite et des ardoises un imposant poème, à la fois lyrique et épique. Ses diverses strophes, dont certaines atteignent le grandiose, sans jamais dépasser « la mesure française », vont se développant harmonieusement dans un cadre exceptionnel, amoureusement choisi, paré, embelli. Qualité de la lumière et des lignes, tonalité et douceur des horizons, finesse des perspectives et des courbes, tout, ici, respire l'intelligence, tout conseille la compréhension et l'indulgence. Les œuvres des hommes — heureuse exception — ne déparent pas la nature. Loin de là, elles lui sont parfaitement unies, elles se fondent en elle, la complètent et la précisent. Des

Colosses d'Abou-Simbel.

— 121 —

œuvres si variées encore une fois — et si nombreuses — émanant de personnalités si fortes, si accusées, qui marquèrent si profondément ces paysages de leur empreinte.

*
* *

Orléans ouvre la marche :

> « *Orléans, Beaugency,*
> *Notre-Dame de Cléry,*
> *Vendôme,*
> *Vendôme...* »

Qui expliquera jamais le charme profond, si subtil, si prenant, de ces quelques noms français ainsi juxtaposés?... Qu'importe l'impossible explication, pourvu qu'on en puisse jouir, de ce charme indicible, qu'on en puisse jouir comme d'un art jouxtant la perfection, « dépouillé » dirait-on, comme un vieux vin sachant merveilleusement vieillir... Mais oui, la comparaison est bonne. Dans un cas comme dans l'autre, il s'agit non pas d'art, mais de la nature même de la France et du « bouquet » de son passé uni à son présent :

> « *Orléans, Beaugency,*
> *Notre-Dame de Cléry,*
> *Vendôme,*
> *Vendôme...* »

Cléry : tombeau de Louis XI.

Orléans : Jeanne d'Arc et l'invasion anglaise... — 1870-1871 et l'invasion allemande... et toujours la France !

Meung : Jean de Meung et « Le Roman de la Rose » ; Beaugency : le début de la « Chronique du règne de Charles IX » de Mérimée ; Mer : moindres perles de la vaste guirlande, par moi seulement aperçues du chemin de fer et que je me borne à souhaiter visiter. Mer surtout, qui m'attire spécialement.

Ici encore, et déjà, le temps me fait défaut, comme la connaissance. Des volumes, d'ailleurs, seraient nécessaires et « je n'ai droit » qu'à quelques centaines de lignes (1).

Nous avons dépassé Chambord, et voici Blois.

De Chambord, ne faut-il pas surtout retenir, outre le déconcertant escalier, « petit temple isolé », « songe réalisé », écrivit Vigny, les terrasses surprenantes constituées par le toit. Sobre, sévère, trapu, presque lourd, le château lui-même semble n'être que la base, le piédestal, le prétexte de cette chose si originale, si exactement dissimulée au grand air, en plein jour, mais si haut, face au ciel. Paradoxe subtil et cachette dans la clarté. Mystère à force de s'étaler au soleil, hors de la vue d'en bas. Une sorte d'immense jardin à la merveilleuse et gracile flore pétrifiée domine tout l'édifice. On aime à se représenter, d'après le décor, ce que devaient être les scènes qui s'y déroulaient, la vie qu'on menait là. Que les nuits y doivent être admirables, les belles nuits calmes d'été, quand la lune verse sa molle clarté incertaine et que le ciel profond brille de tant d'étoiles d'or.

Blois : ville charmante par le murmure et la ligne des eaux de la Loire, son pont

____

(1) Voir p. 115, renvoi.

Château de Chambord.

« fait en 1724, augendo populorum commercio », comme l'indique l'une des médailles du règne de Louis XV, ses églises, ses différences de niveau, ses terrasses, son « pavillon d'Anne de Bretagne » à l'élégante coiffe et son remarquable « château synthèse », histoire de l'architecture et histoire tout court, du XIIIe au XVIIe siècle !... Union de la Bretagne à la France qui, détail peu connu, plaça seule sous l'autorité de la maison royale cette terre si proche de Paris : le Comté de Montfort l'Amaury. La

Château de Blois.

Clichés Yvon.

Agrippa d'Aubigné.
(Cliché Giraudon.)

Ligue et ses horreurs, banalement rappelées par le guide (je vous assure qu'on a grand tort de ne pas lire davantage Vitet). La Renaissance...

Un regret au passage pour le somptueux Cheverny.

La silhouette de Chaumont : un grand toit régulier et, à droite, une tour pointue. Une belle terrasse avec un puits, paraît-il.

Une fois de plus, je descends la vallée familière et si chère. Nous sommes en septembre. Pour vous, j'ai griffonné ces mots :

De grosses citrouilles jaunissantes qui me font songer à un septembre italien. Des meules soigneusement bâchées. Les rideaux de peupliers. Les feuilles desséchées du maïs, les feuilles vertes et les fleurs d'or des topinambours...

Mais voici Amboise, dominant le miroir du fleuve tout proche. Une allée rectiligne, bien taillée. La grosse tour qui se peut gravir à cheval. Le château proprement dit, briques et pierres. Et puis les jardins, les délicieux jardins dominant la Loire.

C'est là-bas, vers la droite, que se trouve, isolée, l'exquise petite chapelle Saint-Hubert à l'entrée surmontée d'une si fine scène sculptée. Ses animaux naïfs me sont des amis infiniment chers. Non, jamais je ne serai chasseur.

Amboise : ici mourut Léonard. « Le Tumulte d'Amboise », évoqué par Agrippa d'Aubigné, poète étrange et puissant, dont les vers audacieux sont rudes, violents et retentissants comme de furieux coups d'épée s'entrechoquant, profonds comme de sombres puits... Vous en souhaitez un exemple au hasard ? En voici deux :

« La France donc encore est pareille au vaisseau
Qui, outragé des vents, des rochers et de l'eau,
Loge deux ennemis: l'un tient avec sa troupe
La proüe, et l'autre a pris sa retraite à la pouppe.

De canons et de feux chacun met en esclats
La moitié qui s'oppose, et font verser en bas,
L'un et l'autre enyvré des eaux et de l'envie,
Ensemble le navire et la charge et la vie... »

Amboise. — Portail de la Chapelle Saint-Hubert.
(Cliché Yvon.)

LA VALLÉE DE LA LOIRE

« Mais, quoy ! tu ne fus oncq si fière en ta puissance,
Si roide en tes efforts, ô furieuse France !
C'est ainsy que les nerfs des jambes et des bras
Roidissent au mourant à l'heure du trespas ».

Amboise où vécut Abd-el-Kader, prisonnier de la France...

Laissons-nous reprendre par « le charme souriant et mesuré des bords de la Loire » affirmé par Claude Farrère au début de cet ouvrage (1).

Continuons de lire les notes que pour vous j'ai prises.

Voici, avec son allée centrale de cyprès, un petit cimetière dans le goût méditerranéen. Voici la pagode de Chanteloup. Des araires, des asperges. Des falaises blanches, avec des grottes. Des trembles aux feuilles mouvantes sur leurs pédoncules spéciaux. Les clochers sont aigus, d'une finesse extrême. Des arbres et une végétation dans les tons gris et argent. Des maisons blanches, faites de cette pierre si tendre, trop tendre, hélas, car elle laisse se diluer tant et tant de sculptures qui lui furent imprudemment confiées... De fines ardoises. De lourdes tuiles brunissantes...

Vouvray, Montlouis... c'est le début du gai cortège qui nous accompagnera jusques à Nantes, patrie du Muscadet. La remarquable assemblée des vins de Touraine, Saumurois, Anjou et pays de Nantes commence en ces lieux. Quel choix faire, ici encore, quel vin citer ?

Vouvray, Montlouis, Chinon, Bourgueil, Joué, Saumur, coteaux du Layon... Vins de la vallée de la Loire, chefs-d'œuvre de la nature française et du paysan français. Faute de pouvoir bien analyser les qualités du Bourgueil, depuis sa coloration grenat translucide jusqu'à son goût généreux et fin, en passant par son parfum original et vivant, du Bourgueil qui, sans jeu de mots, fait, en moins troublant, j'allais écrire en plus humain, songer à certains bourgognes, oui, faute de cela, je vais tenter de louer ici le vin de Joué, que les Tourangeaux appellent « noble » : le noble Joué. Mousseux comme le champagne, il est d'un rosé de pierre d'Alsace. Les bulles qui, joyeusement, le traversent, s'irisent d'originale façon. On y voit jouer tout ensemble l'or des épis de blé et le reflet de la fleur simple du sainfoin. « Labourage et pâturage sont les deux mamelles de la France ». — Sec, un peu âpre, il a du corps, du montant. C'est un vrai vin, en même temps qu'une joie qui pétille.

Des citrouilles, sans verdure cette fois, qui font songer à des champs de cailloux.

Nous arrivons à Tours en Touraine, au centre du pays des châteaux, ce me semble.

« En la grande abondance de toutes choses nécessaires et gracieuses, rien ne lui fait défaut » a dit de la Touraine le bon sens populaire.

« Je suis né et ai esté nourry jeune au jardin de France, c'est Touraine » a écrit Rabelais.

Je n'ajouterai pas grand chose à ces deux si simples phrases.

Ce n'est pas que je sois hors d'état de vous entretenir longuement de la bonne

---

(1) « Le Visage de la France » tome I⁰ʳ, premier fascicule : « La Côte d'Azur », par Claude Farrère page 10. — Voir la note de la page 115.

ville de Tours. Du marché aux fleurs, frais de coloris, qui se tient sur l'ombreux boulevard Béranger, de la tour Charlemagne, de l'hôtel Gouin, de la basilique Saint-Martin et de son cloître, d'une svelte fontaine que je connais parfaitement, si j'en ignore le nom, de Saint-Julien, de la tour de Guise. Ceci sans oublier nullement la cathédrale, ses deux tours, ses admirables vitraux, sa rosace si impressionnante au soleil couchant surtout. Rien ne me serait plus aisé, tout en me charmant... Et les environs mêmes de la cathédrale : la petite rue Grégoire de Tours, la délicieuse et minuscule place qui fait un cadre heureux à la noble abside, le cloître Saint-Gatien et la rue de La Psallette. Je pourrais aussi évoquer Balzac et « Le curé de Tours ».

Tours, ville d'art justement célèbre où, depuis quelques années, choix qui témoigne d'un tact exquis, la place de l'Archevêché — devenu Musée — se nomme place Emile Zola.

Devant la cathédrale, j'ai vu des Américains jouer à la balle par un beau soir d'été, comme je les ai entendus donner des concerts boulevard Béranger, y jouer l'Hymne national américain et la Marseillaise... Il faut être juste et ne pas oublier, malgré l'avant-guerre, Wilson et l'après-guerre, que Tours, comme tant d'autres cités de la vallée de la Loire, fut garnison américaine. Que ce temps est donc moralement lointain !...

Et la « Rue du temps passé ». Et la belle voie rectiligne qui porte successivement les noms d'avenue de Grammont, rue Nationale, pour devenir, la Loire franchie, « la tranchée » bordée de marronniers d'un beau rose au printemps. Et la rue Jules Moinaux. Et les îles toutes feuillues...

Je pourrais encore vous décrire un limpide matin d'automne, réelle féerie de couleurs dans l'air d'une absolue transparence. Nous marchions sur la rive gauche du fleuve. Nous laissions derrière nous le beau pont tout simple d'où deux escaliers

Tours — Le Pont de pierre.

ornés chacun d'un vase, descendent vers
la berge. Nous laissions derrière nous les
deux petits jardins où s'élèvent les statues
de Rabelais et Descartes.

Rabelais, natif de Chinon devant que
d'être curé de Meudon. Rabelais que, je
l'avoue à ma honte, semblable en cela, je le
crains, à nombre de mes contemporains,
j'admire un peu de confiance, sans l'avoir
beaucoup fréquenté personnellement.

Descartes, la limpidité du ciel tourangeau, la netteté des horizons du jardin de
la France, un jardin à la Le Nôtre, « à la
française ». De l'ordre, de la logique, du
bon sens, nul désordre.

Nous laissions derrière nous ces deux
pavillons du xviiie siècle, si nobles de
lignes, si bien proportionnés, dont l'un
abrite, si ma mémoire ne me trahit pas, les
archives du département ou de la ville. Est-

Portrait de R. Descartes, par FRANS HALS.
Cliché Archives photographiques. Paris.

ce le même, je ne sais, qui conserve, fiché dans son élégant fronton, un boulet de
canon allemand? — tangible leçon d'histoire. Car, vous savez, les Allemands sont
venus à Tours lors de l'avant-dernière guerre.

Nous marchions dans la direction approximative du lieu où Anatole France,
tourangeau d'adoption, achevait de lentement mourir, Anatole France dont j'ai lu
et relu tous les livres (sauf sa « Vie de Jeanne d'Arc »). Anatole France à qui ma
pensée doit tant de divertissements. Le séduisant et polyphile Anatole France, si
intelligent... si intelligent et qui n'a cependant pas su — ou voulu — comprendre
la leçon de ce boulet brutal, malgré deux guerres ! Ce dont je ne puis ne pas le mépriser
un peu — ou le plaindre, si vous préférez...

Une journée douce et rousse comme un rayon de miel...

Que tu es belle à l'automne, dans ta parure de vignes vertes, brunes, jaunes,
rouges, roses et dorées, chère Touraine où naquit René Boylesve. « Personne, ont
très justement observé Jérôme et Jean Tharaud, n'a mieux exprimé que Boylesve la
douceur de la Touraine sans pourtant se livrer jamais au plaisir de la décrire ».
Imitons à ce point de vue, cela ne dépasse pas la limite de nos faibles moyens, le
père du méditatif « enfant à la balustrade », ce littérateur si bien équilibré dont
Franc-Nohain, à propos de son décès, a pu écrire avec tant d'à-propos : « Des
bords de la Loire au lac Majeur, il y a un grand vide, et une sorte de stupeur désolée,
comme lorsque vient à se briser une des cordes de la lyre... »

La mémoire tourmentée de ce déconcertant Paul-Louis Courier, qui aimait
à se qualifier de « vigneron tourangeau », habite aussi ces rives où il vécut et travailla
avant que d'y trouver une mort mystérieuse.

Je vous pourrais entretenir également des petites localités proches, comme Saint-
Avertin — Saint malheureusement trop peu honoré —, Rochecorbon ou Veretz. Je
pourrais vous parler de l'intéressant monument aux morts de Sorigny, vous rappeler
ces puits, surmontés d'une sorte de niche de pierres, qui, à l'ombre d'un arbre, ou

encore avec une vigne, voire un humble chou monté haut sur sa tige, « composent » de petits tableaux non dépourvus de charme, que vient parfois rehausser la tache cuivrée des épis du maïs qui sèchent. Oui, mais cela nous entraînerait beaucoup trop loin. Ce pour quoi je vous vais conduire plus loin encore.

La quiète ville de Tours, comme une reine du temps passé entourée de seigneurs empressés à lui complaire, trône au milieu d'une couronne de remarquables châteaux.

Tout proche, le modeste Plessis-lez-Tours de cet énigmatique Louis XI, à la fois si attirant et si repoussant. Plessis-lez-Tours si délabré, présentement sorte de musée, plus ou moins d'histoire naturelle, savez-vous bien !...

A quelque distance déjà, Luynes, grand nom, dignité, tristesse, noble allure, beauté, si bien perché le long du fleuve, si ramassé et si élégamment altier tout ensemble.

Dans les environs, les ruines d'un aqueduc romain. Car enfin, les Romains... mais cela nous éloignerait par trop du fleuve de Loire. Bornons-nous, cet aqueduc nous y convie en quelque manière, à un bref rappel du « bain de la dame romaine »..., dont l'auteur écrivit aussi « Cinq-Mars »...

Et voici Cinq-Mars-la-Pile et ses pierres grises, très simples.

Langeais, château féodal, en partie ruiné, en partie habité. Impression toujours agréable pour le visiteur, particulièrement en une demeure comme celle-ci, où elle vient heureusement nuancer la rudesse du genre. Mais comme les propriétaires ont du mérite !

Villandry, douves avec des cygnes, terrasses aux arbres taillés, treilles, jardins à la française que le propriétaire actuel a fait rétablir, pendant qu'il rénovait aussi des potagers uniques je crois, belle ordonnance des façades. De l'ordre partout, encore et toujours.

Azay-le-Rideau... Il est, j'en suis malheureusement convaincu, impossible d'exprimer avec les mots dont je dispose tout ce qui chante en ma mémoire à entendre ces trois mots si français : Azay-le-Rideau. Le site extraordinaire sans être maniéré : la verdure, les fleurs, l'eau qui enserre et caresse, ses poissons vifs. Les bâtiments si parfaitement élégants, aux proportions si heureuses. La Renaissance ici, sans omettre de rappeler le gothique tout proche, sut, en s'inspirant de l'antique, faire pressentir le style classique français qui allait naître. Tant de détails qui, impérieusement et doucement, vous arrêtent. L'intérieur, aménagé en musée, ne m'a laissé qu'un souvenir vraiment digne de ce nom : un audacieux portrait de Gabrielle d'Estrées.

La légende rapporte qu'Azay fut, en 1905, acquis par l'État français pour deux cent mille francs...

Loches, lieu de naissance d'Alfred de Vigny. Loches, ses toits pointus, ses portes et son hôtel de ville. Son château, logis du roi et donjon, la collégiale Saint-Ours. Les chiens de pierre, l'oratoire d'Anne de Bretagne, la tombe d'Agnès Sorel, de nombreux cachots et de plus nombreuses histoires en marge de l'Histoire.

Chenonceaux :

> *« Basti si magnifiquement,*
> *Il est debout comme un géant*
> *Dedant le lit de la rivière,*
> *C'est-à-dire dessus un pont*
> *Qui porte cent toises de long. »*

Château

de

Luynes

Château

de

Villandry.

Château

d'Azay-le-Rideau.

Clichés Yvon.

Agnès Sorel
par un artiste inconnu du XVIe siècle collection du duc de Mouchy.
Cliché Giraudon.

Chenonceaux que, par une fortune singulière, ma mémoire me fait voir, par un sombre jour de janvier, sous la neige qui tombe doucement, au milieu d'arbres noirs et dépouillés, surmontant une eau lourde et pressée...

Ce qui n'empêche Chenonceaux d'être un château féminin...

Et j'en passe : Ussé, Montbazon, Montrésor, Montrichard, Chinon... et j'en oublie.

Avant que de te quitter, Touraine, laisse-moi te dire, dernier hommage de ce voyage-ci, que ton fils Alfred de Vigny eut bien raison d'écrire :

« Si vous avez traversé, dans les mois d'été, la belle Touraine, vous aurez longtemps suivi la Loire paisible avec enchantement, vous aurez regretté de ne pouvoir déterminer, entre les deux rives, celle où vous choisirez votre demeure pour y oublier les hommes auprès d'un être aimé. »

Reprenons le fil de la vallée :

Prairies, mélancoliques et si gracieux colchiques mauves. Des bestiaux et des betteraves. Symbolique concentration française, l'agriculture et l'élevage de partout, la matière première d'une industrie plus spéciale au nord. Des puits, un moulin, des cheminées en damiers rouges et blancs. Le royaume de l'ardoise qui commence.

Saumur. A propos de Chambord, Vigny — oui, encore lui, pardon, mais c'est presque la dernière fois — songeait à l'Orient. Avec votre permission, c'est à propos de Saumur que je le ferai. Sa blanche silhouette, nette et lumineuse, sous le soleil, m'a remémoré les pays où il règne en maître incontesté.

Saumur. Son château, le musée du cheval, l'école de cavalerie — et, par association d'idées, le concours hippique. Des souvenirs de famille.

Et, bien proche dans l'espace, un souvenir d'enfance, si profond : une visite à Fontevrault. Son monastère, oui certes, son cloître et l'admirable abside romane, oui. — Oui — mais la maison centrale aussi, mon premier vrai contact avec les tares

Portrait de Gabrielle d'Estrée et de ses enfants,
le duc et le chevalier de Vendôme.
par un artiste inconnu du XVIe siècle

Château de Chenonceaux.

de l'humanité, les vieux récidivistes dans leur triple enceinte, les ateliers dont la visite était interdite aux femmes, les tribunaux pénitentiaires, les tatouages...

Premier souvenir également des caves creusées dans le tuffeau et des demeures de troglodytes.

Château d'Angers.

(Clichés Yvon.)

Pas bien loin, Montsoreau — il serait par trop injuste de n'avoir pas un souvenir pour Alexandre Dumas.

Angers. Une ville si gaie, si agréable, vivante, ouverte, accueillante, sympathique.

Le robuste château du bon roi René demeure profondément mutilé, malgré ses dix-sept tours. Quelle destinée que celle de ce René Premier, Duc de Bar et de Lorraine, Comte de Provence, Roi de Naples et de Sicile, né à Angers, mort à Aix-en-Provence — où, comme ici, s'élève sa statue. Au milieu des incidents sans cesse renaissants d'une carrière particulièrement tumultueuse, il sut conserver l'estime générale et se faire une réputation de protecteur des lettres et des arts — qu'il cultivait un peu pour son propre compte.

Le Roi René d'Anjou, fragment d'un dyptique. par NICOLAS FROMENT. Cliché Archives photographiques. Paris.

La très originale « maison d'Adam » est l'un de mes préférés parmi les vieux logis de France.

Angers, ville de pierres blanches et d'ardoises.

Anjou, contrée douce et hospitalière, facile ; Anjou, contrée riche où tout semble aisé.

Malgré l'envahissante unification, tu as su laisser chanter dans la voix de tes femmes — délicieux paradoxe — comme une sorte d'indéfinissable écho d'accent.

Te voici donc maintenant, petit Loir mutin. Indolent et somnolent, tu flânes, tu t'attardes au milieu de riantes prairies ; presque sommeillant, tu joues parmi les joncs et les roseaux dont ton cours est bordé.

Durtal est tien, rude château féodal avec des tours aux toits en éteignoir. Durtal, nom qui évoque Durandal, la fidèle épée de Roland, commandant des marches de Bretagne avant l'expédition d'Espagne. Nom qui fait songer au roc. Sans rien lui enlever de son caractère, petit Loir, tu as réussi à en faire quelque chose de doux, d'amical.

La vallée, de nouveau, nous entraîne, nous roule :

Des falaises jaunes et brunes. Les premières vaches bretonnes. L'un de ces obélisques blancs, surmontés d'une boule, petits monuments fréquents en Touraine.

Des verdures grises, des canaux, des îles, des sables très roses, des bateaux plats. Encore des moulins à vent. Du chanvre.

La vallée devient moins large. La tour de Oudon apparaît et disparaît. Une impression maritime, la première depuis Paris, indéfinissable, mais si nette.

Des chênes, des fougères puis le premier clocher faisant par son architecture songer à la Bretagne proche.

De petits barrages faits de poteaux et de claies. Des enfants jouant sur un banc de sables déposé par le fleuve qui, quelque jour, l'emportera.

Cliché Yvon.

Angers. — Maison du XVᵉ siècle, dite « Maison d'Adam ».

La vallée s'élargit, et c'est Nantes.

Drôle de ligne que celle de Paris à Quimper, elle a manqué Tours après avoir manqué Orléans... Est-ce pour « se rattraper » qu'elle a coupé Nantes par le travers ? Qu'importe. Ainsi nous suivons les quais, jadis sillonnés, outre les trains, par de surprenants tramways à air comprimé, les îles, la farandole impressionnante des maisons du XVIIIe siècle, leurs balcons aux ferronneries intéressantes, leurs sculptures, leurs vitres irisées. Certaines de ces respectables demeures font penser à de petites personnes très âgées, toutes menues, qui ne sauraient se tenir debout sans le secours de quelqu'un, ou de quelque chose. Elles s'appuient les unes aux autres et semblent sur le point de tomber. Elles sont ainsi depuis que je me connais.

On voit aussi — fort heureusement — le château d'Anne de Bretagne, si breton, nettement, franchement, indiscutablement celui-là, si profondément différent de tout ce que la vallée nous montra jusqu'alors.

Des promenades, des arbres, de l'eau.

Et puis la cathédrale, si blanche, qui contient deux très beaux tombeaux, chefs-d'œuvre du genre, faits de marbre — blanc, noir, vert — et de bronze. Un ancien, celui de François II, Duc de Bretagne, et de Marguerite de Foix ; un moderne, celui de Lamoricière.

Pas très loin, sur la rive gauche du fleuve, il y a Clisson, qui tant et tant me plut, avec ses montées et descentes, ses ruines, son eau paisible et son pont qui l'enjambe en hésitant dirait-on...

*
* *

Cette fin de la Loire aurait pu, dans notre division du début, être mise à part, tant elle ressemble peu à la première partie de son cours et à ce que nous venons d'évoquer de la seconde.

Anne de Bretagne.
Statue ornant le jardin du Luxembourg, à Paris.
:Cliché Archives photographiques. Paris.:

LA VALLÉE DE LA LOIRE

Des docks, des usines, des chantiers. Bientôt Indret, dont Daudet nous parla dans « Jack », d'autres établissements métallurgiques ou mécaniques.

Un pays vert, herbeux et plat. C'est cependant, sur la rive droite, la Bretagne commençante : des talus, des pins, du blé noir, et des vignes ! des vignes au milieu des pommiers.

Un pays plat, sans grand caractère. C'est lui cependant qui cachait cette Brière qui nous fut récemment révélée par un livre âpre, attachant et désagréable.

Un pays plat, du sable, Paimbœuf, et puis Saint-Nazaire, les bassins, les constructions navales. L'estuaire, l'océan tour à tour berceur et furieux. Les paquebots, les voyages au long cours, les contrées lointaines qu'évoquent certains des souvenirs des temps révolus si intelligemment et heureusement réunis au Musée Dobrée à Nantes : les grands navires et les barques de pêche : « le peuple de la mer ». Le large.

*
* *

Et pour finir, amy lecteur, venez, si m'en croyez, faire avec moi le pèlerinage de la source du Loiret, cet autre petit Loir. Retournons sur nos pas, fort loin, pour gagner Olivet.

Je répondrai ce faisant à une invitation qui me fut souvent adressée, et à laquelle, malheureusement, malgré la proximité, je n'ai jamais pu me rendre.

C'est le soir d'un beau jour. Un grand calme, une étrange paix règnent. Tout s'est tu. Les oiseaux mêmes ont cessé leurs cris. Les arbres voisins et la prairie sont d'un vert profond. Le ciel, d'un bleu très pâle, garde toutes les indéfinissables séductions qui lui sont habituelles en ces lieux. Un ciel, pour tout dire, à nul autre second ; si ce n'est, peut-être, au fin et spirituel ciel de l'Ile-de-France. Un ciel idéal, immatériel, lavé de toute souillure, où quelques lambeaux de pourpre et d'or demeurent seuls.

Et cet ensemble bleu pâle, vert foncé, rouge et jaune se reflète dans le crystal d'une onde pure.

D'un mouvement lent, invisible, insensible, insaisissable et irrésistible pourtant, l'eau monte. Les secondes, les minutes, les heures, les jours, les nuits, les semaines, les mois, les saisons, les années, les lustres, les siècles, les millénaires passent — et l'eau monte, monte toujours, sans cesse. Elle monte de la terre de France, pour se venir doucement et majestueusement épanouir à la face des choses visibles, puis prendre son cours vers le val de Loire.

Je me penche et regarde... et je vois...

Mais avec moi venez. Penchez-vous et regardez aussi. Regardez avec ferveur, regardez avec foi. Car si les miracles, d'aventure, illuminent d'une aveuglante clarté la pensée des incroyants, il est plus naturel qu'ils se produisent généralement en faveur de ceux qui sincèrement et habituellement croient.

Regardez... ne voyez-vous pas, petit à petit, dans cette eau transparente, dans ces profondeurs vertes, apparaître, puis se préciser de telle sorte que vous ne voyez plus que lui, le clair et noble visage de notre chère, belle et douce France ?... Voyez ; il est si expressif, si simple, tout ensemble, et si émouvant, si varié, si nuancé. Toujours jeune, il possède le secret de demeurer identique à lui-même sous ses formes différentes. A tous il tient, par son seul aspect, de silencieux discours en un langage captivant, persuasif, enchanteur. De grandes leçons émanent de lui.

Oui, vous avez eu la ferveur voulue, et le miracle, pour vous, s'est produit.

Le premier miracle, car en voici un second :

Je viens d'écrire : « silencieux discours » et j'ai eu tort.

N'entendez-vous pas, dans le silence et l'apaisement du soir, une voix qui monte? Une voix très douce, très faible, une voix de près de quatre cents ans, très nette, très perceptible pourtant.

Oui, le clair et noble visage de notre chère, belle et douce France emprunte ce soir pour vous la voix de celui qui défendit et illustra jadis la langue française.

Oui, c'est bien Joachim du Bellay qui parle.

Aux trois poètes dont, depuis un instant, j'ai volontairement emprunté des expressions, voici que vient se joindre la voix même de la France, issue, avec l'eau, du plus intime d'elle-même. Et que nous dit donc cette voix, en termes simples, choisis, élégants, précis et mesurés?

> *Heureux qui, comme Ulysse, a fait un beau voyage,*
> *Ou comme cestuy là qui conquit la toyson,*
> *Et puis est retourné, plein d'usage et raison,*
> *Vivre entre ses parens le reste de son aage!*
>
> *Quand revoirai-je, hélas, de mon petit village*
> *Fumer la cheminée, et en quelle saison*
> *Revoiray-je le clos de ma pauvre maison,*
> *Qui m'est une province, et beaucoup davantage?*
>
> *Plus me plaist le séjour qu'ont basty mes aïeux,*
> *Que des palais romains le front audacieux :*
> *Plus que le marbre dur me plaist l'ardoise fine,*
>
> *Plus mon Loyre gaulois que le Tybre latin,*
> *Plus mon petit Lyré que le mont Palatin,*
> *Et plus que l'air marin la doulceur angevine ».*

GEORGES PHILIPPAR,
de l'Académie de Marine,
Président de la Compagnie des Messageries Maritimes.

LA FRANCE
PAYS DE TOURISME

par

ROUX-SERVINE

ODERNES commentatrices de l' « invitation au voyage », les affiches touristiques happent les regards du passant et le projettent hors de lui-même ; la vie quotidienne s'abolit pour lui un instant et le rêve l'emporte à travers le monde qu'il imagine d'après des images. Océans, fleuves, lacs, pics, gorges, forêts, cités, palais, cathédrales, défilent devant ses yeux charmés, à la cadence du steamer, de l'auto, du train, de l'avion...

Le pays de France ne déçoit pas le voyageur qui, après l'avoir rêvé sous l'influence insidieuse des affiches, entreprend de le découvrir dans sa réalité.

Entre ses frontières maritimes et terrestres : Manche, Atlantique, Méditerranée, Pyrénées, Alpes, Jura, la France possède d'innombrables merveilles de la nature et combien de chefs-d'œuvre des hommes.

Que faut-il au touriste? Des chemins de fer aux trains rapides, des routes bien entretenues, des hôtels confortables, une cuisine et des vins d'irréprochable qualité. Tout cela, il peut être assuré de le trouver chez nous.

Les Français, gens courtois, admirent avec raison les chemins de fer des pays voisins du leur. Peut-être oublient-ils qu'ils disposent, sur leur propre territoire, des moyens de locomotion les plus rapides et les plus perfectionnés.

Mais, si les Français, prompts à dénigrer les choses de chez eux, ont une tendance à n'admirer qu'en dehors de leurs frontières, les étrangers n'ignorent rien des commodités de ces « trains bleus », de ces « étoiles », de ces « flèches » qui filent vers nos plages, nos villes d'eaux, nos cités d'art, nos capitales industrielles, nos stations d'altitude, nos centres de sports.

Ils savent aussi apprécier le réseau magnifique, incomparable, des routes de France, de cet ancien « pavé du Roi » sous le séculaire ombrage des arbres qui le bordent et dont les automobilistes connaissent les moindres détours ; routes nationales, routes départementales, routes de grande communication, aux bornes coiffées de rouge ou de bleu ; chemins qui s'accrochent au flanc des coteaux, qui paressent le long

des vallées, qui serpentent à travers bois, que bordent prairies et vergers ; grandes
voies escaladant les cimes et de réputation mondiale : route des Vosges, route du
Jura, route des Alpes, route des Pyrénées que les services d'autocars des compagnies
de chemins de fer ont mises à la portée de tous ; et celles qui conduisent vers les
grèves normandes, vers les calvaires bretons, vers les châteaux de la Loire, vers les
gorges du Tarn, vers les ruines d'un passé glorieux, en Aquitaine, en Languedoc, dans
la Provence romaine et médiévale ; route de la Riviera méditerranéenne, de la « Côte
d'Azur » dont le nom seul, quand on le prononce, impose à l'esprit ses images, son
parfum, sa couleur...

Toutes ces routes de France lient, comme des rubans, les bourgades et les cités
où, au hasard des randonnées, on appréciera l'agrément du gîte d'étape. Telle auberge

n'a pas grande apparence ; son voisin le palace prend des airs plus avantageux. Mais le
confort est partout maintenant. Des lits
nets et larges, des draps qui sentent la
lavande, de l'eau à profusion, chaude et froi-
de. De l'eau, et du vin aussi, grâce à Dieu !

Royaumes admirables de Bourgogne,
de Champagne, du Bordelais, de l'Anjou,
du Val de Loire, du Val de Rhône, vos fines
bouteilles font l'orgueil des tables chargées
de mets succulents. Chaque ville livre son
secret, donne sa recette, offre sa spécialité
savoureuse. La gourmandise est vraiment
fille de France ; elle est vertu cardinale,
quoi qu'en pensent les théologiens.

Ah ! quel beau voyage gastronomique
peut faire, en France, le touriste gourmand !
Il promènera sa curiosité à travers la
grasse Normandie où les bœufs paissent
sous les pommiers ; devant les rochers de
Bretagne plantés de croix sculptées ; parmi

Cliché J.-E. Auclair-Melot.

Pleyben (Finistère). — L'église et le calvaire.

Pierrefonds. — Le Château.

Niort. — Ancien Hôtel de Ville.

le Périgord qui sent la truffe, la Gascogne confite en la dévotion de l'oie : le Languedoc de la brandade, la Provence de la bouillabaisse et de l'aïoli, le Dauphiné des gratins, la Bresse des volailles, le Charolais des viandes saignantes, la Savoie des fromages, la Franche-Comté des vins d'or...

Certes, la chère est fine en France et de haut goût, chacun le sait, et le renom des crus français a passé les frontières. Louis Forest, gourmand émérite, conseille aux touristes de se montrer « difficiles devant l'assiette ». Il les y invite en ajoutant qu'ils participeront ainsi, fort agréablement d'ailleurs, à la perfection d'une cuisine qui exige à la fois « le goût, le soin, la science, la patience, l'expérience, l'originalité, le tact, l'esprit, l'amour ! »

Cette énumération de qualités ne s'appilquerait-elle pas aussi au touriste en quête de satisfactions gustatives autant

Le château de La Ferté-Milon.

qu'olfactives, tactiles, auditives, visuelles ? Celui qui les réunit peut prétendre à toutes les joies, il prendra plaisir à découvrir les côtes françaises, les falaises, les dunes, les estuaires de la basse Flandre ; les rivages verdoyants du Boulonnais ; les « planches » mondaines de Trouville, de Deauville ; il admirera la silhouette romantique du Mont Saint-Michel aussi bien que les remparts du Saint-Malo des corsaires ; les grèves de la Baule, de Pornichet, des Sables-d'Olonne, de Royan qui se baignent dans l'Océan ; le bassin d'Arcachon qui sent la résine des pins dont il est entouré ; Pau, dont la terrasse domine le Gave et regarde les Pyrénées ; l'élégante Biarritz entre Hendaye et Saint-Jean-de-Luz en pays basque ; puis, après l'impressionnante apparition de la formidable cité de Carcassonne, contournant le golfe du Lion jusqu'aux « lones » de Camargue dans le delta du Rhône, au delà de

Carcassonne. — La cité, la porte d'Aude et les remparts.

Strasbourg. — La Petite-France.

Cliché G. J.

Avignon. — Pont Saint-Bénezet.

Nice. — La promenade des Anglais.

Nîmes-la-Romaine, de l'Avignon des Papes, d'Arles la Grecque, il s'attardera dans Marseille « porte de l'Orient » au port de lumière où le mistral fait claquer les oriflammes de toutes les nations, avant d'accéder à cette terre promise qu'est la Riviera des Maures et de l'Estérel, aux villes fleuries devant la mer bleue, aux villes dont les noms chantent et enchantent : Hyères, Cannes, Nice, Monte-Carlo, Menton...

A l'intérieur du pays— sans parler de Paris, centre rayonnant où aboutissent et d'où partent les touristes du monde entier et dont le prestige est unique — combien de stations de séjour s'offrent au choix du voyageur, depuis la faible altitude jusqu'au pied des glaciers des Pyrénées et de l'Alpe française où se dresse, gigantesque, le Mont Blanc.

Si la France est, par excellence, la terre des vins, la France est aussi le pays privilégié des eaux, des eaux

Chamonix. — Le Mont Blanc.

qui guérissent et qui régénèrent. Et ces sources jaillissent du sol dans les régions magnifiques de haute et de moyenne altitude où les installations hydrothérapiques, les hôtelleries, les villas se sont progressivement développées, ajoutant à la beauté naturelle des sites tout ce qui peut rendre la vie facile, aimable.

Que ce soit à Vittel, Contrexéville, Plombières, dans les Vosges ; à Lons-le-Saunier, Salins, Besançon, Divonne, dans le Jura ; que ce soit dans les Alpes savoyardes, à Evian sur le Léman, à Aix-les-Bains sur le lac du Bourget, à Challes, à Brides, à Saint-Gervais au pied du Mont Blanc ; que ce soit à Uriage, aux portes de Grenoble, à Allevard dans les Alpes du Dauphiné ; à Saint-Honoré, Bourbon-Lancy, Bourbon-l'Archambault, dans le Centre ; que ce soit en Auvergne, à Vichy de réputation mondiale, à Châtel-Guyon, Royat, Saint-Nectaire, la Bourboule, le Mont Dore ; à Vals au cœur du Vivarais, à Lamalou dans les Cévennes ; au Boulou, Amélie-les-Bains, Ax-les-Thermes, Bagnères, Barèges, Cauterets, Dax, dans les Pyrénées, partout, partout, les pauvres misères corporelles s'atténuent, s'évanouissent, disparaissent par la grâce des sources bienfaisantes, dispensatrices de santé.

Oui, la France est bien le pays du tourisme et chacun y trouve ce qu'il y cherche, suivant ses tendances et ses goûts.

Roux-Servine.

Exposition de tapis algériens. — Art rustique et décoration.

École indigène de filles (Alger). — L'atelier de tapis.

École indigène de filles. — L'atelier des petites brodeuses.

L'INSTRUCTION PUBLIQUE MUSULMANE
ET LE RENOUVEAU
DES ARTS INDIGÈNES EN ALGÉRIE

par

Rodolphe REY

ORSQUE les méfaits persistants de la piraterie barbaresque eut contraint la France, en 1830, à en occuper le repaire d'Alger, il lui fut nécessaire, pendant longtemps, de consacrer ses forces à la pénétration méthodique du pays. L'anarchie régnait dans ce vaste territoire, et, en dehors des rares agglomérations urbaines, l'insécurité dévastait et dépeuplait les campagnes.

Sitôt que, sous le nouveau régime institué par une nation civilisatrice, l'ordre se fut étendu au loin, on vit s'accroître rapidement le bien-être des populations musulmanes. Grâce à la multiplication des routes et des moyens de communication, d'immenses espaces, jusqu'alors en friche, purent être mis en valeur. Les indigènes, que ne décimaient plus périodiquement la disette et les épidémies, et dont le nombre ne cessait de s'accroître, constataient, au contact de nos colons, la supériorité de nos méthodes agricoles. Ils ne demandaient qu'à nous imiter et à profiter de notre exemple.

Le Gouvernement, soutenu dans ses efforts par l'unanimité de l'opinion française, se proposa dès lors de donner l'instruction aux enfants arabes et kabyles. Avant notre venue, l'enseignement public n'existait nulle part. Dans les rares villes, de petites écoles coraniques groupaient une population enfantine à laquelle quelque vieux taleb apprenait, la gaule à la main, à épeler en chantant les versets du livre sacré. La lente pacification du territoire enfin achevée, partout s'ouvrirent des écoles, grâce aux libéralités budgétaires de la Métropole. L'autonomie financière concédée à la Colonie, il y a près de trente ans, permit d'accentuer cet effort. On peut rendre cette justice aux Français d'Algérie qu'ils n'ont pas marchandé les sacrifices en faveur de leurs frères d'Islam. Jamais les Assemblées locales ne refusèrent les crédits que l'Administration leur demanda en faveur du développement de l'instruction publique.

Le succès a récompensé cette généreuse entreprise. Vite convaincus de notre respect pour leurs traditions et leurs croyances, nos sujets n'hésitèrent pas à nous confier leurs fils. Grâce aux programmes d'enseignement simplifiés et mis à la portée de ces jeunes élèves, ainsi qu'au recrutement choisi d'un personnel qui comprit bientôt des intituteurs et des moniteurs indigènes, cette organisation scolaire se développa rapidement. Actuellement, les classes sont partout insuffisantes et on ne cesse d'en ouvrir de nouvelles, à la demande même des représentants élus des populations musulmanes. Les chiffres parlent d'eux-mêmes. Aujourd'hui fonctionnent déjà 530 écoles d'enseignement primaire, exclusivement consacrées aux indigènes, comprenant 1.100 classes, avec un contingent de plus de 45.000 élèves, sans parler d'une dizaine de mille autres admis dans les écoles d'Européens.

Mais il fallait éviter que l'enseignement de ce nombreux contingent scolaire aboutît à le détacher de la terre, à l'éloigner de l'agriculture qui demeure la principale ressource du pays. Il convenait de ne pas se borner à lui fournir des notions générales et théoriques de français, d'arithmétique, d'histoire et de géographie, de sciences naturelles. Ne risquait-on pas ainsi de le pousser surtout vers les fonctions publiques, qui n'en pouvaient absorber qu'un petit nombre, et de faire des autres des déclassés?

L'Administration s'est vite rendu compte de ce danger, et les programmes d'études ont fait bientôt une large part à l'apprentissage agricole. En pays arabe et kabyle, on s'est donc efforcé d'initier nos musulmans aux pratiques européennes de la culture. Des jardins, des terrains d'expériences, ont été annexés aux écoles. Les garçons y apprennent les travaux de la terre, la plantation, la taille et la greffe des arbres fruitiers, l'usage des engrais, le maniement des instruments aratoires. On les initie, dans les ateliers, au travail du bois, du fer, au charronage, à la ferblanterie, à la dinanderie, à la cordonnerie.

Un tel enseignement ne pouvait réussir s'il ne dépassait pas le cercle des établissements primaires et ne s'adressait qu'à des enfants. Il était indispensable de le continuer parmi les adultes. C'est à quoi on s'est appliqué depuis 1921, grâce aux sacrifices libéralement octroyés par les Assemblées budgétaires de la Colonie à la Direction des Affaires Indigènes.

Les centres d'éducation professionnelle créés dans cet esprit ont pour objet de propager parmi nos populations rurales des procédés culturaux rationnels et appropriés aux nécessités du climat et du sol, de leur permettre d'appliquer expérimentalement les méthodes enseignées.

Placé sous le contrôle de l'Administration, assisté d'un Comité consultatif composé de colons français et indigènes particulièrement compétents, chaque centre possède une ferme avec ses dépendances, dont le terrain est, en principe, prélevé sur le domaine communal. Les frais de premier établissement et de fonctionnement de ces institutions incombent en grande partie à l'Etat, les communes n'y contribuant que dans la mesure de leurs ressources. Peu à peu, les recettes d'exploitation des domaines doivent parvenir à couvrir les dépenses, ce qui permet de consacrer à de nouvelles créations du même genre les crédits consentis par la Colonie.

Les fellahs reçoivent, dans les centres d'éducation professionnelle qu'ils fréquentent en période de chômage, un salaire journalier à titre d'encouragement. Sous la direction du chef de culture, homme d'expérience et qui doit parler leur langue, ils s'habituent au maniement de notre matériel, à nos méthodes de travail, et, rentrés chez eux, ils tirent un meilleur parti de leurs terres. On leur facilite d'ailleurs, avec l'aide des Sociétés de Prévoyance locales, l'achat des animaux et des instruments qui leur manquent, dont les moniteurs spéciaux surveillent l'emploi. On conçoit l'importance du rôle de ces chefs de culture qui, après avoir formé dans la région placée sous leur action une main-d'œuvre capable, la suivent quand elle essaime dans le bled, l'encouragent de leurs conseils, contrôlent l'emploi qu'elle fait des avances mises à sa disposition par les Sociétés de Prévoyance et les Mutuelles-Labours. La réussite de ces travailleurs constitue un vivant exemple et un stimulant pour leurs coreligionnaires encore attardés dans des méthodes ancestrales, et l'accroissement de gain et de bien-être qu'elle leur fait entrevoir les incite à secouer leur indolence naturelle.

Il ne suffit pas de perfectionner la culture : il s'agit encore de former sur place la main-d'œuvre de l'outillage agricole. Les travaux de la forge, la bourrellerie, s'enseignent dans les ateliers des grandes écoles primaires comme dans les centres d'éducation pour adultes. L'Arabe et le Kabyle se contentaient, avant nous, d'un matériel primitif, d'instruments aratoires rudimentaires tels que les charrues en bois. Sur l'aire, ils battaient leurs récoltes à la main. Il faut qu'ils sachent entretenir et réparer les charrues Brabant, les batteuses mécaniques, qu'ils puissent manier et remettre en état l'outillage perfectionné dont l'emploi s'impose désormais à tout agriculteur.

Quelle transformation profonde dans la vie d'un peuple habitué à ne tirer de son sol que le strict nécessaire, à laisser ses troupeaux pacager à l'aventure, à se contenter des maigres récoltes que leur dispense avec avarice l'inclémence des saisons sur des terres jamais engraissées et jamais irriguées ! Certes, il reste beaucoup à faire pour qu'entre les mains de nos sujets le rude mais fertile sol d'Afrique livre ses richesses comme l'y contraint le colon français. Déjà, cependant, dans maintes régions notre enseignement se montre bienfaisant et efficace. Les céréales, les huiles, les fruits récoltés par le fellah se rapprochent en quantité et en qualité des produits de nos propres domaines. Ainsi la population musulmane s'enrichit à côté de nous au point de payer, dans les plaines et sur les Hauts-Plateaux, les propriétés au prix que nous en offrons nous-mêmes.

Si la France, en organisant l'instruction des populations d'Islam, qu'elle a prises ici sous sa tutelle, a surtout tenu compte de leurs besoins agricoles, elle s'est également préoccupée de leurs besoins industriels. C'est là, peut-être, que nous avons manifesté le mieux la compréhension de leurs instincts. Lors de notre installation en Algérie, qu'y trouvions-nous comme produits manufacturés émanant de la main-d'œuvre locale? Peu de chose, assurément. L'isolement du pays, n'entretenant de relations suivies avec aucun autre, la pauvreté de ses habitants dont la plupart, en dehors des cités peu florissantes, vivaient d'une existence frugale et sommaire, ne justifiait d'aucune activité industrielle. Celle qu'après le régime militaire l'installation du régime civil a permis de créer n'est pas encore d'importance, et sa production ne suffit guère qu'à la consommation locale, sauf en ce qui concerne le façonnement des produits du sol. Le défaut de combustible, les difficultés d'aménagement des forces hydrauliques dans un pays où le régime des eaux est irrégulier et torrentiel, constituent, d'ailleurs, un obstacle à l'usinage des matières premières. Ce qui existe d'industries en ce pays est, donc, d'inspiration européenne, et la main-d'œuvre indigène peu nombreuse qu'on y emploie fait sur place son apprentissage simplifié.

En revanche, il subsistait, lors de notre venue, dans certains centres citadins, un artisanat de tradition purement musulmane qui perpétuait, dans des proportions modestes, la technique d'un art mauresque ou berbère, c'est-à-dire imprégnée d'influence levantine ou d'origine franchement autochtone. A Alger, Blida, Constantine, Tlemcen, Maures ou Koulouglis s'adonnaient au travail des métaux précieux,

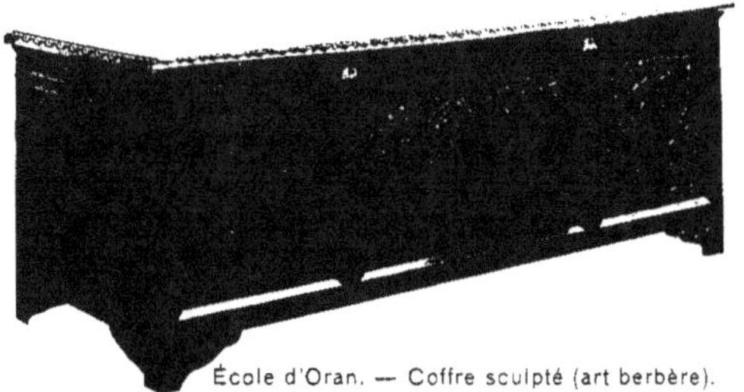

École d'Oran. — Coffre sculpté (art berbère).

du cuir brodé, du bois peint, du cuivre ciselé. En Kabylie, dans l'Aurès, les montagnards berbères confectionnaient des bijoux émaillés, des armes incrustées, des coffres sculptés, des poteries peintes.

Au contact du « roumi », ces petites industries ont périclité, se sont abâtardies, ont perdu de leur originalité et de leur saveur. Pour faire vite et bon marché, le joaillier a simplifié les formes, négligé le travail du burin, serti des pierres fausses dans ses diadèmes ; le brodeur a négligé son ornementation, ne s'est plus soucié de varier ses arabesques ; le fabricant de consoles et de coffres à vêtements ne les a plus dorés et enluminés de riches décorations florales et s'est contenté de les barioler de couleurs vives. De même, en Kabylie, les bijoutiers ont remplacé dans leurs pendentifs, bracelets et colliers, le corail par du celluloïd et les émaux de grand feu par des applications de ripolin.

Fallait-il laisser disparaître ces ateliers épars, et dont la production parfois délicate, toujours originale, pouvait être ravivée puis améliorée? Ne convenait-il pas d'en maintenir les traditions et le recrutement? N'y avait-il point là un débouché non négligeable pour nos jeunes gens au sortir de l'école? L'Administration algérienne l'a pensé, et voici plus de trente ans que, dans nos établissements primaires d'indigènes, on apprend aux garçons la sculpture sur bois, la cisellerie des métaux d'après les meilleurs modèles du passé. Et dans les expositions de nos ouvroirs scolaires, qu'organise périodiquement le Gouvernement général, au milieu du cadre oriental de la Mederça d'Alger, on voit avec plaisir réapparaître de charmantes reproductions de tout ce qui décorait les intérieurs mauresques, tabourets et coffres, porte-corans, d'un charmant travail d'ébénisterie et même de marqueterie, plateaux, aiguières en cuivre gravé, selles et caparaçons en filali marocain.

Ce sont là objets de luxe, dont l'écoulement est, pour l'instant, limité, à moins que la mode ne s'en mêle. Il est certain que parmi les colifichets et accessoires de toilette de nos mondaines, la maroquinerie indigène brodée d'or, d'argent ou de soie, porte-trésors, étuis à cigarettes, coussins d'auto, cadres à photographies, se vendraient fort bien si l'on en surveillait les nuances et le fini. Les grands magasins en trouveraient l'écoulement à des prix rémunérateurs. Convenons, toutefois, que la vogue est capricieuse et que les débouchés pour ces

École de Bouzairah. — Cuivres.

articles orientaux demeure-
raient limités. Aussi l'Administration considère-t-elle à
juste raison comme un simple
accessoire de ses programmes
scolaires l'apprentissage pour
les hommes de ces métiers
d'art indigène.

En revanche, la forma-
tion de la main-d'œuvre
féminine constitue la base
de l'enseignement de nos
fillettes musulmanes. C'est là,
peut-être, que notre organisation scolaire a fait preuve
de plus de psychologie et de
perspicacité.

A quelles difficultés n'al-
lions-nous pas nous heurter
dans nos premières tentatives
pour instruire nos petites indigènes? Il aurait fallu tout ignorer de leurs mœurs pour
ne pas le prévoir.

École indigène de filles (Alger). - Façade.

Sans raviver l'éternelle querelle que l'on fait à l'Islam, sans prétendre que le
Prophète traite la femme comme un être d'essence inférieure, reconnaissons qu'il
l'entoure ainsi que d'un rempart de la barrière du gynécée. Il lui répugne qu'elle se
mêle à la vie du dehors. C'est bien ici que l'exception confirme la règle. Nous avons
connu Lella Zineb, la célèbre maraboute détentrice de la « Baraka » divine, à qui échut
pendant de longues années le commandement de la Zaouïa d'El Hamel, et la haute
direction spirituelle et matérielle d'une des principales branches de la secte des
Rahmanïa. Mais c'était dans le secret de sa demeure qu'elle exerçait son pouvoir
religieux. A ses milliers de Khouans, elle ne se montrait presque jamais. Sa souveraineté
ne la libérait donc guère de sa réclusion.

Dans le bled, dans toutes les régions de culture, la femme participe aux travaux
de la terre, et sort dévoilée. Mais une surveillance masculine, invisible pour le simple
passant, est toujours aux aguets. En Kabylie, où elles vivent le visage découvert,
une réserve vis-à-vis de l'étranger leur est plus strictement imposée que partout
ailleurs, et les sanctions infligées pour le moindre écart de conduite sont impitoyables.

Dès lors que nos musulmanes n'ont d'autre horizon que celui de la vie familiale,
d'autre champ d'activité que celui des devoirs conjugaux et maternels, que prétendrait
leur enseigner le Gouvernement français ?

Justement soucieuse des méfiances auxquelles son initiative pédagogique allait
se heurter, l'Administration algérienne n'a pas voulu que son action pût être suspectée
du moindre prosélytisme. Elle a donc procédé avec tout le tact désirable, ne cherchant,
tout d'abord, à recruter que des enfants. Les premières écoles de filles, ouvertes dans
les villes, ne comprenaient guère, surtout, à l'origine, que des classes maternelles où
les institutrices jouaient auprès de la gentille marmaille le rôle de mamans. Elles leur
apprenaient à se débarbouiller, à répéter en chœur des chansons françaises. Puis on

reçut des fillettes qu'on habituait aux soins ménagers, lessive, couture et même un peu de cuisine. Petit à petit, on leur mit entre les mains des métiers à broder, et leurs doigts agiles, servis par leur instinct ancestral, eurent vite fait de débrouiller les soies, d'en assortir les couleurs, d'en composer, sur de légères étamines, des arabesques et des bouquets de fleurs stylisées.

À la broderie s'ajouta bientôt le travail de la laine, le tapis au point noué, le tissage des haïcks, la dentelle à l'aiguille, et maintenant ces ouvroirs se garnissent de jeunes ouvrières d'une adresse surprenante.

Les cours primaires font une part suffisamment large à l'enseignement d'ordre général, mais avec une tendance marquée à demeurer pratique. Il ne faut pas faire de ces musulmanes des déclassées, mais bien des femmes d'intérieur. Le dressage domestique prime toutes les notions théoriques. Les règles d'hygiène et de puériculture, la tenue de la maison, le lavage, le repassage, tiennent dans les programmes plus de place que l'instruction proprement dite, et les parents apprécient fort cette forme d'éducation qui répond à leur conception de la vie féminine.

Oran. — Tapis Rabat.

L'apprentissage d'un véritable métier d'art, sous la direction de maîtresses-ouvrières, est l'aboutissement et le couronnement de ces études. Le but ne peut être atteint qu'en prolongeant le stage proprement scolaire par des cours complémentaires d'enseignement professionnel. Il s'en est créé dans tous les centres urbains des trois départements d'Algérie, et leur fréquentation augmente tous les jours.

Parallèlement à cette organisation que régit l'autorité académique, la Direction des Affaires indigènes a créé pour les filles une maison de l'Artisanat, en vue d'encourager la main-d'œuvre féminine. On y forme des monitrices appelées, par la suite, à diriger des ateliers, ouverts surtout aux indigentes. Cette institution se préoccupe de leur trouver du travail, et d'assurer le placement de leur production. Les directrices des écoles, elles-mêmes, recueillent pour leurs anciennes élèves des commandes que celles-ci exécutent à domicile, et livrent à la clientèle par leur intermédiaire. C'est l'Œuvre de l'assistance post-scolaire.

Il est aisé d'entrevoir le développement qu'est susceptible de prendre cette généreuse et vaste entreprise. Il s'agit là de créer une véritable industrie familiale, parfaitement adaptée à la condition sociale de la musulmane, et qui finira par constituer une source considérable d'enrichissement pour cette population féminine jusqu'alors inoccupée. Quand, rentrée définitivement chez elle, la femme indigène, sans enfreindre les prescriptions de la loi coranique, sans chercher à se libérer de ses coutumes séculaires, sans poursuivre une émancipation à l'européenne que nos sujets verraient d'un mauvais œil, trouvera dans un labeur modéré et agréable une rémunération régulière, elle verra grandir la considération dont l'entourent ses proches, et sa condition sociale s'en trouvera grandement relevée. Une épouse, une mère, qui peut, en vaquant aux soins domestiques, contribuer à l'entretien du ménage, n'en est que plus respectée. Sur ses gains elle prélèvera de quoi s'accorder quelque fantaisie de toilette qui la rehaussera à ses propres yeux et maintiendra son moral en satisfaisant sa légitime coquetterie.

La production de ces métiers d'art indigène est d'ailleurs fort appréciée des Européens et se paye à un prix rémunérateur. Au premier rang se classe le tapis, le confortable et riche tapis au point noué, dont la consommation est telle que, de longtemps, l'offre restera inférieure à la demande. L'Algérie en produit déjà annuellement pour plusieurs millions, et sans cesse s'ouvrent, à Alger notamment, des fabriques nouvelles alimentées par la main-d'œuvre féminine. Sans pouvoir

Tenture Tombouctou-Laghouat.

rivaliser avec les beaux modèles d'Asie, les tapis du nord de l'Afrique ont toujours joui d'une réelle réputation. Ceux du Maroc, de Rabat, avec leurs délicieuses compositions florales reproduisant la richesse colorée des prairies au printemps, constituent un genre à part qui est fort recherché. Ceux de Kairouan, en Tunisie, avec leurs motifs géométriques et leurs entrelacs aux vives oppositions de couleurs, pour être moins raffinés, n'en sont pas moins originaux et d'une note agréable dans un décor oriental. Ceux d'Algérie n'ont jamais égalé les modèles des deux pays voisins et les tapis du Guergour, d'Aflou et du Djebel Amour, ne constituaient sous la tente qu'une sorte d'épaisse litière laineuse d'un bleu et d'un rouge profonds. Chez nous, on faisait aussi, en pays berbères, des tentures de laine très souple à poil ras, d'une solidité à toute épreuve, et qui ne manquaient pas de charme.

L'Administration s'est efforcée de faire revivre cette tradition du tapis local en la perfectionnant. Toutefois, pour ouvrir à la production de ses jeunes apprenties un plus large débouché, elle les a incitées à imiter les genres plus recherchés, notamment ceux d'Asie Mineure et de Perse. Rien n'est plus aisé pour ces petites ouvrières que de copier les modèles les plus riches et les plus compliqués. Dès qu'elles sont habituées à glisser leurs doigts agiles à travers la trame du métier, à y insérer et nouer les laines, puis à les couper au ciseau à ras du point, elles sont aptes à reproduire n'importe quel dessin. Il suffit qu'on leur mette sous les yeux le quadrillage coloré et très agrandi qui les guide et qu'on nomme la mise au point. A cet effet, l'Académie a créé un atelier de dessin qui prépare ces papiers en décomposant l'ornementation du tapis-type et les distribue dans les ateliers, ou les prête aux ouvrières à domicile, moyennant quoi les collections réalisées par cette main-d'œuvre indigène s'enrichissent à l'infini.

Ce qu'il importe aussi de surveiller, c'est le choix des laines et de leurs nuances. Jadis, une nombreuse corporation de teinturiers arabes pourvoyait les ouvrières de cette précieuse matière première. L'invasion de l'affreuse aniline a ruiné et fait disparaître ces spécialistes. Il n'en est demeuré que fort peu en Algérie et au Maroc. Leurs procédés empiriques, mais perfec-

Coussin — Oran.

tionnés par une longue expérience, l'emploi par eux des substances végétales d'un coloris délicat et résistant, ont fait l'objet d'études approfondies. Sous la direction de techniciens, un atelier de teinturerie a été créé qui fournit maintenant le jeu des lainages les plus riches aux ouvroirs et aux ateliers de tapis.

Ainsi, pour activer la renaissance de cette industrie familiale, l'Administration pourvoit les ouvrières de métiers, leur prête les modèles, leur fait l'avance des laines, grâce à quoi en peu d'années la production du tapis s'est développée et transformée, au point d'offrir à notre population indigène et à sa main-d'œuvre féminine les plus fructueuses perspectives.

A côté du tapis, la broderie orientale est aussi sortie de sa décadence. Rien de plus charmant que cet art dans lequel excellaient nos mauresques ! Leur patience, leurs loisirs, leur goût inné pour la décoration, en firent de tous temps des brodeuses incomparables. Elles s'appliquaient à orner leur lingerie d'apparat, celle dont elles se paraient pour aller au hammam : lingerie d'un décor fait d'arabesques et de fleurs de soie rouge, bleue, mauve et jaune, enrichies de fils d'or et d'argent. Le point en était d'une régularité et d'une finesse extrême, à deux faces, sans envers, avec des jours qui la rendaient presque diaphane. Les beaux specimens qu'on en trouve encore se payent des prix fabuleux, et il n'en existe plus guère de collections complètes que dans nos musées, où l'on admire ces écharpes aériennes, ces coussins de divan, ces rideaux et tentures destinés à isoler les femmes, tous ces ornements d'une grâce infinie qui formaient le cadre de leur ondoyante et mate beauté. Nos fillettes ont repris goût à ce travail qui les divertit et les rémunère largement de leur peine.

La dentelle à l'aiguille était jadis très en faveur. On y revient aussi pour en décorer les mouchoirs, les nappes, pour en garnir les corsages. Les ouvroirs scolaires en produisent les modèles les plus variés. Le luxe qui se répand partout facilite le placement de cette coûteuse marchandise.

Enfin le tissage des étoffes de soie et de laine était l'apanage de la femme indigène. C'était à elle seule qu'incombait la fabrication des burnous, des djelabias, des gandourahs, de tous ces vêtements masculins aux amples plis flottants où l'air circule et qui défendent de la chaleur autant que du froid. On enseigne, dans les ouvroirs et dans les ateliers de l'Artisanat, la confection soignée de ces tissus que la main produit avec plus de perfection que les machines.

L'INSTRUCTION PUBLIQUE MUSULMANE

Grâce à la rénovation de ces divers travaux de femmes, voici, bientôt, pour des millions d'ouvrières indigènes, la perspective d'un gagne-pain assuré.

*
* *

Cette rapide esquisse de l'œuvre entreprise par nos services d'enseignement auprès de nos populations indigènes suffit à démontrer la sollicitude de l'Administration française pour nos sujets musulmans. Après leur avoir assuré l'ordre et la paix, nous n'avons cessé de veiller à leur développement intellectuel, comme à leur enrichissement matériel. En les prenant sous notre protection, nous avons tenu à leur démontrer que la France poursuivait parmi eux, non point une entreprise de conquête, mais une œuvre de transformation sociale. Nous ne les avons point asservies, nous les avons associées à nos efforts civilisateurs.

Un siècle après notre débarquement sur la rive africaine, nous pouvons montrer avec fierté à tous nos visiteurs les résultats féconds de notre domination. L'Algérie, si longtemps le théâtre de luttes sanglantes, est désormais tranquille et prospère, où s'est substitué au cliquetis des armes le bourdonnement d'une ruche laborieuse.

Ce dont nous pouvons être les plus fiers, c'est d'avoir montré dans la collaboration franco-indigène la préoccupation constante d'une vraie fraternité. En ne heurtant point les instincts de nos sujets, en respectant leurs croyances, nous les amenons doucement à nous. L'organisation d'un enseignement à leur portée, qui les laisse évoluer dans leur milieu et cherche à les faire travailler à leur propre bien-être, leur montre un désintéressement dont leur race généreuse ne peut qu'être touchée. C'est la raison du succès parmi eux de nos œuvres scolaires, et c'est à leurs yeux la justification de notre tutelle civilisatrice.

Rodolphe REY,
Ancien bâtonnier de l'Ordre des Avocats
près la Cour d'Appel d'Alger.

Vue du port de Port-Saïd, prise du haut du phare, au cours de la guerre de 1914-1918.

Un paquebot des Messageries Maritimes dans le canal de Suez.

Ismaïlia. Un coin du lac Timsah.

Entrée de Port-Saïd.

LE CANAL MARITIME DE SUEZ

par

André LEBON

Il, paraît naturel, à l'occasion d'une exposition française en Egypte, de parler de la Compagnie du Canal de Suez, c'est que nul ne saurait oublier tout ce que cette grande entreprise — égyptienne de par son statut légal — doit à l'énergie française, non plus que ce qu'elle représente, aujourd'hui comme autrefois, de spécifiquement français. Sans doute la Compagnie tient-elle son existence d'un firman de concession signé de l'un des souverains éclairés qui se sont succédé sur le trône d'Egypte. Mais c'est à l'initiative hardie, à l'inlassable ténacité d'un Français de génie qu'elle doit d'avoir pu réaliser, à travers d'immenses difficultés, l'œuvre grandiose qu'elle s'était assignée.

Aussi bien, la Compagnie de Suez a-t-elle conservé de ses origines une empreinte profonde. Son capital est en majorité entre des mains françaises. Sur 32 membres le Conseil d'Administration compte 21 Français ; Président, Directeurs, Hauts fonctionnaires sont français. Comme en tant d'autres circonstances, notre pays, ici encore, a servi et sert toujours la cause de l'humanité, mais cette fois — et cela lui était bien dû — il recueille à la fois l'honneur et le profit de l'entreprise.

*
* *

Quand on considère aujourd'hui la forte situation de la Compagnie de Suez, on peut être tenté d'oublier tout ce qui caractérisa les débuts de l'affaire : audace dans la conception, difficultés dans la réalisation, déboires dans les premières années d'exploitation.

C'est le 30 novembre 1854 que le vice-roi d'Egypte, Mohammed-Saïd, remettait « à son dévoué ami, de haute naissance et de rang élevé, à Ferdinand de Lesseps » le firman d'où devait dater la concession du Canal. Ce grand résultat obtenu, Lesseps était fondé à croire que pour la réalisation de l'œuvre qui lui était confiée, il serait soutenu par la sympathie universelle. Quelle désillusion l'attendait, s'il avait eu cette espérance! Certes, il avait mesuré à l'avance les difficultés qu'il rencontrerait pour dompter les forces de la nature. Mais pouvait-il prévoir les obstacles infiniment plus redoutables que le mauvais vouloir des hommes allait dresser sur sa route : L'Égypte étant vassale de la Turquie, la concession du Canal ne pouvait être rendue définitive que par un firman du sultan. Ce fut autour de ce firman que se livra une lutte d'influences qui ne devait se terminer qu'en 1866. L'opposition fut passionnée. Elle était dirigée — l'histoire l'a enregistré — par l'Angleterre, dont la tradition, contraire en cela de tous points à celle de la France, avait toujours été hostile à l'idée d'un canal à travers l'isthme de Suez. Mais l'heure présente serait mal choisie pour insister sur ces désaccords passés. Aussi bien, l'adversaire d'hier est devenu le loyal associé d'aujourd'hui, et bien avant que l'Entente cordiale eût rapproché la France et l'Angleterre, l'union la plus étroite régnait entre Anglais et Français dans le Conseil de la Compagnie du Canal de Suez.

Le firman du sultan fut obtenu le 19 mars 1866, mais Lesseps n'avait pas attendu cette confirmation de sa concession pour constituer la société que le vice-roi l'autorisait à former, et pour commencer les travaux. La Compagnie Universelle du Canal maritime de Suez, au capital de 200 millions, avait été créée le 15 décembre 1858, et dès le 25 août 1859, le premier coup de pioche était donné en grande solennité dans l'isthme.

Quel effort a été dépensé, quel concours d'énergies et de volontés a été nécessaire pour mener à bien un travail aussi gigantesque, on peut aisément se l'imaginer. Tout était à créer : il fallait animer le désert, y installer d'innombrables travailleurs, les loger, les ravitailler, les nourrir, donner la vie, en un mot, à une terre désolée qui était la négation même de toute espèce de ressources. Enfin, à la date mémorable du 17 novembre 1869, qui marque le point de départ de la durée des quatre-vingt-dix-neuf années assignée à la concession actuelle de la Compagnie, la voie maritime fut inaugurée. Cinquante-cinq navires, parmi lesquels le yacht de l'impératrice Eugénie, passèrent d'une mer à l'autre.

La ténacité de Ferdinand de Lesseps venait d'ouvrir la voie la plus économique entre l'Orient et l'Occident. Ceylan, carrefour des Indes, se rapprochait de Hambourg, d'Amsterdam, de Londres, de plus de 7.000 milles ; de Marseille, de Gênes, de plus de 9.000 milles ; de Constantinople, d'Odessa, de près de 11.000 milles. C'est dire qu'entre les deux routes de Suez ou du Cap, l'hésitation des armateurs ne devait pas être de longue durée. Si des circonstances défavorables s'opposèrent au début à l'essor du trafic, il est à peine besoin de rappeler ce qu'a été depuis cet essor.

Au cours de l'année 1870, le Canal fut parcouru par 486 navires ; il le fut en 1890 par 3.389, en 1910 par 4.533, en 1913, à la veille de la guerre, par 5.085. La guerre ralentit considérablement le trafic, mais dès la fin des hostilités une nouvelle progression reprend : on enregistre 3.986 transiteurs dès 1919, 4.621 en 1923, 5.545 en 1927.

En 1870, le plus gros navire jauge 4.414 tonnes ; la plus grande longueur ne dépasse pas 117 mètres, la plus grande largeur 13 m. 50, le plus fort tirant d'eau 6 m. 70. Le tirant d'eau maximum autorisé est alors de 7 m. 50. Aujourd'hui il arrive que la jauge dépasse 27.800 tonnes, la longueur 242 mètres, la largeur 31 mètres. Le tirant d'eau autorisé est de 9 m. 75 et il sera prochainement porté à 10 m. 06.

Mais aussi quelle transformation dans les dimensions du Canal lui-même ! Lors de son inauguration, il avait, dans sa partie entièrement terminée, une profondeur de 8 mètres et une largeur au plafond de 22 mètres. Depuis, il n'a cessé d'être rectifié, approfondi, élargi. Sa longueur totale est de 168 kilomètres — sur lesquels 21 kilomètres seulement sont en courbes. Ces courbes, dont le rayon minimum est aujourd'hui de 3.000 mètres, ne constituent aucune gêne pour la navigation. Le Canal ne comporte ni écluses ni travaux d'art d'aucune sorte. Le programme actuellement en cours d'exécution prévoit l'approfondissement à 13 mètres et l'élargissement à 60 mètres, sous 10 mètres de profondeur, ce qui correspond à une largeur d'environ 72 mètres sous 8 mètres de profondeur. Par rapport à l'état primitivement prévu, la profondeur a donc été augmentée de plus de 50 0/0 et la largeur a plus que triplé.

C'est dire que pour adapter le Canal aux dimensions nouvelles des navires, elles-mêmes déterminées par les conditions d'accès des ports de l'au delà de Suez, pour devancer même sous ce rapport les besoins du commerce, la Compagnie n'a reculé devant aucun effort. Au moment de son ouverture à l'exploitation, le prix de revient du Canal était de 369 millions. Il s'élève aujourd'hui, du fait des améliorations constamment apportées, à 884 millions de francs-or.

Ce n'est pas seulement, d'ailleurs, par l'importance de ces travaux que se mesure le souci qu'a toujours eu la Compagnie des intérêts généraux de la navigation. Depuis 1884, en effet, la Compagnie a tenu à ce que les armateurs — ses clients — fussent associés à sa prospérité. Par une série de détaxes successives, le droit de transit a été abaissé de 10 francs à 6 fr. 25 en 1913 (1). Relevé à 8 fr. 50 pendant la guerre, il a été depuis lors progressivement réduit et est, depuis le 1er janvier 1929, fixé à 6 fr. 90.

Ces abaissements successifs de tarifs n'ont naturellement pas empêché les recettes de s'accroître, suivant une courbe ascensionnelle à peu de chose près constante. C'est que le trafic augmentait presque d'année en année. Au cours des 30 années qui ont précédé la guerre, le tonnage taxé est passé de 6.335.000 tonnes à 20.033.000. Pendant la guerre, le trafic est tombé à 8.368.000 tonnes (1917). Mais dès la fin des hostilités la reprise fut rapide et le tonnage en 1928 atteignit 31.905.851 tonnes nettes.

Les années de guerre, on le sait, ne furent pas seulement pour le Canal une période de vie économique ralentie : elles jetèrent la Compagnie en pleine lutte militaire. La chose pouvait paraître surprenante : le 29 octobre 1888, en effet, une Convention internationale avait été signée à Constantinople, en vue de consacrer l'établissement d'un régime définitif destiné à garantir en tous temps et à toutes les puissances le libre usage du Canal de Suez. Cette convention disposait notamment en son article 1er : « Le Canal maritime de Suez sera toujours libre et ouvert, en temps de guerre comme en temps de paix, à tout navire de commerce ou de guerre, sans distinction de pavillon. En conséquence, les Hautes Parties contractantes conviennent de ne porter aucune atteinte au libre usage du Canal en temps de guerre comme en temps de paix. »

Et pourtant, en 1915, le Canal fut menacé par l'armée turque conduite par les Allemands. En étroite liaison avec les troupes britanniques, les navires de guerre français et anglais repoussèrent les agresseurs. La Compagnie avait tenu à mettre à la disposition de ses défenseurs son personnel, son matériel et son expérience, rendant ainsi à une juste cause les plus précieux services.

(1) Les francs dont il s'agit sont ceux visés dans l'acte de concession, c'est-à-dire les francs-or de Germinal an XI.

*
* *

La création du Canal de Suez n'a pas eu seulement pour effet de transformer les conditions des échanges internationaux. Sur les lieux mêmes où elle était réalisée, une transformation non moins profonde s'accomplissait, et la vie surgissait en plein désert.

Toutes les agglomérations d'habitations auxquelles la création du Canal de Suez a donné naissance se sont d'abord formées sur la rive Ouest du Canal. C'est sur cette rive, en effet, qu'on a pu le plus facilement amener l'eau potable dérivée du Nil. Trois villes s'y sont élevées : Port-Saïd, à l'entrée du Canal sur la Méditerranée, dont la population excède aujourd'hui 90.000 âmes, et dont le port est devenu, par son tonnage, l'un des premiers ports du monde ; Ismaïlia, sur les bords du lac Timsah, à 80 kilomètres de Port Saïd, centre de l'exploitation de la Compagnie, dont les admirables jardins, conquis sur le désert, et les coquettes villas, occupées par le personnel, sont la parure du Canal ; Port-Tewfik, au débouché dans la Mer Rouge, longue pointe s'avançant entre la mer et le canal, entièrement créée avec les terres fournies par le produit des dragages. Sur la rive Est du Canal, c'était partout, jusqu'à ces dernières années, le désert de sable et de dunes, aux décevants mirages. Mais la Compagnie du Canal de Suez vient d'entreprendre sur cette rive, en face de Port-Saïd, après y avoir installé ses ateliers, la construction de plusieurs centaines de maisons pour ses employés et ses ouvriers. Ces maisons sont l'amorce d'une nouvelle ville, Port-Fouad, dont les plans ont été dès maintenant établis de façon à donner pleine satisfaction aux nécessités du confort et de l'hygiène ainsi qu'aux préoccupations esthétiques. L'acte de naissance de cette ville nouvelle, attestant l'illustre parrainage de S. M. le Roi Fouad Ier, permet assurément d'escompter pour cette agglomération naissante le plus brillant avenir.

*
* *

Artère essentielle du commerce international, parcouru par les flottes du monde entier, le Canal de Suez témoigne aux yeux de tous de ce que peuvent l'intelligence et la volonté françaises. Aucun Français ne traversera le Canal sans éprouver quelque sentiment de fierté à la pensée que c'est à l'un de ses compatriotes qu'est due la création de cette vaste entreprise, que ce sont encore de ses compatriotes qui en assurent l'épanouissement, et qu'ainsi en terre égyptienne l'œuvre de Ferdinand de Lesseps demeure un foyer d'où rayonnent, pacifiques, l'influence et la civilisation françaises.

André LEBON,
Ancien Ministre,
Vice-Président de la Compagnie universelle
du Canal Maritime de Suez.

L'ÉGYPTE ÉCONOMIQUE CONTEMPORAINE

par

Eugène GAUDAIRE

E tous les pays de l'Orient, l'Égypte est le plus prospère. Bien des vieux pays d'Europe pourraient, d'ailleurs, envier sa prospérité. Quels sont ceux, en effet, qui pourraient présenter une balance commerciale aussi favorable :

ANNÉES	IMPORTATIONS en L. E.	EXPORTATIONS en L. E.
1922	43.402.000	48.726.000
1923	47.536.000	58.617.000
1924	52.226.000	65.912.000
1925	58.200.000	59.200.000
1926	52.400.000	41.760.000
1927	48.685.000	48.840.000

Quinze millions d'agriculteurs travaillant à pleines forces sur une surface de 33.000 kilomètres carrés (ce qui donne une densité de 450 habitants au kilomètre carré) le long d'une vallée dont la fertilité est proverbiale, font pousser le plus beau coton du monde, et voilà le facteur essentiel de la prospérité économique de l'Égypte contemporaine.

Un simple rapprochement entre le chiffre de la valeur totale des exportations de l'Égypte et celui de la valeur des cotons exportés donnera une idée de l'importance que joue le coton dans l'économie générale du pays :

ANNÉES	VALEUR TOTALE DES EXPORTATIONS en L. E.	VALEUR DES COTONS ET GRAINES DE COTON
1922	48.726.000	42.684.544
1923	58.617.000	53.081.200
1924	65.912.000	60.152.906
1925	59.200.000	54.178.875
1926	41.760.000	36.617.300
1927	48.840.000	42.725.797

PRINCIPAUX PRODUITS EXPORTÉS AUTRES QUE LE COTON
ANNÉE 1927
L. E.

Riz 518.309
Oignons 863.497
Cigarettes 386.836
Laine brute 101.706
Œufs 242.965

Le coton alimente les quatre cinquièmes du commerce extérieur de l'Égypte. Il occupe le tiers de la surface cultivée du pays. C'est la seule culture industrielle, avec la canne à sucre, dont la production est infiniment moins importante.

La situation des pays à monoculture peut être, à certains moments, périlleuse, mais, fort heureusement pour l'Égypte, son coton est une spécialité : c'est un coton « longue soie » dont la production exige un climat chaud et humide, et surtout une main-d'œuvre abondante.

On a vainement tenté de cultiver ailleurs ce coton « longue soie ».

Les Américains des Etats-Unis, qui avaient été les premiers à le produire, ont vu leurs récoltes diminuer petit à petit du fait des parasites et, à l'heure actuelle, concurrencée seulement et dans une certaine mesure par le Pérou, dont la production est limitée. l'Égypte détient, du fait qu'elle possède seule ce coton « longue soie », une suprématie incontestable.

Les agriculteurs égyptiens ont, à certains moments, traversé des crises graves. Les meilleures variétés de coton dégénéraient, c'est-à-dire qu'elles perdaient leurs qualités natives sous l'influence des ans (longueur de la fibre, résistance, aspect soyeux etc...) On a pu, heureusement, parer à cette situation. Le Gouvernement et les Sociétés agricoles, depuis une vingtaine d'années, ont cherché et trouvé le moyen de remédier à la baisse des rendements et à l'insuffisance des qualités. Des procédés actuellement connus de tous les botanistes permettent de créer périodiquement de nouvelles variétés aptes à satisfaire les besoins des industriels. Un ensemble de mesures a été adopté en ce qui concerne la sélection continue des semences, l'amélioration des espèces, la création de nouvelles variétés. l'interdiction des mélanges. A l'heure actuelle, l'Égypte, dotée de variétés telles que le Sakelia Rides. le Nahda, le Fouadi pour la Basse-Egypte. le Zaghora et l'Achmouni pour la Haute-Egypte, peut envisager l'avenir avec confiance, car il n'est pas douteux que, de ces variétés, naîtront, sous l'effort des botanistes, des variétés nouvelles aptes à se défendre contre la dégénérescence éventuelle.

On a parlé du perfectionnement des industries de tissage qui permettraient l'utilisation des cotons à fibre courte pour la fabrication des tissus fins. Ce serait évidemment un rude coup porté au coton égyptien, mais nous pensons que, quel que soit le perfectionnement industriel, la solidité des tissus, particulièrement lorsqu'il s'agit de toiles d'avion ou de toiles pour les bandages pneumatiques, sera toujours influencée par la longueur de la fibre.

On a prétendu aussi que l'introduction et le développement de la culture irriguée au Soudan pourrait constituer une menace grave pour l'Égypte, car l'étendue cultivable de la Ghezireh soudanaise est de 3 millions de feddans, dont un tiers, et peut-être la moitié, pourrait être cultivé en coton « longue soie ».

Mais il ne faut pas oublier que la population du Soudan égyptien est encore clair-semée, ce qui limite ses moyens d'action, et que, d'autre part, la consommation des cotons « longue soie » pourrait être facilement développée.

En outre, si la terre est encore à des prix bas au Soudan, il est loin d'être démontré que la généralisation des cultures cotonnières n'y amènera pas un développement des parasites de nature à entraver l'extension des cultures.

D'autre part, les frais de transport du coton soudanais seront toujours plus élevés que ceux du coton égyptien.

S'il convient donc de se souvenir de la menace de la production soudanaise, il faut se garder d'en exagérer l'importance.

Nous dirons, pour nous résumer, que la spécialisation de l'Égypte en matière cotonnière ne constitue pas un danger. Il est même permis de regretter que le pays ne se spécialise pas davantage et que l'on ne cultive pas sur la moitié et même sur les trois-quarts de sa superficie le coton fin.

Peut-être, si, un jour, la production cotonnière du monde entier dépassait les besoins de la filature, y aurait-il une baisse de prix, dont l'Égypte aurait particu-lièrement à souffrir, mais les statistiques sont là pour nous prouver que le coton est une matière première dont la consommation s'accroît plus rapidement que la production.

Le commerce d'exportation du coton est entre les mains d'un certain nombre de firmes dont les intérêts sont tout à fait indépendants de ceux des cultivateurs. L'on s'étonne que des rapports directs ne se soient jamais établis entre les filateurs et les cultivateurs, qui auraient ainsi évité la charge très lourde que leur imposent les maisons d'exportation.

L'Égypte n'a aucune organisation financière ou commerciale permettant aux cultivateurs de réaliser leur récolte. Elle ne possède pas d'établissements de crédit agricole susceptibles de donner aux cultivateurs les moyens de vendre leur coton avec les garanties nécessaires.

Le Gouvernement a bien ébauché une tentative de crédit agricole pour le coton, mais l'affaire ne semble pas encore être en mesure de répondre au but que l'on s'est proposé. Pourtant, les associations productrices de coton aux États-Unis ont donné en cette matière un exemple que l'on aurait pu suivre. Ce sera sans doute très difficile, car il ne faut pas oublier que l'Égypte est un pays de petite « tenure » et que, de ce fait, les réformes économiques ne s'y réalisent pas aisément.

L'Industrie égyptienne, encore à l'état embryonnaire, ne constitue certes pas un facteur essentiel de la richesse de l'Égypte, qui n'a pas encore dans ce domaine les moyens de lutter contre la concurrence étrangère. Elle est obligée de faire appel à l'étranger pour se procurer la plupart des produits manufacturés dont elle a besoin ; les seuls objets qu'elle exporte sont les produits naturels de son sol : coton, graines de coton, riz, maïs, oignons etc...

Voici une énumération succincte des principales industries qui fonctionnent en Égypte. La forme qui domine, comme on le remarquera, est l'artisanat, l'industrie manuelle (1) :

---

(1) Les renseignements qui suivent sont empruntés au remarquable rapport sur le Commerce et l'Industrie de l'Égypte, paru, sous la signature du Dr I. G. Levy, ancien Directeur de la Statistique de l'État, dans l'ouvrage publié à l'occasion du XIVe Congrès de la Statistique (Le Caire, décembre 1926).

Industrie des transports. — Elle comptait en 1925 plus de 150.000 personnes. Elle comprend les chemins de fer, les tramways, les transports fluviaux, les transports automobiles et la navigation maritime.

Industrie du tissage. — L'industrie du tissage est une industrie traditionnelle en Égypte. L'abondance de matières premières et de la main-d'œuvre, les aptitudes des ouvriers et en particulier des femmes indigènes sont des gages de son développement futur. Mais l'essor de la branche la plus importante de cette industrie, le tissage du coton, se trouve actuellement entravé par l'interdiction d'importer du coton brut, en particulier du coton indien ou américain nécessaires pour la fabrication des tissus d'usage courant dans le pays. Cette prohibition est motivée par la crainte d'introduire des maladies parasitaires du cotonnier.

Si l'on exclut une grande filature de coton établie à Alexandrie, et une importante fabrique de soierie à Damiette, qui toutes deux possèdent un outillage des plus modernes, cette industrie est représentée par un nombre considérable d'ateliers plus ou moins importants produisant des tissus de soie, de coton, de laine, de lin, de jute, conformes aux goûts du pays.

Une branche de cette industrie qui paraît avoir de belles perspectives devant elle, est celle des tapis fabriqués à l'aide de laines du pays non teintes. Ces tapis, s'ils n'atteignent pas à la perfection des autres tapis d'Orient, sont néanmoins d'un bel effet ornemental et d'une solidité remarquable.

Il y a lieu de signaler dans ce groupe les nattes et les voiles lamés dits d'Assiout.

Industrie du bâtiment. — La main-d'œuvre (plus de 66.000 individus) engagée dans cette industrie a été formée par les ouvriers italiens, grecs et maltais que l'élément indigène n'a pas tardé à remplacer.

Les entreprises les plus importantes (constructions, scieries, menuiseries, ateliers mécaniques etc...) appartiennent à des étrangers, mais les Égyptiens occupent déjà une place de premier ordre dans toutes les branches de cette industrie.

Industries de l'habillement. — La classe la plus importante de ce groupe d'industries est celle des tailleurs, couturières et modistes, qui comprend plus de 64.000 ouvriers et patrons. Il existe, outre un grand nombre de petits ateliers répartis dans toutes les régions du pays, plusieurs grandes fabriques de confection pour les objets d'habillement européen, fabriques dont, il convient de le dire, la création a amené la diminution des importations de l'étranger.

Un autre groupe très important est celui des cordonniers qui tend de plus en plus à prendre de l'ampleur.

Industries de l'ameublement. — Cette industrie qui, depuis la guerre, a réalisé de très gros succès, est celle qui soutient le mieux aujourd'hui la concurrence étrangère. Il faut comprendre dans cette industrie les fabricants des meubles de style arabe incrustés, sculptés ou tournés, qui sont une des spécialités du pays.

Industries du sucre et autres industries alimentaires. — La sucrerie est la plus importante de toutes ces industries et l'une des principales grandes industries du pays. Elle produit en moyenne de 80.000 à 90.000 tonnes de sucre raffiné par an. Elle travaille uniquement la canne à sucre ; les essais de culture de la betterave n'ont pas donné des résultats satisfaisants. Elle dispose de plusieurs usines en Haute-Égypte, où se trouve localisée la culture industrielle de la canne à sucre, et d'une raffinerie près du Caire.

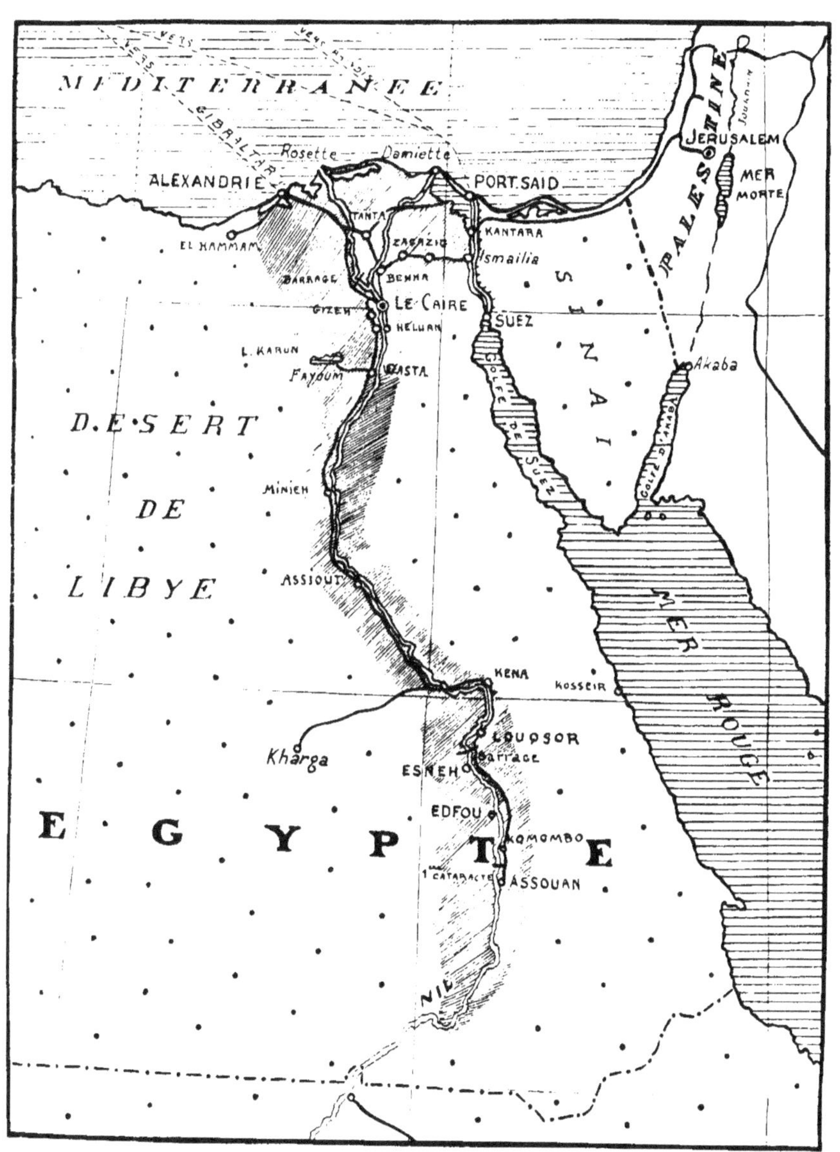
MÉDITERRANÉE
VERS PORT-SAID
GIBRALTAR
PALESTINE
JÉRUSALEM
MER MORTE
Rosette
Damiette
ALEXANDRIE
PORT.SAID
EL HAMMAM
TANTA
ZAGAZIG
KANTARA
Ismailia
BARRAGE
BENHA
GIZEH
LE CAIRE
SUEZ
HELUAN
SINAI
L. KAROUN
Fayoum
WASTA
Akaba
DÉSERT
DE
LIBYE
MINIEH
GOLFE DE SUEZ
GOLFE D'AKABA
ASSIOUT
KENA
KOSSEIR
MER ROUGE
Kharga
LOUQSOR
Barrage
ESNEH
EDFOU
EGYPTE
KOMOMBO
1 CATARACTE
ASSOUAN
NIL

La Brasserie également est en plein développement. Elle fournit la moitié de la consommation locale et est représentée par trois usines de tout premier ordre.

Autres industries qui rentrent dans cette rubrique : pâtes alimentaires, conserves, bonbons, minoterie.

Industrie des cigarettes. — C'est une des plus florissantes du pays, et la valeur de sa production annuelle peut être estimée à plus de 12 millions de livres égyptiennes.

L'industrie des cigarettes qui, il y a quelques années, était une industrie d'exportation très prospère, a dû diminuer ses exportations, à la suite de l'établissement de droits prohibitifs par les pays importateurs et de l'application en Egypte même d'une série de mesures fiscales très rigoureuses. D'autre part, comme conséquence du renchérissement et de l'indiscipline de la main-d'œuvre, elle a réduit la fabrication manuelle, qui était de règle autrefois, pour adopter la fabrication mécanique. La manufacture à la main est désormais réservée aux qualités supérieures de cigarettes, qui jouissent, à juste titre, d'une renommée mondiale.

Industrie de l'huile. — L'Égypte produit, pour la consommation locale surtout, plus de 20.000 tonnes d'huile par an. Elle tire cette huile de la graine de coton dont 50 o/o environ de la production locale est utilisée à cette fin. Cependant les huileries du pays, malgré les facilités de l'approvisionnement, n'arrivent pas encore à concurrencer la production étrangère.

Industrie de l'alcool. — La production de l'alcool atteint environ 1 million de litres, dont la majeure partie provient de la distillation des mélasses de sucrerie. ·

Industrie de l'égrenage et du pressage. — C'est une industrie saisonnière dont l'activité est intense durant la période qui suit la récolte du coton.

Les usines d'égrenage, qui en 1925 étaient au nombre de 140 environ, sont distribuées sur toute l'étendue de la zone cotonnière, tant dans la Haute que dans la Basse-Egypte.

L'industrie du pressage proprement dit est localisée à Alexandrie et présente une organisation et une technique parfaites.

Industrie de la céramique. — Elle comprend la poterie, industrie très ancienne et prospère, la briqueterie et la céramique. Cette dernière industrie qui est assez ancienne dans le pays n'a pas encore tiré parti de toutes les possibilités qui s'offraient à elle et est encore susceptible d'un grand développement.

Tannerie. — La tannerie est représentée par un nombre considérable de petits ateliers indigènes produisant des cuirs pour la chaussure légère et la maroquinerie, et quelques grands établissements étrangers, grecs notamment, à Alexandrie, qui, au cours de ces dernières années, ont notablement perfectionné leur fabrication. Leur production est cependant inférieure à la demande et se trouve limitée par les difficultés de l'approvisionnement en matières premières, en raison des droits particulièrement élevés dont celles-ci sont frappées.

Industries extractives. — L'Égypte possède des terrains dont on extrait, en assez grande quantité, du pétrole, du manganèse et du minerai de fer, du phosphate, du nitrate de soude.

Mais la plus importante de ces industries est celle du pétrole. Il existe à Suez une raffinerie des plus modernes qui traite non seulement des huiles indigènes, mais encore des huiles importées (la production de la raffinerie de Suez a été de 22.000 t. en 1927).

Industrie du ciment. — Il existe au Caire une grande usine moderne de ciment dont la production s'élève à 50.000 tonnes par an.

D'autres industries méritent aussi d'être signalées. Celle de la nacre, à Suez, et celle des huiles essentielles, toutes deux créées par des Français avec un succès qui permet de bien augurer de leur avenir, l'industrie du caoutchouc établie par des Italiens, l'industrie chimique et en particulier la verrerie, à laquelle l'élément égyptien s'intéresse beaucoup, la décortication du riz, etc.

Nous ne saurions omettre de signaler dans cette étude l'action de la Banque Misr, qui, fondée en 1920, possède actuellement un capital de L. E. 720.000, et pour plus de L. E. 3.000.000 de dépôts.

La Banque Misr a créé, dans le pays et même à l'étranger, un certain nombre de sociétés industrielles qui ont donné et qui continuent à donner les meilleurs résultats.

La plus importante de ces Sociétés est la « Société Misr pour le commerce et l'égrenage du coton », qui, fondée en 1924 avec un capital initial de L. E. 35.000, possède actuellement un capital de L. E. 200.000.

Les autres Sociétés sont :

« La Société Misr pour la filature et le tissage du coton » au capital actuel de L. E. 30.000.

« La Société Misr pour le transport et la navigation » au capital de L. E. 75.000.

« La Société anonyme égyptienne pour l'industrie du papier » au capital actuel de L. E. 30.000.

« La Société Misr pour le tissage de la soie » au capital actuel de L. E. 30.000.

« La Société Misr pour les pêcheries » au capital actuel de L. E. 20.000.

« La Société Misr pour le lin » au capital actuel de L. E. 10.000 etc...

Pour si longue que soit cette liste, elle ne comprend, nous le répétons, que des industries à l'état embryonnaire.

Le Dr I. G. Levy, ancien Directeur de la statistique de l'État, indique que, sur un total de 58 millions de livres représentant la valeur des marchandises importées en 1925, la valeur des produits finis s'élevait à 47 millions, soit les 80 o/o de l'ensemble des importations.

Le Dr I. G. Levy signale par ailleurs qu'en 1925, la presque totalité des exportations (95 o/o) était constituée par des produits bruts destinés aux industries étrangères.

Il n'est pas douteux qu'à la faveur du renouvellement des traités de commerce, le Gouvernement égyptien essaiera de dresser des barrières douanières à l'abri desquelles les industries de la Vallée du Nil tenteront de se développer.

Le régime douanier actuel, qui a été imposé autrefois à l'Égypte par la Turquie, comporte simplement un droit « ad valorem » de 8 o/o à l'importation et de 1 o/o à l'exportation (il existe un droit fixe spécial pour les tabacs et cigarettes et la taxe de sortie pour le coton est de P. T. 25 par cantar).

Le nouveau régime douanier, qui doit entrer en vigueur à la fin de 1930, comportera certainement des tarifs spécifiques, mais en l'état actuel des travaux de la Commission qui s'occupe de la révision, il n'est pas possible de fournir des précisions à ce sujet.

Les chiffres que nous avons donnés de la balance commerciale de l'Égypte témoignent de l'enrichissement prodigieux et constant de ce pays durant ces dernières années. Il faut compter aussi sur ce que l'on a appelé « l'exportation invisible » ; signalons à cet égard que les dépenses qu'effectuent en Égypte les quelques 20.000 touristes qui viennent chaque année admirer ses paysages et ses monuments ou goûter le charme de son climat peuvent, d'après mes évaluations personnelles, rapporter actuellement à l'Égypte au moins cinq cent mille livres par an.

On peut dire que, depuis une dizaine d'années, l'Égypte voit l'argent affluer chez elle.

Cet enrichissement constant a eu pour premier effet le remboursement d'une très grande partie de la dette hypothécaire.

Cette dette qui était de L. E. 45.838.000 en 1914, a été ramenée à L. E. 29 millions 085.000 en 1924.

Il a eu pour second effet un développement prodigieux de la construction des immeubles dans les grandes villes. « Le coton, a-t-on dit, se transforme en pierres ».

En 1925, on comptait à Alexandrie (ville de 650.000 habitants) 1.758 immeubles neufs et 1.673 en transformation. En 1927, le nombre des immeubles neufs en construction était de 2.287. et celui des immeubles en transformation de 2.072.

La proportion est la même pour la ville du Caire.

L'enrichissement constant et progressif de l'Égypte a eu pour troisième effet le rachat à l'étranger des titres égyptiens.

Quantité des valeurs foncières égyptiennes — et qui sont parmi les meilleures de la cote de Paris — sont passées des portefeuilles européens dans ceux des habitants d'Alexandrie et du Caire. La Bourse des valeurs, dans l'une et l'autre villes, prend chaque jour plus d'importance, et les spéculateurs, dont les opérations ont donné lieu à de retentissants procès, s'intéressent aujourd'hui aussi bien au cours des actions qu'à celui du coton.

Un des plus grands Établissements fonciers, The Land Bank of Egypt, a pu, dans les trois dernières années, sans difficultés, placer à Alexandrie et au Caire pour un million 350.000 livres égyptiennes d'obligations.

Enfin, autre symptôme important de l'enrichissement de l'Égypte, le Gouvernement Égyptien a pu se constituer une réserve de 30 millions de livres, qu'il utilise, en partie, au rachat de sa dette. Celle-ci était en 1926 de moins de cent millions de livres (L. S. 91.976.140).

*
* *

Bien que l'Egyptien, jusqu'à maintenant, ne se soit jamais intéressé à ce qui touche à la mer et que les transports maritimes soient encore entièrement monopolisés par les étrangers, nous indiquerons ici, à titre de renseignement, qu'en 1925, la navigation à l'entrée dans les ports égyptiens représentait 4.195.388 T. et à la sortie 1.814.227 T.

L'Egypte, comme on le voit, manque de fret de retour.

En ce qui concerne le canal maritime de Suez, dont le percement a contribué si puissamment à rapprocher l'Egypte de l'Europe par les liens économiques, indiquons que le tonnage net des navires ayant transité en 1928 a été de 31.905.902 tonnes.

Le mouvement du transit dans le canal de Suez ne cesse de progresser. En 1924, l'augmentation était de 33,5 % par rapport à 1913 ; en 1928, elle a été de 59,76 %.

Il nous paraît intéressant de noter que dans cette même année, les grandes lignes de navigation, clientes de la Compagnie du canal, étaient par ordre d'importance :

Peninsular & oriental et British India	2.998.000 T.
British tank	2.004.000 T.
Ellerman Line.	1.833.000 T.
Holt Line.	1.559.000 T.
Messageries maritimes.	970.000 T.

****

Arrivés au terme de cette étude, retournons-nous vers le passé et nous verrons que l'évolution prodigieuse de l'Égypte a commencé sous le règne d'Ismaïl Pacha et a eu, comme point de départ, la création du Canal maritime de Suez, l'institution en 1875 des Tribunaux de la Réforme, la création du Crédit Foncier égyptien, et enfin, l'introduction de la culture du coton.

Nous devons être, nous autres Français, particulièrement heureux et fiers d'assister à l'épanouissement de l'Égypte, car nous fûmes les premiers à lui faire confiance, à lui apporter notre argent et à lui prêter nos techniciens.

Français était Ferdinand de Lesseps qui créa le Canal de Suez, Français était Jumel, qui, le premier, fit cultiver dans la Vallée du Nil le coton qui porte son nom, Français étaient les financiers qui fondèrent le Crédit Foncier égyptien, Français fut M. Say qui créa en Egypte la Société des sucreries et de la raffinerie, et ce fut une ligne de navigation française qui, la première, sous le pavillon de la Compagnie des services maritimes des Messageries Nationales, établit une liaison régulière entre l'Égypte et l'Europe.

N'oublions pas, enfin, que ce furent nos grands archéologues, Champollion et Mariette Pacha, qui, en arrachant son secret à l'antique terre d'Égypte, ont révélé à ce pays son prestigieux passé.

Encore aujourd'hui, les artisans les meilleurs de la prospérité de l'Égypte sortent, en grande majorité, des écoles françaises, qui comptent plus de 25.000 élèves égyptiens.

Sobres, travailleurs, disciplinés, les Égyptiens, après une période troublée, paraissent avoir retrouvé la stabilité politique.

Sous le gouvernement d'un souverain qui, en digne héritier du grand Ismaïl, a pris lui-même l'initiative de nombreuses réformes et s'est fait le protecteur éclairé des Lettres et des Arts, l'Égypte doit continuer à tenir la première place parmi les pays d'Orient.

Certes, c'est le coton qui constitue essentiellement la fortune de l'Égypte, et ceci peut être un danger pour un pays qui n'a pas ou presque pas de revenu du dehors, mais ce danger, comme nous l'avons démontré, apparaît bien lointain, et, de plus, voici que s'ébauche un programme de grands travaux (surélévation du barrage d'Assouan, électrification de la Vallée du Nil) et que se découvrent des richesses minières et pétrolifères qui vont peut-être constituer pour l'Égypte, dans un avenir très prochain, de nouveaux trésors.

Eugène GAUDAIRE,

Ancien Président de la Chambre
de Commerce française d'Alexandrie.

M. ALEXIS CHARMEIL,
Conseiller d'Etat.
Directeur du Personnel de l'Expansion commerciale et du Crédit
au Ministère du Commerce.
Délégué du Gouvernement français a l'Exposition française au Caire.

L'EXPOSITION FRANÇAISE AU CAIRE

par

Alexis CHARMEIL

'EXPOSITION française du Caire de 1929 vient après l'exposition d'Athènes de 1928 ; elle précède de quelques semaines l'importante participation française à l'exposition internationale de Barcelone.

Ce choix dans les manifestations successives organisées par le Comité français des expositions, à la demande du Ministère du Commerce, n'est pas le fait d'une simple coïncidence ; il répond à une triple idée : l'influence réciproque des pays méditerranéens les uns sur les autres, l'unité méditerranéenne qui en est résultée, la place considérable de la France au sein de cette unité.

Parmi les pays qui bordent la mer intérieure des Anciens, plusieurs, après avoir brillé au premier plan, ont subi par la suite une éclipse prolongée, peut-être définitive pour certains. L'Egypte au contraire a eu l'étrange fortune d'être la première institutrice de l'humanité en toutes choses, puis de maintenir son action sinon prépondérante, du moins considérable à travers soixante-dix siècles.

De nos jours, l'Egypte, qui mêle toujours étroitement le présent au passé, nous présente avec Alexandrie une sorte de Marseille africaine, la reine du Levant ; avec le Caire une ville mi-vieille, mi-neuve, mi-arabe, mi-européenne, la plus merveilleuse de tout l'Orient, où le caractère original de l'art décoratif contemporain, son adaptation, toujours plus parfaite, aux conceptions et à la vie actuelles sont compris et appréciés par une élite ayant à sa tête un souverain auquel rien n'est étranger de ce qui intéresse les sciences et les arts.

L'ensemble du pays offre à nos industriels un marché où les besoins à satisfaire se développent en proportion de la richesse de ses cultures, de la puissance de travail de sa population et de l'accroissement qu'elle entend donner à son développement économique.

De tels gages de succès, peut-être uniques pour une exposition française à l'étranger, expliquent l'importance et l'éclat qu'a pris cette manifestation aussi remarquable par le nombre que par la valeur des productions qu'elle a groupées sous l'active impulsion de son Comité d'organisation et de ses divers collaborateurs.

Si l'on considère que S. M. le Roi Fouad Ier a bien voulu accorder son patronage à cette initiative et même s'intéresser personnellement à sa réalisation, que S. E. Mohamed Mahmoud Pacha, Président du Conseil égyptien et tous les Ministres ont daigné faire partie du Comité d'honneur, que son Altesse le Prince Youssouf Kémal, Président de la Société des Amis des Arts du Caire, a accepté la présidence de ce Comité et son Altesse Sultanienne le Prince Kemal el Dine, permis que l'exposition se déploie dans les splendides jardins de la Société Royale d'Agriculture, enserrés par le Nil, auréolés par la grandeur massive des Pyramides, on comprend avec quelle confiance et aussi quelle fierté, se sont employés à réaliser une si belle œuvre, les personnalités françaises qui ont assumé cette charge.

A toute l'expérience, grosse de succès, du Comité français des expositions, son Président, M. le sénateur Chapsal, a ajouté sa haute autorité personnelle ; M. Georges Philippar, à la tête du Comité d'organisation, s'est montré l'entraîneur incomparable que revendiquent le Comité des Armateurs et la Compagnie des Messageries Maritimes ; M. Miriel, en acceptant la présidence du Comité d'Egypte, a bien voulu le faire bénéficier de toutes les amitiés que lui ont valu dans ce pays ses qualités exceptionnelles encore plus que sa haute situation de Président du Crédit Foncier Égyptien ; enfin notre attaché commercial au Caire, M. Grandguillot, en parfait accord avec le Ministre de France, M. Gaillard, a apporté à la réalisation de l'ensemble, comme de tous les détails, une activité dont il a su toujours donner maintes preuves.

Le succès a couronné leurs efforts ; M. Bonnefous, Ministre du Commerce et de l'Industrie, a présenté lui-même à Sa Majesté le Roi Fouad Ier, l'exposition que le Souverain a daigné inaugurer et longuement visiter ; il lui a apporté les remerciements du Gouvernement de la République française.

L'accueil fait à notre Ministre du Commerce et aux nombreuses personnalités qui l'accompagnaient a témoigné de la profonde impression produite par notre exposition, impression relatée par toute la Presse, qui comprend au Caire des journaux édités dans les diverses langues.

Délégué du Gouvernement français auprès du Comité d'organisation, j'ai vivement regretté que l'état de ma santé ne m'ait pas permis de me rendre au Caire comme j'en avais formé le projet ; mais si je n'ai pas eu la satisfaction de le constater moi-même sur place, je connais par le témoignage unanime de ceux qui, plus favorisés, ont participé au voyage, le succès éclatant de l'Exposition française.

En exprimant à nouveau aux organisateurs de l'Exposition du Caire les remerciements qu'ils ont si largement mérités, qu'il me soit permis de saluer et de féliciter les exposants qui ont répondu à leur appel, sans hésiter devant les sacrifices qu'impose bien souvent une exposition lointaine.

Par leur qualité, autant que par leur nombre, ils ont présenté à l'Egypte une image fidèle de la production française et des ressources de toute nature qu'offre notre pays.

Organisateurs et exposants peuvent être fiers de l'œuvre accomplie. Ils ont contribué à mieux faire connaître la France. Qu'ils soient loués d'avoir travaillé d'un même cœur à accroître le rayonnement de notre activité dans le monde.

Alexis CHARMEIL,
Conseiller d'État, Directeur du Personnel
de l'Expansion commerciale
et du Crédit au Ministère du Commerce,
Délégué du Gouvernement français
à l'Exposition française au Caire.

COMPTE RENDU

du

VOYAGE DU " MARIETTE-PACHA "
EN ÉGYPTE

et de

L'INAUGURATION
DE L'EXPOSITION FRANÇAISE
AU CAIRE

E présent ouvrage, ainsi qu'on l'a indiqué ici même (1), a été publié à l'occasion de l'Exposition Française qui s'est tenue au Caire de mars à avril 1929 et à laquelle est précisément consacrée l'une des études (2) qu'il contient. Aussi nous a-t-il paru intéressant de donner sur cette manifestation quelques brefs renseignements complémentaires.

****

C'est au début du mois d'octobre 1928 que le Comité Français des Expositions commença ses travaux qui devaient aboutir, au début du mois de mars suivant, à l'ouverture de l'Exposition Française au Caire. Malgré le temps relativement court dont il disposait, il réussit à grouper plus d'un millier d'exposants dont les stands devaient occuper une superficie d'environ 6.000 mètres carrés. Aidé particulièrement en cela par la Compagnie des Messageries Maritimes, il parvenait, en outre, dans le même temps, à tracer le programme d'un intéressant voyage en Egypte à l'occasion de l'Exposition Française.

Par analogie, en effet, avec ce qu'elle avait fait en 1928, en mettant le « Théophile Gautier » à la disposition des participants à l'Exposition de France à Athènes, la Compagnie des Messageries Maritimes, dont le Président, M. Georges Philippar, était le Président du Comité d'Organisation de l'Exposition Française au Caire, avait affecté le paquebot « Mariette Pacha » à une croisière qu'elle avait organisée pour les

---

(1) Voir page 17.
(2) Voir page 169 *L'Exposition Française au Caire*, par M. Alexis Charmeil.

deux cent cinquante exposants qui avaient tenu à se rendre en Egypte à l'occasion de cette Exposition.

Les personnalités françaises officiellement chargées de représenter notre pays aux fêtes célébrées en Egypte à l'occasion de son inauguration empruntèrent également le « Mariette Pacha », magnifique unité qui, depuis 1926, dessert, concurremment avec son aîné d'un an, le « Champollion », la ligne de Marseille à Alexandrie. Le navire quitta Marseille le 28 février, ayant à son bord : MM. Georges Bonnefous, Ministre du Commerce et de l'Industrie ; Fernand Chapsal, Sénateur, ancien Ministre, Président du Comité Français des Expositions ; Georges Philippar, Président du Comité d'Organisation de l'Exposition Française au Caire ; Henri-Louis Savon, Administrateur de Sociétés Maritimes et Industrielles, et Guy de Wendel, Sénateur, Président de l'Association Minière d'Alsace et de Lorraine, Vice-Présidents du Comité d'Organisation ; Lorain, Chef de Cabinet de M. le Ministre du Commerce et de l'Industrie ; Edouard Bonnefous, Chef du Secrétariat particulier ; Le Soufaché, Secrétaire Général du Comité Français des Expositions ; Jean Faure, Trésorier du Comité Français des Expositions ; Viou, Inspecteur de la Navigation à la Compagnie des Messageries Maritimes, Secrétaire du Comité d'Organisation ; Hermès, Industriel, Trésorier ; M. Paul Léon, membre de l'Institut, Directeur Général des Beaux-Arts ; M. le Docteur Lardennois, Professeur agrégé à la Faculté de Médecine de Paris, Chirurgien des Hôpitaux ; M. Alazard, Délégué du Gouvernement Général de l'Algérie, Professeur à la Faculté des Lettres d'Alger, Directeur du Musée National des Beaux-Arts d'Alger.

Parmi les passagers du « Mariette Pacha » se trouvaient également MM. Théodore Laurent, Président du Comité des Forges de France; Victor Tenthorey, Président du Groupe des Fils et Tissus; Alfred Bertrand-Taquet, membre du Conseil de Direction du Comité Français des Expositions, Président du Groupe de l'Alimentation ; Mesdames de Vilmorin et Lanvin ; M. François Carnot ; M. Hachette, Président du Comité des Expositions Françaises du Livre ; MM. Delage, Rédacteur au *Temps*, et Gérard Bauer, Rédacteur à l'*Echo de Paris*, ainsi qu'un grand nombre d'autres personnalités françaises.

Ajoutons que M. René Cotillon, Secrétaire Général du Comité d'Organisation de l'Exposition Française au Caire ; M. Pierre Laverny, Secrétaire Général adjoint, et M. Paul Roque, Rapporteur Général, Délégué du Président, ainsi que M. Mario Constant, Président du Groupe du

Le « Mariette-Pacha ».

L'entrée du parc Ghezireh.

Matériel et des Procédés Généraux de la Mécanique, et M. Emile Bouton, Président du Groupe des Industries diverses du vêtement, s'étaient précédemment embarqués à destination de l'Egypte, à bord du « Champollion ».

Le « Mariette Pacha » arriva à Alexandrie le 4 mars. Son Excellence Hussein Sabry Pacha, Gouverneur d'Alexandrie, et Son Excellence Mahmoud Bey Khalil, Vice-Président de la Société des Amis de l'Art et Vice-Président du Comité local d'Organisation de l'Exposition Française au Caire, accompagnés du Consul de France, de MM. les Députés de la Nation française et du Président de la Chambre de Commerce française à Alexandrie, montèrent aussitôt à bord pour accueillir M. le Ministre Bonnefous, entouré de MM. F. Chapsal et G. Philippar.

Tandis que des groupes d'exposants visitaient la ville sous la conduite d'un Agent des Messageries Maritimes qui accompagna la croisière, M. Georges Bonnefous alla déposer une gerbe de fleurs au pied du monument élevé, sur l'initiative du Président de la Communauté anglaise d'Alexandrie, aux Français d'Alexandrie morts au champ d'honneur, puis, accompagné de M. Georges Philippar, il rendit visite au Gouverneur d'Alexandrie et assista à une réception donnée au Consulat de France.

Dans l'après-midi, la Colonie Française d'Alexandrie reçut à la Maison de France le Ministre français, les membres du Comité d'Organisation de l'Exposition et les exposants. Au cours de cette réception, M. G. Bonnefous et MM. Desvernois et Mathieu, Députés de la Nation française, prononcèrent des discours.

****

Le 5 mars, une réception fut donnée à la Chambre de Commerce Française au Caire en l'honneur de M. G. Bonnefous et de MM. les exposants français, réception à laquelle assista un grand nombre de notabilités françaises et égyptiennes et au cours de laquelle furent prononcés deux discours par M. Manhès, Président de la Chambre de Commerce Française, et par M. Georges Bonnefous. Le même jour, dans la soirée, à l'issue d'un grand dîner donné par S. E. Hafez Afifi Bey, Ministre des Affaires Étrangères, une très belle réception fut offerte par la Colonie Française du Caire dans la Maison de France où les invités entendirent un magnifique concert qui fut suivi d'un grand bal.

Le 6 mars, l'inauguration de l'Exposition Française par Sa Majesté Fouad Ier, roi d'Egypte, eut lieu dans la matinée, favorisée par un temps splendide. Sa Majesté fut accueillie par Son Altesse Sultanienne, le Prince Kemal el Dine, Président d'honneur du Comité d'honneur égyptien de l'Exposition, entourée des princes et nabils de la famille royale et de tous les Ministres ; par M. Georges Bonnefous, Ministre du Commerce et de l'Industrie ; M. Chapsal, Sénateur, ancien Ministre, Président du Comité Français des Expositions, et M. Georges Philippar, Président du Comité d'Organisation. M. G. Philippar, assisté de M. René Cotillon, Secrétaire Général, et de MM. Laverny, Secrétaire Général adjoint, et Viou, Secrétaire, fit visiter au souverain les divers stands installés dans les locaux du Parc Ghézireh, au bord du Nil.

Sa Majesté, à l'issue de sa visite qui dura plus d'une heure, a bien voulu exprimer ses félicitations aux organisateurs de cette Exposition Française qui constituait une manifestation présentant un caractère absolument nouveau par rapport à ce qui s'était fait jusqu'ici en Egypte. L'Exposition Française au Caire, qui embrassait la totalité des formes de l'activité française, permettait de s'en faire une idée exacte et précise.

Dans l'après-midi, S. M. le roi Fouad adressa à M. Gaston Doumergue, Président de la République Française, le télégramme suivant :

« Palais d'Abdine, 6 mars.

« Je m'empresse de faire part à Votre Excellence de la très vive satisfaction que « j'ai éprouvée en inaugurant l'Exposition que M. le Ministre Bonnefous nous a « présentée ce matin et où s'étalent tant de produits du génie français. La bonne grâce « avec laquelle Votre Excellence et le Gouvernement de la République ont bien voulu « tenir cette Exposition au Caire a comblé un de mes vœux les plus chers. J'en remercie « vivement Votre Excellence et la prie d'être persuadée que cet événement ne « manquera pas de développer encore davantage les liens d'amitié et les relations « économiques qui unissent si heureusement nos deux pays.

Fouad R. »

M. Gaston Doumergue lui répondit dans les termes suivants :

« Paris, 8 mars.

« Je remercie vivement Votre Majesté d'avoir bien voulu inaugurer l'Exposition « Française au Caire et je suis très touché des sentiments qu'Elle a tenu à m'exprimer « à cette occasion. J'ai plaisir à penser que la manifestation dont M. Bonnefous a fait « les honneurs à Votre Majesté contribuera grandement à resserrer davantage encore « s'il était possible les liens d'amitié et développer les relations économiques qui « existent si heureusement entre nos deux pays.

Gaston Doumergue ».

Dans la soirée du 6 mars, à l'occasion de l'inauguration de l'Exposition Française, M. Georges Bonnefous présida un grand banquet, donné en l'honneur des autorités égyptiennes par le Comité d'Organisation de l'Exposition Française, dans les salons de l'Heliopolis Palace Hotel. Les membres du Gouvernement égyptien et toutes les hautes autorités égyptiennes avaient été

L'inauguration de l'Exposition française au Caire au Parc Ghezireh, S. M. Fouad Ier visitant les stands, entouré, à sa droite, de MM. G. Bonnefous et F. Chapsal et, à sa gauche, de M. G. Philippar.

L'inauguration de l'Exposition française au Caire au palais Tigrane. La sortie du Palais (au centre M. G. Bonnefous et S. E. Mahmoud Bey Khalil).

L'inauguration de l'Exposition française au Caire au palais Tigrane. Le roi Fouad sort du Palais, accompagné de M. Georges Bonnefous, ministre du Commerce et de l'Industrie, et de M. Paul Léon, directeur général des Beaux-Arts.

conviés à cette fête à laquelle assistaient également de nombreux exposants. Au cours de ce banquet, M. Georges Bonnefous prononça, avant de porter un toast à S. M. le roi Fouad et à la famille royale, un discours très applaudi, dans lequel, après avoir refait l'historique de l'Exposition Française au Caire, il remercia avec une grande amabilité toutes les personnalités égyptiennes et françaises qui avaient bien voulu collaborer au succès de cette entreprise. Il déclara combien était flatteuse pour lui-même la mission qui lui avait été confiée d'exprimer à S. M. le roi Fouad Ier et à son gouvernement la reconnaissance de la France et l'espoir que cette Exposition resserrerait encore les liens qui l'unissent à l'Egypte.

M. le Sénateur Chapsal prit ensuite la parole pour remercier au nom du Comité Français des Expositions les collaborateurs de l'Exposition Française au Caire. Il fit, en particulier, l'éloge des exposants français, de cette élite de producteurs et de commerçants qui, sous l'éminente direction de M. le Président Philippar, ont réalisé cette belle manifestation qui a reçu la très précieuse approbation royale.

Enfin, M. Georges Philippar prononça une courte allocution au nom du Comité d'Organisation de l'Exposition Française au Caire, remerciant à son tour les autorités égyptiennes et ses collaborateurs français et faisant une mention spéciale pour le Comité Français des Expositions et M. le Sénateur Chapsal.

« Nous sommes fermement convaincus », dit-il, « que les quelques semences « qu'avec l'aide, d'ailleurs, des Egyptiens, gage de succès, nous venons, en toute « confiance, de nous permettre de confier à cette terre fameuse à tant d'égards, « lèveront pour le plus grand profit de nos deux pays et pour la consolidation de « leur mutuelle estime, de leur mutuelle entente, de leur mutuelle et traditionnelle « amitié.

« Je lève, en terminant, mon verre en l'honneur de nos amis d'Egypte, et au « développement des relations franco-égyptiennes. »

L'Exposition du Livre, de la Gravure et de la Musique, installée au Palais Tigrane et qui constituait la Classe 13 de l'Exposition, fut inaugurée le lendemain 7 mars, par S. M. le roi Fouad Ier.

Cette Exposition comportait une Section de la Gravure en noir et en couleurs depuis ses origines jusqu'à nos jours, et une Section du Livre qui constituait un résumé complet et fort intéressant de la pensée et de l'art français. Elle se doublait d'une Rétrospective du Livre français depuis les origines, contenant des pièces rares, d'un vif intérêt, et de magnifiques reliures. Une Section des Médailles y avait été annexée.

S. M. le roi Fouad Ier y remarqua tout particulièrement les reliures anciennes des XVe et XVIe siècles, aux armes de Marie-Antoinette et de Marie-Thérèse, reines de France, de Louis XV, de Colbert, de Caumartin, ainsi que les éditions originales d'œuvres de Corneille et de Racine, les reliures dites « à mosaïque », les livres d'heures manuscrits et enluminés, et une édition des œuvres d'Horace datant de 1498.

Signalons que Sa Majesté fit l'acquisition d'un certain nombre d'estampes.

S. M. la Reine tint à venir visiter en personne les stands du Parc Ghézireh et ceux du Palais Tigrane dans la matinée du 9 et du 10 mars et manifesta d'une très vive admiration.

En présence du succès si complet remporté par l'Exposition, M. Philippar tint à faire accomplir, auprès du Président de la République, une démarche à la fois déférente et courtoise, destinée en même temps à le renseigner. Il fit télégraphier à Paris, afin que, par l'intermédiaire du Secrétaire Général de la Présidence, M. Gaston Doumergue fût tenu au courant de ce qui précède. On se rappelle, d'ailleurs, que le Président de la République avait accepté de donner à l'Exposition Française au Caire son haut patronage et que, au cours d'un long entretien qu'il avait bien voulu avoir avec M. Georges Philippar, le 16 janvier, il avait témoigné d'un intérêt très vif pour l'œuvre

S. M. le roi Fouad s'entretenant avec M. Georges Philippar au cours de la visite de l'Exposition.

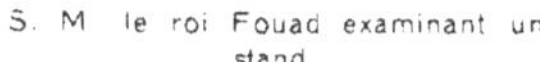

S. M. le roi Fouad examinant un stand.

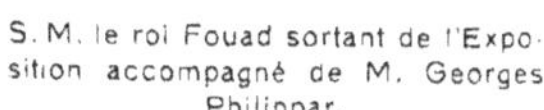

S. M. le roi Fouad sortant de l'Exposition accompagné de M. Georges Philippar.

de collaboration et de rapprochement franco-égyptien ainsi entreprise.

Dans l'après-midi du 7 mars, une réception fut offerte par S. E. Mahmoud Bey Khalil, Vice-Président de la Société des Amis de l'Art, dans sa magnifique résidence des bords du Nil, à laquelle furent invités : M. et Mme Georges Bonnefous, MM. Fernand Chapsal, Georges Philippar, Lorain, Édouard Bonnefous, Paul Léon et de nombreux exposants français.

Ce fut un véritable enchantement pour tous les invités de pouvoir admirer notamment les belles collections d'œuvres d'art de l'école française, que leur hôte a réunies dans son splendide palais.

Dans la soirée, à l'issue d'un dîner offert par M. et Mme Bonnefous,

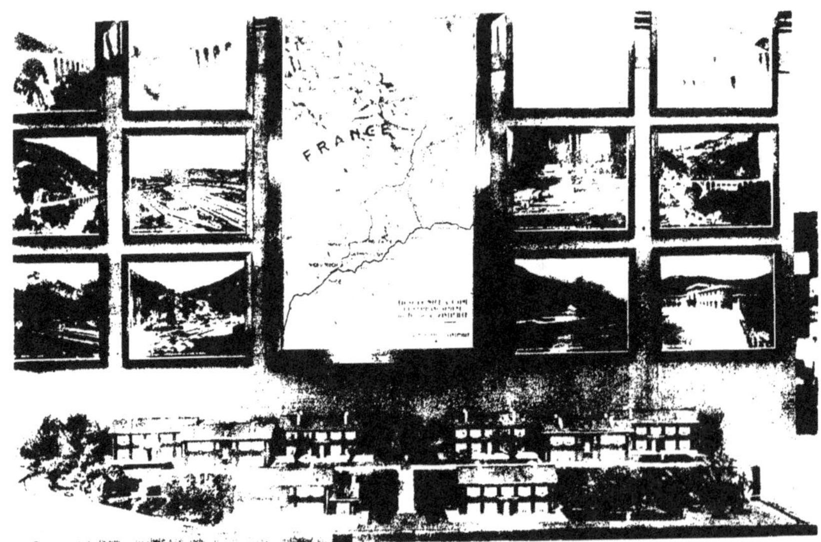

Stand de la classe des Chemins de fer du groupe du « Génie civil » et des Moyens de Transport

Palais Tigrane. — Classe des gravures, reliures et estampes

Stand de la Navigation de commerce dans le groupe du « Génie civil et Moyens de Transport »

Stand de la Navigation de commerce dans le groupe du « Génie civil et Moyens de Transport ».

dans les salons de l'Hôtel Sémiramis. S. M. Fouad Ier donna, au Palais d'Abdine, une réception en l'honneur des organisateurs de l'Exposition Française, à laquelle furent invités : S. A. le prince Youssef Kamal ; le Président du Conseil des Ministres ; les anciens Présidents ; les Ministres ; M. et Mme Bonnefous ; le Ministre de France et Mme Gaillard ; M. Fernand Chapsal, M. Georges Philippar, et un grand nombre d'exposants français.

A cette soirée, particulièrement remarquable, un très beau ballet fut donné dans les salons du palais où un buffet admirablement servi avait été préparé.

Dans la journée du 8 mars, certains exposants participèrent aux visites organisées pour eux par les Messageries Maritimes. Ils visitèrent les mosquées, les musées du Caire et les environs, les Pyramides, notamment.

Avant de quitter l'Egypte, M. Georges Philippar offrit à Alexandrie, dans la soirée du 9 mars, à bord du « Mariette Pacha », un dîner qui fut suivi d'une brillante réception. A ce banquet assistèrent en grand nombre des notabilités égyptiennes, étrangères et françaises, parmi lesquelles il faut citer Amhed Ziwer Pacha, ancien Président du Conseil, les Gouverneurs d'Alexandrie et de Port-Saïd, les Députés des différentes nations, le Président de la Chambre de Commerce française, etc.

A l'issue du banquet, M. Georges Philippar prononça un discours fort applaudi, dans lequel il rappela que l'histoire des Messageries Maritimes est liée à celle de l'Egypte et du Canal de Suez et que, d'une manière plus générale, la France et l'Egypte sont unies depuis plusieurs siècles par de nombreux liens dans l'ordre intellectuel, comme dans l'ordre moral et économique.

Le 12 mars, M. Georges Bonnefous, ainsi qu'un groupe d'exposants qui étaient allés passer trois jours en Haute-Egypte et en Palestine, où des excursions avaient été préparées pour eux, rejoignirent à Ismaïlia les autres participants à la croisière et visitèrent avec eux les installations de la Compagnie Universelle du Canal Maritime de Suez qui avait organisé en leur honneur une réception brillante, dans les salons du Cercle du Canal où se trouvaient réunis tous les Français d'Ismaïlia.

Les passagers se réembarquèrent ensuite sur le « Mariette Pacha » qui avait arboré le grand pavois et à bord duquel les représentants de la Compagnie Universelle du Canal Maritime de Suez les accompagnèrent jusqu'à Kantara.

Au déjeuner qui leur fut offert, M. Georges Philippar porta un toast à ses invités qu'il remercia de leur accueil et de leur collaboration et il leur dit le plaisir tout particulier qu'il éprouvait à les recevoir, étant, pensait-il, le premier Président des Messageries Maritimes à qui semblable occasion était offerte, et ceci à bord du « Mariette Pacha » qui venait de passer, pour la première fois, dans le Canal de Suez.

Il évoqua les liens qui, dans le passé, ont toujours uni les Messageries Maritimes à la Compagnie Universelle du Canal Maritime de Suez, rappelant que, même avant le percement de l'Isthme, les Messageries Maritimes étaient installées en Egypte, que traversaient les passagers et les marchandises qui empruntaient les lignes de cette Compagnie reliant l'Europe à l'Extrême-Orient. Il rappela ensuite la part prise par les Messageries Maritimes à l'inauguration du Canal de Suez en 1869, rapprochant un instant, par la pensée, cet événement, si important dans la vie économique mondiale, de cette réception donnée à bord du « Mariette Pacha ». « Nous sommes ici chez vous, dit-il, puisque nous sommes dans les eaux du Canal, mais vous êtes aussi chez nous, puisque vous êtes à bord de ce paquebot français ».

Un des stands de la classe des industries diverses du vêtement

Dans la soirée, le « Mariette Pacha » fit escale à Port-Saïd où les exposants furent invités à visiter la ville, puis le navire fit route sur la France.

Le 14 mars, au moment où s'achevait la croisière organisée par les Messageries Maritimes à l'occasion de l'Exposition Française au Caire, M. Georges Philippar adressa une dernière fois à ses collaborateurs du Comité d'Organisation, ainsi qu'à tous ceux qui l'avaient aidé à la réussite de cette manifestation, quelques paroles de remerciement qui marquèrent en quelque sorte la conclusion de cette heureuse entreprise.

Il rappela notamment les raisons pour lesquelles il avait cru devoir accepter de présider cette Exposition et comment tous, exposants et organisateurs, avaient lieu de se féliciter du succès qu'avaient remporté leurs efforts. Il termina en donnant lecture du télégramme qu'il avait envoyé au moment de quitter l'Egypte à S. E. Saïd Zulficar Pacha, Chambellan du roi Fouad Ier, pour transmettre à Sa Majesté ses remerciements et ceux de tous les exposants pour l'accueil que leur avait réservé le souverain.

*
* *

Désireux de ne rien négliger pour rehausser l'éclat de la manifestation qu'il avait entreprise et d'attirer l'attention sur l'œuvre de collaboration franco-égyptienne à laquelle il s'était consacré, le Comité d'Organisation de l'Exposition avait pris ses dispositions pour que fût faite au Caire, pendant la durée de l'Exposition, une série de conférences ayant pour but de donner un bref aperçu des diverses manifestations de l'activité française actuelle. C'est ainsi qu'ont été successivement traitées des questions scientifiques, des questions littéraires, des questions artistiques et des questions économiques, ainsi qu'en fait foi la liste des conférences elles-mêmes :

Le 9 mars, M. le Docteur Lardennois, Professeur agrégé à la Faculté de Médecine de Paris, Chirurgien des Hôpitaux, a parlé à la Société royale de Médecine des « Troubles intestinaux par adhérences péritonéales ».

Le 11 mars, au Cercle français, M. Alazard, Professeur à la Faculté des Lettres d'Alger, Directeur du Musée National des Beaux-Arts d'Alger, a pris la parole sur « l'Art Français et le Renouveau des Arts Indigènes en Algérie ».

Les 14 et 19 mars, Mme Marcelle Tinayre fit, à la Société de Géographie, deux conférences, la première sur « La jeune fille d'aujourd'hui et d'autrefois », la seconde sur « Madame de Pompadour et Louis XV », conférences qui furent entendues par un public enthousiaste et qui durent être répétées à Alexandrie, Port-Saïd et Ismaïlia. Dans ces trois villes également furent répétées les deux conférences intitulées « Comment la France voit l'Etranger » et « Comment l'Etranger voit la France », faites au Caire à la Société de Géographie, les 4 et 9 avril, par M. André Lichtenberger, qui avait choisi comme thème général l' « Esprit français et l'Etranger ».

Les 23 et 28 mars, M. l'Abbé Drioton, Conservateur du Musée du Louvre, parla de « La Sculpture et les Arts Mineurs de l'Egypte Ancienne » et des « Grands Temples de l'Egypte Ancienne », en illustrant ses conférences de beaux clichés projetés à l'écran.

Les 11 et 13 avril, M. Edmond Lebée, Secrétaire Général de l'Ecole Libre des Sciences Politiques, a fait deux conférences, accompagnées de projections cinématographiques, sur l'industrie française. La première avait trait à l'industrie lourde et la seconde à l'industrie de qualité.

L'excellente propagande intellectuelle réalisée par ces conférences eut, en quelque sorte, son complément dans les quatre concerts de musique française, ancienne et moderne, organisés au Palais Tigrane du 11 au 15 mars, ainsi que dans les projections, faites dans les salles de spectacles et dans les écoles des grandes villes de l'Egypte, de films se rapportant à l'Exposition, aux grandes industries françaises et au tourisme en France. Environ cinquante représentations cinématographiques de propagande française ont été données notamment au Collège Saint-Paul, au Collège du Daher, au Lycée français, aux Ecoles Secondaires Prince Farouk et de Choubrah, ainsi que dans les salles de cinématographe : le Métropole, le Josy Palace, le Mohamed Ali, etc., etc.

Parmi les films les plus fréquemment présentés, nous citerons notamment : *la Naissance d'un navire*, *le Lancement du « Leconte de Lisle »*, *le Lancement de l'« Eridan »*, *les Usines du Creusot*, *la Construction d'une locomotive*, *la Croisière noire*, *le Départ de M. le Ministre Bonnefous pour l'Egypte*, *la Route des Alpes*, *Visions Marocaines*.

C'est ici le lieu de rappeler qu'au début même de l'Exposition, les représentants du Comité des Forges, au nombre desquels, on s'en souvient, figurait M. Théodore Laurent, Président du Comité, avaient eux-mêmes procédé, au Sémiramis-Hotel, devant un public d'invités, à la projection d'un film extrêmement remarquable, établi dans un esprit de propagande générale et sans qu'aucun nom y fût cité, par la collaboration de l'ensemble des Métallurgistes français.

C'est le même jour qu'avait lieu également le défilé de la Couture, organisé par les Maisons Chéruit, Nicole Groult, Callot, Lanvin et Worth, au cours duquel au milieu de l'intérêt, pour ne pas dire de l'admiration générale, on vit cent cinquante costumes et robes de tous genres. Ce défilé devait être repris ultérieurement, en présence de Sa Majesté la Reine d'Égypte.

Les concerts, les représentations cinématographiques, aussi bien que les conférences, qui ont si brillamment accompagné l'Exposition Française au Caire, furent suivis par un public d'élite.

En ce qui concerne plus particulièrement les conférences, la presse égyptienne n'a pas manqué de se faire l'interprète de l'opinion publique en décernant les plus grands éloges aux distingués orateurs.

C'est ainsi que le 19 mars, à la suite de la seconde conférence de Mme Marcelle Tinayre, les journalistes français d'Égypte adressèrent au Président Philippar, à l'issue du déjeuner offert en l'honneur de l'éminente conférencière, le télégramme suivant :

« Représentants Presse Langue Française Caire réunis par M. Laverny au cours
« déjeuner dix-neuf mars en l'honneur Mme Tinayre adressent Président Philippar
« respectueux compliments pour organisation par Comité Exposition Française
« conférences qui rencontrer plein succès et compléter façon la plus heureuse mani-
« festation économique constituée par Exposition Française. Signé Agence Havas,
« Bourse Égyptienne, Journal du Caire, Patrie, Liberté, Réveil, Information, Courrier,
« Société Amis culture française. »

M. Philippar répondit en ces termes :

« Président Philippar particulièrement touché sentiments Presse Langue Fran-
« çaise et de manière dont ses représentants ont tenu à lui en faire parvenir l'ex-
« pression, les remercie très vivement. Ceci lui est agréable occasion indiquer à ces
« Messieurs que ce témoignage de leurs dispositions et état d'esprit n'est, à ses yeux,
« que le complément et la confirmation d'un accueil qu'il avait apprécié à sa juste
« valeur, lors de son récent passage en Égypte. Il tient enfin à ajouter que si Expo-
« sition Française et les diverses manifestations qui l'accompagnent ont eu le succès
« que la Presse de Langue Française juge avec tant d'amabilité, à cette Presse en
« revient très large part en raison de l'appui qu'elle n'a cessé de donner à tous nos
« efforts. De cela aussi il désire remercier bien vivement ces Messieurs en les assurant
« du bon souvenir qu'il conserve des courtes mais excellentes relations qu'il a eues
« avec eux. »

C'est sur cette affirmation de l'heureuse réussite d'une des initiatives prises à l'occasion de l'Exposition Française au Caire que nous terminerons ce volume consacré à l'un des événements principaux des relations franco-égyptiennes au début du XXe siècle.

GROUPES ET CLASSES

DE

L'EXPOSITION

Vue générale, prise en avion, du Parc Gezireh, où s'est tenue l'Exposition Française au Caire.

LA SIDÉRURGIE FRANÇAISE

La sidérurgie française
comprend trois bassins principaux :

Le plus ancien, celui du Centre, a été amené, par suite du développement de la production de l'acier Thomas dans l'Est, à se consacrer presque exclusivement à la fabrication de l'acier Martin, c'est-à-dire de l'acier produit en partant des ferrailles et de fontes pures, venant de minerais particulièrement riches. Ce fait donne à la métallurgie du Centre un caractère tout à fait spécial : elle est orientée vers la fabrication des produits chers, aciers fins, aciers spéciaux, pour la mécanique, l'automobile et l'aviation, matériel de guerre, pour lesquels elle s'est fait une réputation mondiale. L'importance de ces fabrications n'a pas besoin d'être soulignée.

Dans le bassin du Nord, les usines se sont établies sur le charbon, qui joue, comme on le sait, un rôle capital dans la fabrication de la fonte et de l'acier. Elles utilisent les ferrailles ou les minerais de l'Est ou des pays étrangers.

Quant au bassin de l'Est, il a pris une extension considérable, d'abord du jour où le procédé Thomas a permis l'utilisation des minerais phosphoreux en 1880, ensuite du fait de la découverte en 1895, du bassin de Briey, dont l'exploitation a commencé en 1902, et dont l'extraction est passée de 5 millions de tonnes à 20 millions en 1913.

Il faut ajouter que le retour à la France de la Lorraine et l'incorporation de la Sarre dans le territoire douanier français ont représenté pour la métallurgie française un accroissement de près de 100 % de sa capacité de production.

L'ensemble de ces trois bassins auxquels il faudrait ajouter pour être complet, les usines du littoral (Outreau, Rouen, Caen, Basse-Indre, Trignac, Le Boucau, etc...) et quelques autres, comprenait au 1er janvier 1929 :

220 hauts fourneaux : 153 en fonctionnement, 21 hors feu, 47 en réparation ou en construction.

Le développement de la production depuis la fin de la guerre et par comparaison avec celle de 1913 est mis en évidence par les chiffres suivants :

(Production en **1.000** tonnes)
Ancien territoire.

	Fonte	Acier Martin	Acier Thomas	Bessemer	Acier au creuset électrique	Total de l'acier
1913	5.207	1.582	2.806	252	45	4.687
1926	5.858	1.999	3.471	61	99	5.630
1927	5.945	1.780	3.617	71	103	5.571
1928	6.430	2.131	4.104	55	130	6.420

et en tenant compte de la production du bassin lorrain :

Y compris l'Alsace et la Lorraine.

(Production en 1.000 tonnes)

	Fonte	Acier Martin	Acier Thomas	Bessemer	Acier au creuset électrique	Total de l'acier
1913	9.071	1.762	4.812	252	149	6.976
1926	9.432	2.458	5.812	61	99	8.430
1927	9.326	2.252	5.880	71	103	8.306
1928	10.097	2.625	6.577	55	130	9.387

La production de 1913 suffisait à la consommation de l'ancien territoire français et même de la Lorraine; il en est résulté que la métallurgie est devenue exportatrice pour une quantité croissante qui représente actuellement 40 % de sa production :

Exportation en 1.000 tonnes des principaux produits :

	Fonte brute et ferros	Blooms billettes et barres	Rails	Tôles et larges-plats	Fil machine	Fils	Tubes	Total
1913.	113	314	75	9	2	5	5	523
1926.	707	2.019	322	228	120	43	63	3.502
1927.	843	2.832	388	312	185	54	101	4.715
1928.	637	2.541	382	247	248	67	94	4.216

Pour mettre en œuvre tout cet ensemble, la sidérurgie proprement dite occupe, à l'exclusion des cokeries et des services annexes, 166.000 ouvriers dont 25.000 dans le Centre, 36.000 dans le Nord, 79.000 dans l'Est et l'Alsace-Lorraine. Elle leur verse des salaires atteignant au moins 1 milliard 250 millions sur un chiffre d'affaires total de 7 milliards environ.

Telles sont, très sommairement, les données qui expriment la consistance de l'industrie sidérurgique française. Il ne suffit d'ailleurs pas, pour en avoir une idée exacte, de la considérer en elle-même ; il faudrait aussi avoir égard aux industries qui l'alimentent et à celles qu'elle approvisionne ; les chiffres sont assez impressionnants : la métallurgie consomme 10 millions de tonnes de coke, 3.800.000 tonnes de houille ; elle utilise 25 millions de tonnes de minerai de fer, 500.000 tonnes de minerai de manganèse, 3 millions de tonnes de riblons, scories ou résidus de grillage.

Elle fournit toutes les industries de transformation qui incorporent à ses produits une main-d'œuvre considérable, représentant approximativement 800.000 ouvriers. D'après les chiffres de la Fédération de la Mécanique, ces industries ont réalisé en 1926 un chiffre d'affaires de 25 milliards, dont 5 à l'exportation.

Vue générale des Usines de Saint-Chamond.

Compagnie des Forges et Aciéries de la Marir
et d'Homécourt

Usine d Homécourt. — Vue des Hauts Fourneaux, côté Nord.

La Compagnie des Forges et Aciér
de la Marine et d'Homécourt a eu pour o
gine les Établissements métallurgiques cr
de 1837 à 1854 à Saint-Chamond et Rive-
Gier (Loire), par MM. Pétin et Gaudet.

Des acquisitions successives et
créations correspondant aux nécessités é
nomiques et industrielles, ont amené
Compagnie à sa consistance actuelle
comporte les usines suivantes :

Saint-Chamond, Assailly, Lorette et Rive-de-Gier, dans le départeme
de la Loire.

Le Boucau ou Forges de l'Adour, dans le département des Basses-Pyréné

Homécourt, dans le département de Meurthe-et-Moselle

Hautmont, dans le département du Nord.

Cagliari, en Sardaigne.

Ces usines, qui occupent un personnel de 10.655 ouvriers, disposent
'un outillage extrêmement puissant et moderne, savoir : 11 hauts fourneaux,
1 fours Martin, 7 convertisseurs, 8 fours électriques, 21 trains de laminoirs.

Elles élaborent la totalité des produits métallurgiques, depuis les fontes
: les aciers ordinaires et spéciaux, jusqu'aux pièces les plus délicates ou les
us lourdes de la construction mécanique, et aux sous-produits de la distil-
tion du charbon et du bois.

Nous donnerons une idée de la puissance de production des usines de cette
ompagnie en indiquant que leur production de fonte en 1928 a atteint le
hiffre de 483.000 tonnes, et leur production d'acier celui de 456.300 tonnes.

Constamment préoccupée d'assurer son ravitaillement en matières pre-
ières, la Compagnie a acquis les concessions de minerai de fer d'Homécourt,
yant produit 1.431.000 tonnes en 1928, et les concessions d'Anderny, Trieux
Chevillon, amodiées à la Société des Mines d'Anderny-Chevillon, et dont
extraction a atteint 1.210.000 tonnes de minerai de fer pendant l'année 1928.

Le ravitaillement en charbon de la Compagnie est assuré très largement
ar les intérêts qu'elle a pris dans la Société des Houillères de Saint-Chamond,
ans la Société minière de Charlemagne (extraction de charbon en 1928 :
34.000 tonnes) et dans la Société des Charbonnages de Beeringen (extraction
: charbon en 1928 : 600.050 tonnes). .

La Compagnie a des participations dans les Mines de Bazailles, les
ncessions de Cinglais et d'Ercée-en-Lamé, et elle possède la mine de wolfram
: Leucamp.

Enfin, elle vient de conclure avec la Compagnie des Mines d'Anzin
1 accord commercial destiné à assurer à l'usine d'Homécourt le complé-
ent de son approvisionnement en coke métallurgique ; cet accord commercial
double d'une pénétration financière réciproque des deux Compagnies.

Pour assurer l'alimentation de ses productions électro-métallurgiques
s usines de la Loire en courant électrique, la Compagnie utilise sa parti-
pation dans la Société d'Énergie électrique de la Basse-Isère, qui a fourni,
1 1928, un total de 147.000.000 de kilowattheures.

En outre, rappelons parmi les propriétés de la Compagnie, le domaine
restier de 10.000 hectares qu'elle possède en Sardaigne, à Cagliari.

Récemment, dans ses établissements Saint-Chamond-Granat, la Compa-
ie s'est spécialisée dans les études des divers problèmes de transmissions

électriques à distance. Ses transmissions électriques asservies, adoptées par
Marine nationale, trouvent également des applications dans de nombre
domaines industriels, tant à bord des vaisseaux de la Marine marchande q
dans les mines, centrales électriques et usines sidérurgiques. C'est ainsi q
la grande Centrale parisienne de Gennevilliers équipe actuellement les poir
vitaux de son usine (chaudières, groupes turbo-générateurs, tableaux
contrôle) au moyen d'appareils de transmission d'ordres Saint-Chamon
Granat. Les chemins de fer offrent aussi un vaste champ d'applications à
telles transmissions. Signalons également l'appareillage électrique étanc
Saint-Chamond-Granat, de plus en plus répandu dans les installations
mines, usines métallurgiques, usines chimiques, chantiers de constructio
chemins de fer et partout en général où les installations électriques sc
soumises aux intempéries et où les tensions d'utilisation atteignent fréquer
ment des valeurs dangereuses.

Également préocupée de se lier par des participations avec des sociét
industrielles et commerciales, soit dans le but de se créer avec elles u
communauté d'intérêts, soit pour assurer un débouché à ses fabrications,
Compagnie s'est ménagé des intérêts dans la Société lorraine des Aciér
de Rombas, la Société des Hauts Fourneaux et Aciéries de Differdan
Saint-Ingbert, Rumelange, la Société des Forges et Aciéries de Dillir
les Hauts Fourneaux et Forges d'Allevard, la Société des Tubes de Vince
les Établissements métallurgiques de la Gironde, la Société des Hauts Fou
neaux de Givors, la Société des Forges de Lavieu, la Compagnie de Cor
truction et d'Entretien de Matériel de Chemins de fer, la Société frança

Locomotive Mountain, fabriquée aux Usines de Saint-Chamond
pour la Compagnie du P. L. M.

de Matériel de Chemins de fer, les Autom
biles Chenard et Walcker, les Établissemer
Delattre et Frouard, Ferraton-Vallas, N
chalet-Chomienne, etc...

L'activité commerciale de la Compagr
s'exerce non seulement en France, mais da
le monde entier ; pour la vente de produ
de ses usines, dans la métropole et aux col
nies, elle a créé la Compagnie de Dépôts
Agences de Vente d'Usines Métallurgiqu
(D. A. V. U. M.) et, pour la vente à l'étranger, la Société DAVUM-EXPORTATION.

Quelques-unes des Sociétés liées avec la Compagnie des Forges
Aciéries de la Marine et d'Homécourt ont participé avec celle-ci à l'Expos
tion française au Caire ; nous rappellerons succinctement, dans les lign
suivantes, l'importance et l'activité de ces Sociétés.

Société Lorraine des Aciéries de Rombas

La Société lorraine des Aciéries de Rombas. au capital de 150 millions de francs, possède les usines de Rombas et de Maizières, dans le département de la Moselle, et dispose d'un outillage comportant 12 hauts fourneaux, 4 fours Martin, 6 convertisseurs, 1 four électrique, 9 trains de laminoirs.

Ces usines occupent un personnel de 7.338 ouvriers et elles ont élaboré, en 1928, 698.000 tonnes de fonte et 682.000 tonnes d'acier.

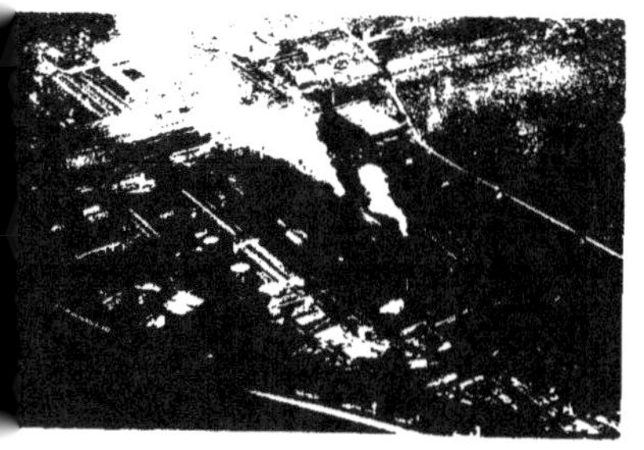

Vue générale des Usines de Rombas prise en avion.

La Société possède des mines de fer à Rombas, Rosselange, Moyeuvre-Grande, Montois-la-Montagne, Sainte-Marie-aux-Chênes, représentant un patrimoine total de 2.487 hectares, avec une extraction de minerai qui a atteint 2.059.000 tonnes en 1928.

Les principaux produits de la Société lorraine des Aciéries de Rombas sont : le minerai de fer, les fontes Thomas d'affinage et de moulage, les blooms, billettes, latines, aciers marchands, poutrelles, rails et accessoires, palplanches, etc...

Pour la vente de ses produits, la Société s'est assuré également le concours des Compagnies D. A. V. U. M. et DAVUM-EXPORTATION.

Société des Hauts Fourneaux et Aciéries de Differdange, Saint-Ingbert, Rumelange (H. A. D. I. R.)

La Société des Hauts Fourneaux et Aciéries de Differdange, Saint-gbert, Rumelange, au capital de 80.000.000 de francs, dispose d'un outillage de 16 hauts fourneaux, 5 convertisseurs, 10 trains de laminoirs, dans les usines de Differdange, Rumelange, Ottange et Saint-Ingbert.

Ces usines, qui emploient un personnel de 7.436 ouvriers, ont produit 785.745 tonnes de fonte et 593.970 tonnes d'acier, en 1928.

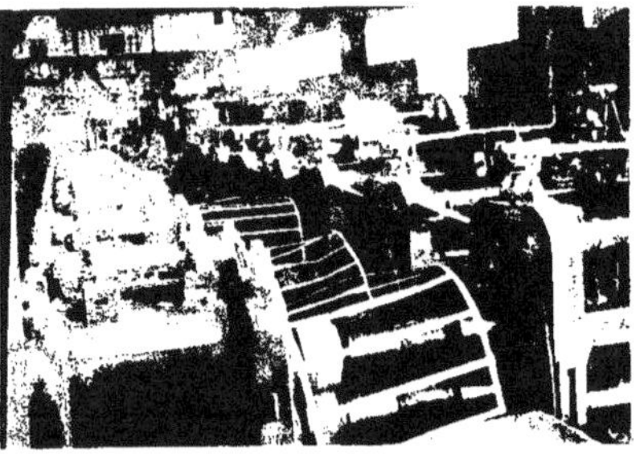

Usines de Differdange. — Petit train continu n° 1.

Elle possède un important domaine minier à Ottange, Sterkade, Thillenberg, Obercorn, Langengrund, etc...

Le programme de la production de ses usines comprend notamment : les fontes Thomas d'affinage et de moulage, les blooms, brames, billettes, méplats, largets, profilés, poutrelles " Grey ", aciers marchands, feuillards, tréfilés, grillages, ronces, câbles, pointes ordinaires et spéciales, etc...

Elles aussi, pour la vente de leurs produits dans le monde, sont représentées par la Société DAVUM-EXPORTATION.

Société des Forges et Aciéries de Dilling

La Société des Forges et Aciéries de Dilling, au capital de 52.312.500 francs, occupe un personnel de 6.100 ouvriers et dispose d'un outillage comportant notamment 4 hauts fourneaux, 8 fours Martin, 4 convertisseurs, 1 four électrique, 9 trains de laminoirs.

Usines de Dilling. — Atelier des tôles fortes.

L'origine de cette Société remonte à 1685 et, à cette époque, elle a reçu ses lettres patentes du Roi Louis XIV.

Dans ses usines de Dilling, dans la Sarre, elle élabore des produits dont la vente à l'étranger est confiée à la Société DAVUM-EXPORTATION et dont les principaux sont les tôles ordinaires, tôles pour navires, chaudières, etc., fers blancs, demi-produits, barres marchandes, rails, tuyaux soudés pour chutes d'eau et canalisations, pièces embouties, etc...

Société des Hauts Fourneaux et Forges d'Allevard

La Société des Hauts Fourneaux et Forges d'Allevard, au capital de 4 millions de francs, dans ses usines de la Gorge, Pomine, Champ-Sapey et l'Ourcière, occupe un personnel de 840 ouvriers et met en œuvre un outillage qui comprend notamment 1 haut-fourneau, 11 fours électriques et 3 trains de laminoirs.

Vue générale des Usines d'Allevard.

Spécialisée, depuis très longtemps, dans les aciers spéciaux, la Société en a élaboré 7.519 tonnes pendant l'année 1928. Le programme de ses fabrications comporte les aciers, les ressorts, la taillanderie et les aimants, pour lesquels elle s'est acquis une réputation toute particulière avec une production qui, en 1928, a atteint un tonnage de 444 tonnes.

Pour la vente de produits à l'étranger, la Société des Hauts Fourneaux et Forges d'Allevard est également liée à la Société DAVUM-EXPORTATION.

Société Davum-Exportation

Ainsi que nous venons de l'indiquer, cette Société, au capital de millions de francs, dont le Siège Social est à Paris, assure la vente à étranger de produits métallurgiques élaborés dans les usines des Sociétés dont nous avons, plus haut, rappelé l'importance et les programmes de fabrications.

La Société DAVUM-EXPORTATION a créé de multiples agences, filiales, et succursales dans les pays suivants :

Allemagne, Angleterre, Belgique, Bulgarie, Danemark, Dantzig, Espagne, Esthonie, Grèce, Macédoine, Hollande, Hongrie, Italie, Lettonie, Lithuanie, Finlande, Norvège, Portugal, Iles de Rhodes, Roumanie, Suède, Suisse, Turquie.

Egypte, Afrique méridionale britannique.

Argentine, Chili, Brésil, Cuba, Uruguay. États-Unis d'Amérique.

Japon, Liban, Mandchourie, Palestine.

LES PETITS-FILS DE François
ET MM. DE WENDEL & Cⁱᵉ

Usine de Jœuf. — Vue d'ensemble.

Abatage du minerai de fer par l'explosif à l'oxygène liquide (syst. Weber).

○ L'origine des Etablissements de WENDEL remonte à l'année 1704.

○ Ces Etablissements, situés principalement en Lorraine, forment un ensemble important de mines de fer, mines de houille, hauts fourneaux, aciéries, laminoirs, groupés sous les deux raisons sociales qui figurent en tête de ces pages.

○ Les mines de fer ont produit en 1928 : environ 5.470.000 tonnes de minerai. Ce dernier est abattu au moyen des explosifs à l'oxygène liquide, système Weber (Brevet des Petits-Fils de François de WENDEL & Cⁱᵉ).

○ Les mines de houille de Petite-Rosselle (Moselle), de Hamm (Westphalie), dont la production annuelle atteint 5.600.000 tonnes, appartiennent en propre à notre Société.

○ Les Etablissements de WENDEL possèdent, en outre, des participations importantes dans des charbonnages français, allemands et hollandais qui leur fournissent le coke métallurgique nécessaire à l'approvisionnement régulier des usines.

Usine de Moyeuvre. — Vue d'ensemble. Fours à coke et hauts fourneaux.

Usine de Saint-Jacques. — Laminoirs de Saint-Jacques.

X

DE WENDEL & Cie

Siège social : 3, rue Paul-Baudry, Paris

Usine de Patural. — Vue d'ensemble.

Usine de Saint-Jacques. — Train n° 2.

Les vingt-six hauts fourneaux coulent annuellement 1.400 000 tonnes de fonte qui est, en grande partie, transformée par les aciéries voisines en acier Thomas. Les aciéries Thomas et Martin produisent annuellement 1.600.000 tonnes d'acier qui sont transformées dans les laminoirs de Hayange, Jœuf, Moyeuvre, Jamailles, Messempre (Ardennes) en rails, poutrelles, blooms, billettes, largets, tôles, fil machine, etc...

Enfin, depuis un an, les usines de WENDEL produisent un acier spécial, l'acier " A.C.W. " qui présente des qualités remarquables de résistance à la rouille.

Le nombre d'ouvriers s'élève, à l'heure actuelle, à 41.000, pour lesquels on a pris soin de construire des habitations, maternités, hôpitaux, théâtres, etc...

Il y a lieu de noter tout particulièrement que les Etablissements WENDEL ont toujours suivi avec intérêt le marché égyptien. Ils ont, entre autres, livré, durant les années 1926, 1927 et 1928. près de 50.000 tonnes de traverses métalliques pour les chemins de fer de l'Etat égyptien, et certains tonnages de rails en acier Martin.

Abatage du mineral de fer par l'exploslf à oxygène liquide
(système Weber).

Parc à traverses.

Presse à traverses.

SCHNEIDER & CIE

42, Rue d'Anjou, PARIS (8e)

USINES DU CREUSOT, DU BREUIL ET " HENRI-PAUL ". — CHANTIERS DE CHALON-SUR-SAONE. — USINE DE LA LONDE-LES-MAURES

USINES DU HAVRE, D'HARFLEU ET DU HOC
USINE DE CHAMPAGNE-SUR-SEIN
USINE DE BORDEAUX

MÉTALLURGIE

ACIERS SPÉCIAUX ET A OUTILS

ACIERS POUR AUTOMOBILES

ACIERS INOXYDABLES " VIRGO "

MÉTALLURGI

TOLES POUR APPAREILS ÉLECTRIQUE

ALFÉRIUM, Alliage lég à haute résistance, densité 2,85.

BANDAGES

Usine du Creusot. Sortie du four d'un lingot de 50 tonnes.

ARTILLERIE

Matériel de terre et de bord — Munitions — Blindages — Tourelles

CONSTRUCTIONS NAVALES

Sous-marins type Schneider-Laubeuf
Moteurs Diesel à 4 temps, licence Burmeister et Wain

Moteurs Diesel à 2 temps, type Schneider.
Appareil anti-roulis type Schneider-Fieux

Usine du Breuil. Laminoir à tôles à grand débit.

Chemins de Fer P. L. M. Locomotive type " Mountain " compound et à surchauffe pour trains rapides lourds. Longueur 16 m compound et à surchauffe pour trains rapides lourds. Longueur 16 m³
Poids 118 tonnes. Puissance 2500 C. V.

Société Anonyme des Aciéries de Micheville

La Société des **Aciéries de Micheville** exploite dans l'est de la France deux groupes d'usines : celui de Micheville, à Villerupt (Meurthe-et-Moselle), avec fours à coke, 6 hauts fourneaux à grande production, aciérie Thomas à 5 convertisseurs de 25 tonnes et laminoirs à gros profils; le second, celui

de Saint-Dizier (Haute-Marne), avec fours à coke et hauts fourneaux, aciérie Martin et laminoirs pour petits profilés.

A ces deux groupes sont liées les Mines de fer de Micheville-Bréhain et de Landres, en Meurthe-et-Moselle, dont l'extraction totale, en 1928, a dépassé 1.600.000 tonnes ; des participations dans les Mines de **Sexey** et d'**Amermont**, dans le même district, complètent l'approvisionnement des usines.

La Société est également intéressée dans des concessions houillères en France, en Allemagne et en Belgique.

La production totale de fonte dépasse annuellement 550.000 tonnes ; celle d'acier est de l'ordre de 460.000 tonnes.

Le groupe le plus important est celui de Micheville qui, complètement détruit pendant la guerre, a été reconstruit avec tous les perfectionnements modernes. Micheville est spécialisé actuellement dans la fabrication des gros profils, parmi lesquels viennent en tête, avec les poutrelles, les rails et les traverses. Pour ces derniers, en particulier, des installations très puissantes ont été mises en service ; des fournitures extrêmement importantes ont d'ailleurs été récemment faites aux Chemins de fer de l'État Égyptien.

Le personnel ouvrier atteint environ 5.000 personnes, la plupart logées dans des habitations construites par la Société, dans les meilleures conditions d'hygiène. Les œuvres sociales auxquelles la Société a apporté toute son attention sont des plus complètes : allocations familiales, secours médicaux et chirurgicaux, consultation des nourrissons, cours d'apprentissage, œuvre d'enseignement, coopératives, salles des fêtes, etc.

SOCIÉTE ANONYME MÉTALLURGIQUE D'AUBRIVES ET VILLERUP

Siège Social à AUBRIVES (Ardennes). Capital Social : 9.000.000 de fr.
Usines à VILLERUPT (Meurthe-et-Moselle) et à AUBRIVES (Ardennes)

Cette Société est spécialisée, depuis bientôt trois quarts de siècle, dans la fabrication des tuyaux en fonte, pour canalisations de tous genres et pour tous usages. Elle dispose d'un domaine foncier de 150 hectares environ, dont 60.000 mètres carrés sont couverts par les fonderies, les ateliers et les magasins. Son domaine minier, qui s'étend sur plus de 1.000 hectares, permet une extraction annuelle de 225.000 tonnes de minerais et calcaires ferrugineux. Elle occupe un personnel de 3.000 employés et ouvriers.

Deux hauts fourneaux produisent 100.000 tonnes de fonte de moulage qui sont absorbées par les fonderies et transformées :

En tuyaux et raccords pour conduites d'eau, de gaz, de vapeur, d'air comprimé, de mazout.

En fontes mécaniques suivant plans ou modèles.

En fontes pour bâtiments.

En appareils hydrauliques.

En appareils pour distribution d'eau et de gaz.

En fontes diverses pour Compagnies de Navigation et Compagnies de Chemins de Fer et de Tramways.

A la fabrication des tuyaux par coulée verticale, qu'elle est la première à avoir adoptée en France, la Société Anonyme Métallurgique d'Aubrives et Villerupt vient d'ajouter la fabrication des tuyaux *par le procédé de centrifugation*, au moyen de machines spéciales créées suivant ses brevets. Nul doute que le tuyau centrifugé ne soit appelé à plus brillant avenir. Ce procédé de coulée augmente, en effet, la résistance du métal, tout en permettant de diminuer l'épaisseur et, par conséquent, le poids métrique du tuyau.

Les ateliers de construction annexés aux fonderies, avec leurs 250 machines-outils, coopèrent à la fabrication intense de tuyaux et raccords à brides. De ces ateliers sortent également chaque mois plus d'un millier de robinets-vannes de tous diamètres, depuis 40 millimètres jusqu'à 1 m. 250 pour tous usages industriels et pour toutes pressions. C'est par centaines également que sont produits mensuellement les bornes-fontaines, les vannes murales, les clapets de retenue et d'aspiration, les poteaux d'incendie, les bouches d'arrosage et d'incendie, les ventouses, les bondes de fond. Il n'est pas inutile de signaler que beaucoup de ces appareils sont brevetés et que, notamment en France et à l'étranger, on trouve en fonctionnement plus de 30.000 bornes-fontaines fabriquées par la Société d'Aubrives et Villerupt.

ACIÉRIES DE LONGWY

Société Anonyme au Capital de 105 millions de francs

SIÈGE SOCIAL A MONT-SAINT-MARTIN (MEURTHE-&-MOSELLE)

La Société des Aciéries de Longwy, fondée le 24 Juin 1880, pour l'exploitation du procédé Thomas, prit rapidement un essor considérable.

Après des débuts assez modestes, elle porta sa production de 16.000 t. en 1884 à 230.000 t. en 1913. A cette époque, un vaste programme de modernisation en voie de réalisation devait en faire l'une des plus puissantes usines métallurgiques de France.

Ce programme fut interrompu par la guerre de 1914 qui amena la destruction complète des installations de Mont-Saint-Martin. Il fut repris dès 1919 et la reconstruction des Usines, entreprise d'après les données les plus modernes, permit d'atteindre en 1927 une production de 491.000 t. de fonte, 531.000 t. d'acier brut et 454.000 de produits finis. Les quelques photographies ci-dessus donnent un faible aperçu de cette puissante organisation.

Pour l'écoulement de leurs produits et de ceux de filiales et sociétés amies, les Aciéries de Longwy ont créé des dépôts desservant toutes les régions de la France : à Paris, Lyon, Toulouse, Bordeaux, Montluçon, Nantes, Rouen, Lille, Reims, Nancy et Strasbourg, et ont confié leurs intérêts pour l'exportation à LONGOVICA, 103, rue La Boétie, PARIS, qui, de son côté, dispose d'agences et de dépôts à Londres, Buenos-Ayres, Rio-de-Janeiro, Sâo-Paulo, Calcutta, etc.

POUR L'ORIENT : Les agents suivants s'occupent des intérêts de la Société et lui assurent des débouchés importants.

CÉSARE FORTI, 1, rue Matrah, à ALEXANDRIE (ÉGYPTE).	L. RECANATI, Boîte postale 10, à SALONIQUE (GRÈCE).
SPEICH & YARED, , à BEYROUTH (SYRIE).	G. PAPPA, Capodistriou, LE PIRÉE (GRÈCE).

GEORGIADES FRÈRES, à CANDIE (CRÈTE).

Les acheteurs égyptiens trouveront aux DÉPOT ET MAGASINS DE VENTE DE

Télégrammes : LONGOMÉTAL-MARSEILLE
MARSEILLE, 112, Boulevard de Paris
Téléphone : COLBERT 19-31 (7 lignes)

tous les produits métallurgiques dont ils pourraient avoir besoin. Ce dépôt dispose en effet de

STOCKS CONSIDÉRABLES EN TOUS PRODUITS MÉTALLURGIQUES

et pourra expédier le plus souvent à lettre lue, sinon dans un délai très court, les commandes d'importance moyenne dans les articles suivants :

RAILS et MATÉRIEL de VOIE	TUBES EN ACIER
Poutrelles et tous profils pour constructions	NOIRS — GALVANISÉS
ACIERS MARCHANDS	pour gaz, chauffage, vapeur. — pour canalisations d'eau.
RONDS pour BÉTON ARMÉ	BRIDES, RACCORDS ET ACCESSOIRES POUR TUBES
TOLES FORTES, MOYENNES ET FINES, NOIRES ET GALVANISÉES	ROBINETTERIE
	FILS, POINTES ET GRILLAGES

GROUPE FRANÇAIS

POUR

FOURNITURE DE MATÉRIEL DE CHEMINS DE FER
A L'ÉTRANGER

Téléphone :
VAGRAM 39.32

11, Rue de Tilsitt - Place de l'Étoile
PARIS (XVIIe)

Adresse télégraphique :
GROFRANERG . 74

◆

Locomotives - Voitures à voyageurs - Wagons à marchandises
Pièces diverses, nécessaires à leur Construction et à leur Entretien

---

Puissance totale
des Sociétés faisant partie du
Groupe Français

CAPITAL.	588.250.000 francs
Nombre d'Ouvriers et Employés..	49.650
Valeur de la Production annuelle	1.690.000.000 francs

Principales Destinations des Livraisons effectuées

par

le

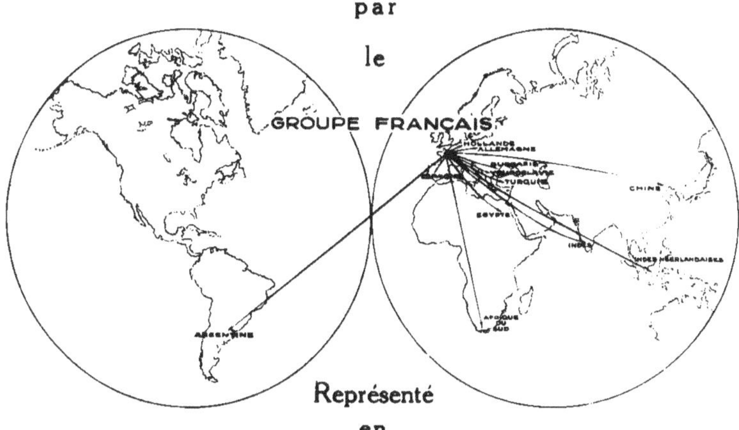

Représenté

en

EUROPE : *Athènes, Belgrade, Bucarest, Constantinople, Copenhague, La Haye, Lisbonne, Londres, Madrid, Rome, Sofia.*

AMÉRIQUE : *Bogota, Buenos-Ayres, Mexico, Montevideo, Rio-de-Janeiro, Santiago de Chili.*

ASIE : *Bangkok, Pékin.* — **AFRIQUE :** *Le Cap, Le Caire.*

Les Messageries Maritimes

De toutes les entreprises françaises de navigation la Compagnie des Messageries Maritimes n'est pas seulement une des plus anciennes et des plus importantes; elle peut encore revendiquer l'honneur d'avoir, pour la première fois dans notre pays, assuré dans des conditions satisfaisantes l'exécution fidèle et durable des services maritimes postaux dont l'existence semble aujourd'hui si nécessaire à l'expansion de la vie nationale, tant au point de vue du commerce extérieur qu'à celui de la politique coloniale. Elle ne fut, en réalité, devancée dans cette voie que par l'Etat lui-même. Dès 1835, c'est-à-dire au lendemain de l'apparition de la navigation à vapeur, l'Etat s'était préoccupé d'établir des relations régulières avec les ports du Levant, où s'exerçait plus spécialement son influence.

Les résultats de l'expérience ne devaient pas tarder à faire ressortir que le service établi par l'Etat se conciliait mal avec le mouvement d'affaires qu'un échange régulier de communications était parvenu à créer. Les navires de l'Etat portaient les lettres, quelques marchandises précieuses et quelques passagers, mais ne pouvaient donner satisfaction au trafic. Il fallait d'autres instruments pour atteindre les résultats commerciaux désirables.

C'est alors que le Gouvernement fit appel à la Société des Messageries Nationales qui comptait déjà un demi-siècle d'existence prospère et que la création des lignes de chemin de fer obligeait à réduire son activité.

La Convention passée le 28 février 1851 entre le Ministre français des Finances et les Messageries Nationales pour l'établissement et l'exploitation du service maritime postal de la Méditerranée fut approuvée par une loi du 8 juillet 1851 et, dès le mois de septembre de cette même année, les nouveaux services furent inaugurés.

A l'effet de rendre indépendante cette nouvelle branche de leur industrie, les Administrateurs des Messageries Nationales constituèrent, le 19 janvier 1852, une Société spéciale sous la dénomination première de Compagnie des Services maritimes des Messageries Nationales.

Aux termes d'une délibération des Actionnaires, en date du 28 février 1853, la Société prit le nom de Compagnie des Services Maritimes des Messageries Impériales, puis, le 1er juillet 1871, celui de Compagnie des Messageries Maritimes.

Les lignes primitives de la Société comprenaient trois services directs de Marseille sur Malte, par l'Italie, sur Constantinople et sur Alexandrie, ainsi qu'une ligne annexe de Constantinople à Alexandrie par la Syrie. Leur ensemble comportait un parcours total de 112.290 lieues marines par an. Ainsi que l'on peut s'en rendre compte par le détail qui précède les relations entre l'Egypte et les Messageries Maritimes remontent à la date même de la fondation de la Société.

AGENCE DES SERVICES MARITIMES DES MESSAGERIES NATIONALES PAQUEBOTS POSTE FRANCAIS .

1851. — Le " PÉRICLÈS "

En 1853, la Compagnie relia ses services à différents ports de la Grèce; en 1854, l'Etat lui concédait les lignes reliant Marseille à l'Algérie et à la Tunisie.

Peu après la guerre de Crimée, première des opérations militaires auxquelles les Messageries Maritimes devaient apporter par la suite leur concours le plus complet et le plus dévoué, les services de la Société furent étendus d'une part à la Mer Noire et aux ports du Danube et dirigés d'autre part dans la direction de l'Amérique du Sud.

L'activité des Messageries Maritimes ne devait pas tarder à se porter vers un nouveau but. A la suite de l'expédition de Chine en 1860, le Gouvernement Impérial chargeait, en effet, la Société d'assurer ses communications avec les ports de l'Extrême-Orient.

Les nouvelles exigences du commerce ne permettaient pas d'emprunter pour cette exploitation, comme par le passé, la voie du Cap. Il fallait rompre charge à Alexandrie et faire transiter par voie de terre les passagers et les marchandises jusqu'à Suez, ce qui ajoutait aux difficultés de l'entreprise.

Malgré ces difficultés, les Messageries Maritimes n'hésitèrent pas à étendre, en 1862, leur champ d'activité jusqu'aux principaux ports de l'Hindoustan, de la Cochinchine, des Indes Hollandaises et de la Chine, puis, en 1864, elles allèrent chercher, au sud de l'Océan Indien, la Réunion et Maurice.

En 1866, une ligne annexe de la Société relia le Japon à l'artère principale de l'Indo-Chine.

Quelques années plus tard, en 1869, un paquebot des Messageries Maritimes, le « Péluse », inaugura, le 17 novembre, derrière la frégate française officielle, la route, abordée avec tant d'hésitation par l'immense majorité des navigateurs, du canal maritime de Suez.

La Compagnie ne devait pas être sans ressentir rapidement l'effet des facilités que lui ménageait ce canal pour la simplification de son service et la réduction de ses dépenses.

Elle venait à peine d'inaugurer, le 23 juillet 1870, un nouvel itinéraire de l'Indo-Chine qui comportait un service bi-mensuel lorsque, par suite de la guerre, la moitié de son effectif naval dut être désarmée. De la fin de l'année 1870 jusqu'à la signature de la paix, les Messageries Maritimes se consacrèrent entièrement, elles et les ateliers qu'elles possédaient alors à la Ciotat, au service du pays.

La guerre terminée, la Société, d'accord avec le Gouvernement, rétablissait aussitôt les lignes postales sur la base normale de ses contrats. Elle doublait alors définitivement son service de l'Indo-Chine et peu après celui de l'Amérique du Sud. Les 64 navires que possédaient les Messageries Maritimes fournissaient ainsi, en 1872, 603.632 lieues marines.

En 1882, les Messageries Maritimes inauguraient leurs lignes postales de l'Australie et de la Nouvelle-Calédonie avec escales à Mahé, La Réunion et Maurice.

En 1885, elles créaient, en correspondance à Mahé avec les paquebots de la ligne d'Australie, un service annexe desservant Madagascar, les Comores et la Côte Orientale d'Afrique. Devenu insuffisant, cet embranchement fut supprimé en 1887 et remplacé par une ligne directe de Marseille à Madagascar, La Réunion et Maurice, d'abord mensuelle, et qui, en 1895, fut doublée.

La situation ne se modifia guère ensuite jusqu'en 1896 où les divers services de la Compagnie arrivaient à fournir 935.426 lieues marines ; ce chiffre, grossissant d'année en année, atteignait, en 1900, 1.014.464 lieues marines .

Mais la Compagnie des Messageries Maritimes qui, également en 1900, avait largement concouru aux transports du corps expéditionnaire envoyé devant Pékin, ne se contentait pas d'approprier son matériel naval aux transformations qu'avaient subies les conditions générales de la navigation. Les besoins du commerce l'incitaient à d'autres efforts. Elle entreprit donc, dans l'intérêt du trafic, de compléter ses itinéraires officiels par des voyages purement commerciaux auxquels elle ne tarda pas à affecter une flotte de navires de charge spécialement construits pour la nature du service auquel ils étaient destinés.

Parvenus que nous sommes au début du XXe siècle, c'est, en fait, un regard rétrospectif que nous jetons sur ce domaine de l'activité de la Compagnie. La première tentative de voyages exclusivement commerciaux eut lieu, en effet, en 1871, avec l'organisation d'une ligne Marseille-Londres, et elle se développa lorsque, par suite de la loi de 1881 sur la Marine Marchande, qui instituait des primes à la navigation, les Messageries Maritimes se trouvèrent portées à développer leurs lignes commerciales parallèlement à leurs services postaux.

Ce rapide aperçu des développements successifs des Messageries Maritimes au cours des 50 premières années de leur activité, montre bien le double but vers lequel cette grande Société a constamment fait tendre ses efforts : auxiliaire de l'Etat, elle a toujours rempli fidèlement ses engagements, fait honorer le pavillon national et servi, en toutes circonstances, le Gouvernement du pays ; Société Commerciale de navigation, elle n'a jamais reculé devant les dépenses productives et a constamment cherché à améliorer, en même temps que les services qu'elle rendait au commerce, les facilités qu'elle offrait à la circulation des voyageurs.

*
* *

On trouvera, par ailleurs, dans cette publication, un historique des ateliers que possédèrent longtemps les Messageries Maritimes à La Ciotat, ateliers qui furent convertis, au cours de la guerre 1914-1918, en Société autonome sous le nom de Société Provençale de Constructions Navales. Un aperçu que nous donnerions de l'activité constructrice des Messageries Maritimes tant qu'elles demeurèrent installées à La Ciotat ferait donc ici double emploi.

*
* *

Après avoir, à compter de 1901, date du cinquante-

L'"ATHOS II"
1re Classe. — Le Fumoir.

naire de son existence, développé aussi bien ses services postaux que ses services libres, ces derniers,
notamment, par la création de sa ligne commerciale
d'Extrême-Orient, la Compagnie signa successivement avec l'Etat différentes Conventions dont l'une,
celle du 11 juillet 1911, eut pour effet principal de la
faire renoncer définitivement à la ligne de l'Amérique
du Sud, une des parties les plus anciennes de son
domaine, en raison des conditions de vitesse, incompa-
tibles avec la rémunération offerte et les conditions
générales du service, que le Gouvernement avait
décidé d'exiger.

Mais déjà la guerre approchait. Ce fut, pour
la Société, une terrible période d'épreuves. Se
dévouant pour rendre à l'Etat tous les services
qu'il pouvait attendre d'elle, elle participa
concurremment ou successivement à une série
d'opérations de toute espèce qui réclamaient la
présence de ses navires à peu près sur toutes les
mers du globe. Pour se faire une idée de ce que
fut l'activité des Messageries Maritimes pendant
cette période, il suffira de savoir qu'au cours
des hostilités 22 de leurs navires succombèrent aux
attaques navales de l'ennemi, proportion qui n'a,
sans doute, été atteinte chez nulle autre des
flottes marchandes alliées. Encore n'était-ce là que
des dommages matériels, hors de comparaison avec
la perte de 498 vies humaines dont le sacrifice
a pour toujours illustré le pavillon des Messageries
Maritimes.

Bordeaux, à Lisbonne, traverse le nouveau canal de
Panama et se dirige sur la Nouvelle-Calédonie en
visitant Tahiti et les Nouvelles-Hébrides, tandis que
l'autre ligne, après un arrêt à Marseille, emprunte la
voie ordinaire du Canal de Suez pour aboutir en
Australie, l'une et l'autre se voyant reliées, à leurs
terminus respectifs, par le Service annexe de Sydney
Nouméa, Nouvelles-Hébrides.

D'autre part, le service annexe de l'Inde fut
supprimé et l'Indo-Chine vit ses relations avec la
France renforcées par une ligne postale régulière
entre Marseille et Haïphong.

A côté des grandes lignes des deux domaines
l'un contractuel et l'autre commercial, ainsi
constitués, fonctionnent des services coloniaux qui
relient, d'une part Saïgon à Quinhon, Tourane e
Haïphong et, dans l'Océan Indien, desservent, pa
une double ligne au départ de Diégo-Suarez, tou
les ports de la côte Est et de la côte Ouest d
Madagascar.

***

A la date de l'Armi
tice, la flotte des Me
sageries Maritimes
trouvait non seuleme
réduite, comme no
l'avons dit, de 22 navir
mais aussi, par suite
la guerre, composée
importante partie d'unit
que leur navigation i
tensive pendant cet
période avait amenées
la limite extrême de le
existence.

Dès la fin de
guerre, la Compag
acquérait 9 navires
charge parmi ceux q

Le " LECONTE DE LISLE "
1re Classe. — La Salle à Manger.

***

Il fallait réparer ces
lourds désastres. Les hostilités terminées. l'Etat
français comprit, sur les représentations des Messageries Maritimes à cet égard, qu'une nouvelle
forme de Convention s'imposait si l'on voulait
obtenir une exploitation normale des services
postaux, et c'est ainsi qu'en 1921 le domaine
contractuel des Messageries Maritimes, constitué
en Société spéciale, avec son capital propre et son
Conseil d'administration, se trouvait définitivement
séparé des Services commerciaux.

Les Services Contractuels, aux termes de la Convention et du Cahier des charges restèrent sensible-
ment ce qu'ils étaient précédemment pour les lignes
de Chine, du Japon, de l'Océan Indien et même de
la Méditerranée, où un service accéléré fut toutefois
imposé entre Marseille, Alexandrie et Beyrouth.
Ils furent, en revanche, profondément modifiés en ce
qui concernait la ligne d'Australie qui fut divisée en
deux branches distinctes avec point de départ commun
à Dunkerque.

L'une de ces deux lignes touche au Havre, à

l'Allemagne devait remettre aux alliés ou que l'A
gleterre rétrocédait à la France. Pour l'exploitati
de ses contrats coloniaux, elle fit l'acquisition
4 autres vapeurs.

Mais la place nous fait défaut pour entrer dans
détail du formidable programme de constructio
navales que les Messageries Maritimes menèren
bien. Que l'on se contente donc de savoir (et que l'
veuille bien méditer sur l'éloquence de ce chiff
que, depuis la fin de 1915 jusqu'à ces derniers m
les services techniques de la Compagnie ont ache
acquis, construit ou complètement refondu
navires au total. Le renouvellement à peu près co
plet de la flotte des Messageries Maritimes au co
du dernier quart de siècle a achevé d'en transforr
l'aspect qui s'était déjà si profondément mod
pendant le demi-siècle précédent.

Non seulement les paquebots des Message
Maritimes offrent maintenant tout le confort que
voyageur demande au meilleur hôtel, mais la déco
tion de la plupart ne le cède en rien

plus belles unités des marines marchandes française
et étrangères. Dans cet ordre d'idées, deux des derniers paquebots entrés dans la flotte des Messageries
Maritimes, le « Champollion » et le « Mariette Pacha »,
courriers rapides d'Egypte, représentent, sans
aucun doute, ce qui peut le plus complètement se
rapprocher de la perfection du bien-être, en même
temps qu'au point de vue artistique ils sont hors de
pair.

Les proportions, l'aération, l'éclairage de leurs
cabines comme de leurs salons, suffiraient à les faire
rechercher particulièrement de la clientèle la plus
exigeante, mais tout ce confort est encore rehaussé
par une décoration inspirée de l'art le plus pur de
l'antique Égypte.

Sous l'impulsion du Président actuel des Messageries Maritimes, M. Georges Philippar, les architectes ont apporté à leur œuvre les trésors d'une
érudition archéologique scrupuleusement exacte,
harmonieusement assouplie au goût et aux besoins
modernes et réalisant une vision qui rendrait enchanteur le plus monotone des voyages.

Après le « Paul Lecat », l' « André Lebon », le
« d'Artagnan » si remarqués déjà, il semble que
l'on ne puisse dépasser un « Champollion » ou un
« Mariette Pacha ». C'est, cependant, à réussir encore
et toujours mieux dans cette voie que les Messageries
Maritimes continueront, suivant en cela leur tradition,
à tendre tous leurs efforts.

Cette magnifique flotte ne pouvait manquer
d'être appréciée par les touristes qui deviennent
chaque jour plus nombreux, aujourd'hui que, par
suite de la multiplication des voies et des moyens de
communication, on voyage autant par plaisir que par
nécessité.

Le domaine des Messageries Maritimes se prête,
d'ailleurs, admirablement au tourisme, soit qu'il
attire le voyageur vers l'Egypte avec sa merveilleuse
civilisation antique et l'agrément de son climat, soit
qu'après lui avoir révélé, en Palestine, le berceau de

Le "MARIETTE PACHA"
1er Classe. — Le Jardin d'hiver.

Le "CHAMPOLLION"
1er Classe. — Le Salon de Musique

la Chrétienté il déroule à ses yeux toute l'histoire
ancienne, de la Grèce au Bosphore.

Dans l'Océan Indien, c'est Madagascar, avec ses
admirables sœurs : La Réunion et Maurice, à peine
écartées de la route de Ceylan, des Indes et de l'Indo-
Chine où le voyageur peut maintenant, sans peine ni
fatigue, admirer cette merveille qu'est l'ancienne
ville d'Angkor.

Moins d'une semaine plus tard, il sera devant
l'impressionnante grandeur de la Chine ou dans la
poésie du Japon.

Enfin, la délicieuse Tahiti, la Nouvelle-Calédonie
et ces Nouvelles-Hébrides aussi pittoresques qu'intéressantes pour leur colonisation à ses débuts, l'Australie, ce pays tout jeune, dont les aspirations et les
réalisations dépassent déjà celles de la vieille Europe,
est-il un champ d'attractions offrant plus d'étendue
et de variété, à la fois ?

Les résultats ne tardèrent pas à répondre aux
efforts des Messageries Maritimes qui, en dehors des
facilités dont bénéficie le touriste voyageant seul,
organisent, pour des groupes plus ou moins
nombreux, des voyages accompagnés et des croisières
très appréciées soit autour de la Méditerranée, soit
en Indo-Chine, soit ... tout simplement, autour
du Monde.

Nous arrêterons ici cette étude. Comme nous
venons de le dire, il est aujourd'hui possible à un
voyageur partant de France de revenir en France
après avoir fait le tour du Monde sans avoir employé
d'autres navires que ceux des Messageries Maritimes.

Un pareil résultat, obtenu environ 10 ans après
la cessation de la plus terrible et de la plus coûteuse
des guerres, dispense, nous semble-t-il, d'ajouter à
ce qui précède aucun commentaire relatif à l'activité
et l'esprit d'entreprise de la doyenne des Compagnies
de navigation françaises.

Sociétés Provençales de Constructions Navales et Aéronautiques

L'ORIGINE des Chantiers de Constructions Navales de La Ciotat remonte à 1790, date à laquelle ils livrèrent la frégate la « *Ville de La Ciotat* ».

Leur situation géographique et climatérique près du port de Marseille, au fond d'un golfe très abrité leur permirent de construire quantité de bateaux pour les Armateurs touchant à Marseille.

Aussi, dès l'apparition de la Navigation à vapeur en 1835, étaient-ils préparés par leurs travaux précédents au genre nouveau de construction qui devait en résulter.

A cette époque, des ateliers de mécanique complétèrent l'atelier des coques. Plusieurs navires à roues furent alors construits, dont l'un le « *Phocéen* », livré en 1840, avait une longueur de 49 mètres, une largeur de 6m90, un creux de 3m60, et une machine à balancier de 300 chevaux.

En 1851, les Chantiers et Ateliers de La Ciotat furent achetés par la Cie des Messageries Maritimes, dont on trouvera un historique dans cette publication, et se consacrèrent à la construction de la flotte de cette Compagnie.

Dès lors, sous l'impulsion que leur donna Dupuy de Lome qui, quelques années plus tard, révolutionnait la Marine Militaire par la construction du « *Napoléon* », les progrès des Ateliers et Chantiers furent rapides. L'outillage fut augmenté et en 1869 une forme de radoub fut construite.

C'est ainsi que de 1851 à 1915 près de 100 navires furent construits à La Ciotat.

En 1916, la Société Provençale de Constructions Navales fut créée pour reprendre à la Compagnie des Messageries Maritimes, avec laquelle elle est restée en contact étroit, l'exploitation des Ateliers et Chantiers de La Ciotat. A ces Chantiers elle a adjoint, à proximité du port de Marseille, de très importants ateliers pour réparations de navires de grandes dimensions. Commencés en 1917, ces Ateliers entrèrent en exploitation dès 1918.

La superficie occupée, tant à La Ciotat qu'à Marseille, est de près de 300.000 mètres carrés. L'outillage, sans cesse rénové et accru, permet non seulement la construction navale proprement dite, y compris la fabrication des machines principales, mais encore l'exécution de tous appareils mécaniques et électriques de bord : grues, treuils, pompes, réchauffeurs,

Lancement à la Ciotat du paquebot « Eridan » (3 juin 1928)

séparateurs d'huile et de mazout, condenseurs, évaporateurs ainsi que la fabrication de réservoirs pour stockage d'essence d'alcool et de mazout.

La place manque ici pour citer des références. Nous nous bornerons à signaler que sont sortis, de ces ateliers : 20 puissants remorqueurs ou patrouilleurs de haute mer, 6 chalutiers d'environ 65 mètres pour la grande pêche qui, croyons-nous, sont les plus grands à l'heure actuelle, une vingtaine de canots ou vedettes rapides, 5 grands cargos, pétroliers ou paquebots parmi lesquels les deux derniers bâtiments mis en service par les Messageries Maritimes sur la ligne d'Egypte : le « *Champollion* » et le « *Mariette-Pacha* », justement remarqué tant pour leur heureuse réalisation technique que pour leur confort et leur décoration. Sont actuellement en cours d'exécution deux beaux paquebots l'un : l'« *Eridan* » destiné à la ligne d'Australie l'autre le « *Jean-Laborde* » destiné à la ligne de l'Océan Indien, tous deux pour les Messageries Maritimes.

La Société Provençale de Constructions Navales occupe tant à ses Chantiers de La Ciotat qu'à ses Ateliers de Marseille, un effectif de près de 5.000 ouvriers ou employés. Cet effectif, lors de la création de la Société, en 1916, était d'environ 1.500.

La Société Provençale de Constructions Navales fait bénéficier son personnel de certaines dispositions :

Versements à la Caisse Nationale des Retraites, indépendamment de la contribution obligatoire à la Caisse des Retraites Ouvrières et Paysannes ;

Location de maisons ouvrières à prix très réduits (200 ménages sont ainsi logés) ;

Primes d'encouragement à la natalité et distribution de layettes ;

Instruction professionnelle complète des apprentis (enseignement général, cours théoriques, travaux pratiques) donné dans des locaux spéciaux de la Société. Outre le salaire reçu par les apprentis, des primes sont attribuées aux mieux notés un pécule égal au montant de ces primes et portant intérêt à 5 % leur est constitué pour leur être versé au moment de leur départ au service militaire.

D'autre part, elle a largement contribué à la création de Caisses de Secours; Société de Secours Mutuels (1.110.000 francs de secours distribués depuis sa fondation, en avril 1920), Caisse

XXIV

d'Epargne, créée en mai 1922, émanation de la Société de Secours Mutuels (montant des dépôts : 1.100.000 francs, montant des retraites : 650.000 francs); Clinique chirurgicale, Société Coopérative, Groupement d'Achats en commun, Groupements sportifs et artistiques, etc...

Par ce qui précède, le lecteur se rendra compte de ce qu'ont été les efforts et les réalisations, dans des domaines très variés, d'une Société créée dans des circonstances économiques très difficiles, et qui, si elle a largement profité d'une organisation jadis conçue et mise en œuvre par les Messageries Maritimes, n'a cependant derrière elle que douze années d'existence propre.

* *

La Société Provençale de Constructions Aéronautiques filiale de la Société Provençale de Constructions Navales, elle-même filiale de la Compagnie des Messageries Maritimes, a été fondée en juin 1925 sur l'instigation de l'Administration de l'Aéronautique, désireuse de voir la Société Provençale de Constructions Navales s'intéresser à l'aviation, et en particulier à l'hydraviation.

La situation climatérique et géographique de la Ciotat, entre Marseille port de commerce et Toulon port de guerre, et à proximité des centres aéronautiques et maritimes de Berre, Marignane, Cuers-Pierrefeu et Palyvestre avait, en effet, retenu l'attention des pouvoirs publics qui se rendaient compte de la nécessité de décentraliser la construction aéronautique presque exclusivement groupée dans la région parisienne.

Indépendamment du puissant apport qu'un tel

L'hydravion "Meteore" en vol

groupement peut apporter à la cause aéronautique, tant par l'organisation commerciale existante, résultant de 75 années d'exploitation de la Compagnie des Messageries Maritimes, que par l'importance de l'outillage, il est certain qu'un chantier naval est éminemment qualifié pour construire l'hydravion, qui sera, demain, l'auxiliaire indispensable du bateau sur les routes maritimes.

Sous l'énergique impulsion de son Président. M. Georges Philippar, qui est à la fois Président de la Compagnie des Messageries Maritimes et de la Société Provençale de Constructions Navales, la Société Provençale de Constructions Aéronautiques, dont l'Administrateur-délégué, M. Chaudru, est en même temps Directeur général de la Société Provençale de Constructions Navales, disposait à La Ciotat, dès sa formation. d'une partie des ateliers de la Société Provençale de Constructions Navales transformés en vue de leur nouvelle utilisation. d'un magnifique atelier d'une surface de 3.000 mètres carrés construit dès 1927, et créait une base aéronavale avec dispositif de mise à l'eau pour hydravions de gros tonnage.

Dans le même temps, la Société Provençale de Constructions Aéronautiques présentait en vol deux unités d'un hydra-vion commercial, type « Météore », trimoteur 180 CV. L'un de ces appareils enlevait en 1926, avec une aisance remarquable, le grand prix des hydravions multimoteurs de transport.

Cet appareil commercial. après une série de voyages effectués sans incident, dans des conditions météorologiques particulièrement défavorables. sur le parcours Marseille-Alger sans escale, était choisi par la Compagnie air-union-lignes d'orient pour les vols d'études sur la ligne Marseille-Beyrouth.

Plus de 70.000 kilomètres ont ainsi été parcourus avec une régularité remarquable au-dessus du sillage des luxueux paquebots « Champollion » et « Mariette-Pacha », construits par la Société Provençale de Constructions Navales dans ces mêmes chantiers de La Ciotat d'où le « Météore » est sorti.

Le « Météore » est encore, actuellement, le seul hydravion titulaire du certificat de navigabilité de première catégorie, en raison de sa possibilité de vol, l'un quelconque des moteurs étant arrêté. Poursuivant son effort industriel, la Société Provençale de Constructions Aéronautiques transformait. au cœur même de Marseille. un atelier mis à sa disposition par la Société Provençale de Constructions Navales. d'une surface d'environ 10.000 mètres carrés, et l'affectait aux constructions et réparations d'appareils terrestres.

Une première série de 30 avions Bréguet 14 A2. puis une nouvelle série de 40 étaient mises en fabrication : les performances réalisées au cours des essais en vol de ces 70 appareils, révélèrent une construction particulièrement soignée et la parfaite adaptation de la main-d'œuvre spécialisée.

Ce même atelier assure actuellement, pour tous les centres aéronautiques de la région du Midi de la France. la réparation des avions et hydravions en service.

Développant un programme judicieusement établi, la Société Provençale de Constructions Aéronautiques aménageait enfin. boulevard Oddo. à Marseille. un atelier d'une surface de 6.000 mètres carrés environ pour la construction des appareils métalliques.

Déjà deux prototypes de fort tonnage destinés à la Marine Militaire ont été construits d'après une formule nouvelle. et plusieurs autres appareils avions et hydravions. également métalliques. d'une puissance de 1.300 à 2.500 CV sont ou seront mis incessamment en cours de fabrication.

La production de la Société Provençale de Constructions Aéronautiques est. en outre. complétée par la réparation. à La Ciotat. des moteurs destinés à équiper les cellules. elles-mêmes réparées dans les Ateliers de Marseille.

L'ensemble des moyens industriels de la Société Provençale de Constructions Aéronautiques constitue une organisation puissante qui classe cette Société au premier rang de l'Industrie Aéronautique Nationale.

XXV

COMPAGNIE DE FIVES-LILLE

PARIS -:- 7, rue Montalivet, 7 -:- PARIS

La Compagnie de FIVES-LILLE, dont l'origine remonte à 1861, occupe plus de 7.000 ouvriers dans ses 2 usines de FIVES (Nord) et de GIVORS (Rhône).

L'organisation moderne de ses usines, ses puissants moyens de production, ses services techniques très documentés, permettent à la Compagnie de FIVES-LILLE de fournir un matériel soigné et comportant les perfectionnements les plus récents.

Nous indiquons ci-dessous quelques travaux exécutés par cette Compagnie :

Matériel de transport. — Locomotives à vapeur et électriques, tenders, matériel fixe et matériel roulant pour Compagnies de Chemin de fer françaises et étrangères.

Outillage de ports et Appareils de levage. — Grues titans électriques pivotantes des arsenaux de Sidi-Abdallah (120 tonnes) et de Brest

Grue électrique de 150 tonnes, du Port de Brest.

Pont de Boulac, sur le Nil, au Caire

150 tonnes), pont tournant de la passe d'Arenc, à Marseille, ascenseurs hydrauliques de la Tour Eiffel, grues, ponts roulants électriques divers, etc...

Matériel électrique. — Matériel électrique pour toutes applications, comprenant aussi bien les puissants turbo-alternateurs des Stations Centrales modernes que les petits moteurs.

Matériel de chaufferie. — Chaudières multitubulaires *Stirling* parmi lesquelles, notamment, 18 unités de 2.100 m² chacune, de l'Union d'Electricité et de la Compagnie Parisienne de Distribution d'Electricité. Machines mi-fixes *Weyher & Richemond* et locomobiles agricoles forestières et coloniales dont la réputation est mondiale.

Matériel de sucrerie. — Matériels de sucreries, raffineries, distilleries, qui ont valu à FIVES-LILLE une clientèle mondiale. Un nombre considérable d'usines ont été installées entièrement par FIVES-LILLE, pour la fabrication du sucre de canne ou de betterave.

Ponts et Charpentes métalliques. — Pont de Boulac, sur le Nil; pont de Cernavoda, en Roumanie; de Neuzatz, sur la Save, en Yougoslavie; pont Lafayette, à Lyon, et Alexandre III, à Paris; Pont levant de Hamoul, en Egypte; pont suspendu de Terennez, etc...

Matériel de mines. — Sièges complets d'extraction, notamment aux Mines de Bruay, Dourges et Lens.

Enfin, nous ne voudrions pas terminer ce court exposé sans signaler l'exécution de toutes pièces de grosse et moyenne forge, de pièces estampées, de pièces de fonte et d'acier moulé de toutes dimensions, d'engrenages jusqu'à 6 mètres de diamètre, etc...

Pont suspendu de Terennez, sur la rivière de l'Aulne, portée totale 347 mètres

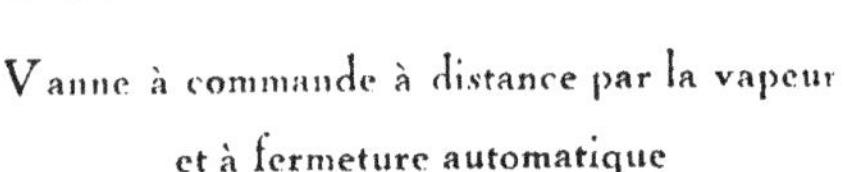

Casimir BEZ et ses Fils

19, Avenue Parmentier
PARIS

■

METHODE DE VAPORISATION LE WILLIAM'S

Augmentation de la puissance, du rendement et de la durée des
chaudières, turbines et machines à vapeur.
Economies de combustible.

■

La méthode réalise la mise en œuvre de phénomènes physiques modifiant les conditions habituelles de formation de la vapeur sur les surfaces de chauffe : elle supprime les résistances à la vaporisation et à la circulation.

L'augmentation de rendement obtenue de ce fait, donne, sur chaudières propres, une économie nette de combustible d'environ 8 0/0, toutes dépenses entraînées par l'application de la Méthode étant payées.

Pour la même surface de chauffe, on peut, en poussant les feux, arriver à produire jusqu'à 20 0/0 de vapeur supplémentaire, sans diminution de rendement et sans incidents.

On observe une augmentation de surchauffe ou une diminution correspondante de la température des fumées.

Les sels calcaires sont précipités sous un état d'extrême division qui leur permet de rester en circulation dans les courants : ils sont évacués quotidiennement au moyen de courtes extractions : les piquages de chaudières sont supprimés.

La Méthode arrête les corrosions, même dans les cas d'eaux salées ou magnésiennes.

■

150 INGÉNIEURS RÈGLENT LES APPLICATIONS DE LA MÉTHODE
ET ASSISTENT A TOUTES LES OUVERTURES DE CHAUDIÈRES.

COURROIES SCELLOS

A. DOMANGE FILS - PARIS

CRÉDIT LYONNAIS

Fondé en 1863

CAPITAL entièrement versé : 255.000.000
RÉSERVES 227.000.000

SIÈGE SOCIAL :
Palais du Commerce, à LYON

SIÈGE CENTRAL :
Boulevard des Italiens, à PARIS

1.070 SIÈGES

EN FRANCE - ALGÉRIE - TUNISIE - MAROC - ANGLETERRE
BELGIQUE - ÉGYPTE - ESPAGNE - SUISSE - TURQUIE

AGENCES A

ALEXANDRIE - LE CAIRE - PORT-SAÏD

CORRESPONDANTS DANS LE MONDE ENTIER

TOUTES OPÉRATIONS DE BANQUE

Comptoir National

d'Escompte de Paris

Millions de Francs entièrement versés.

Succursale : 2, place de l'Opéra

AGENCE d'ALEXANDRIE :
11, rue Chérif-Pacha, 11.

AGENCE du CAIRE :
22, rue El Maghraby, 22.

AGENCE de PORT-SAÏD :
Boulevard Fouad.

Agences dans les Colonies françaises et Pays de protectorat et à l'Étranger :

à Madagascar :
(Tananarive, Tamatave, Majunga, Diégo-Suarez, Mananjary, Fianarantsoa, Tuléar, Morondava, Nossi-Bé);

en Tunisie :
(Tunis, Bizerte-Mateur, Monastir, Sfax, Sousse);

en Angleterre :
(Londres, Londres West-End, Manchester, Liverpool);

en Belgique : (Bruxelles);

à Monte-Carlo;

aux Indes anglaises : (Bombay);

en Australie : (Melbourne, Sydney).

Le Comptoir National d'Escompte compte 490 Agences à Paris et dans les départements ; il est installé dans les principales villes maritimes, notamment : Marseille, Bordeaux, Le Havre, Saint-Nazaire, Dunkerque, et possède des Bureaux dans les principales villes d'eaux, stations estivales et hivernales : Aix-les-Bains, Antibes, Bagnères-de-Luchon, Bagnoles-de-l'Orne, La Baule, Biarritz, La Bourboule, Cannes, Châtelguyon, Compiègne, Dax, Deauville, Évian-les-Bains, Enghien-les-Bains, Fontainebleau, Hyères, Menton, Le Mont-Dore, Nice, Pau, Saint-Germain-en-Laye, Trouville, Vichy, etc.

BANQUE NATIONALE DE CRÉDIT

Société Anonyme au Capital de 262 Millions 500.000 francs entièrement versés

R. C. Seine 30.752   SIÈGE SOCIAL : 16, Boulevard des Italiens - PARIS (IXe)   R. C. Seine 30.75

SUCCURSALES ET AGENCES DANS PARIS :

AGENCE CENTRALE : Paris-Le Peletier, 26, Rue Le Peletier (Angle de la Rue de Provence) — Annexe Italiens, 16, Boulevard des Italiens
SUCCURSALE OPÉRA, 17, Rue Scribe — SERVICE RELATIONS ÉTRANGÈRES, 15, Rue Scribe

AGENCES

13, Place de la Bourse.	2, Place Gambetta.	20, Rue de Lyon.	77, Boulevard de Strasbourg
168, Avenue Victor-Hugo.	3, Place de la Nation.	3, Boulevard Barbès.	63, Rue Lafayette.
105, Boulevard Sébastopol.	133, Boulevard Saint-Germain	120, Rue Lafontaine.	85, Avenue de La Bourdon-
18, Boulevard Voltaire.	148, Rue Lecourbe.	80, Rue de Clichy.	nais.
77, Avenue des Gobelins.	53, Avenue d'Orléans.	37, Avenue des Champs-	1, Rue de Clichy.
30, Rue de Flandre.	49 et 51, Avenue des Ternes.	Elysées.	52, Avenue de la Grande
138, Rue Lafayette.	77, Rue Jouffroy.	109, Rue de Turenne.	Armée.
44, Rue Etienne-Marcel.	14, Rue de Passy.	169, Rue de Rennes.	340, Rue des Pyrénées.

AGENCES DANS LA BANLIEUE DE PARIS :

IVRY-SUR-SEINE, 18, Rue de la Mairie.
LEVALLOIS-PERRET, 94bis, Rue du Président-Wilson.
PANTIN, 72, Avenue Jean-Jaurès.
NEUILLY-SUR-SEINE, 102, Avenue du Roule.

NEUILLY-SUR-SEINE, Neuilly-Marché :
— 50, Avenue de Neuilly.
CLICHY, 66bis, Boulevard Jean-Jaurès.
MONTREUIL-SOUS-BOIS, 60, Boul. Rouget-de-Lisle

PLUS DE 550 SUCCURSALES, AGENCES ET BUREAUX EN FRANCE, notamment à :

Angers, Arras, Auxerre, Avignon, Bayonne, Belfort, Besançon, Bordeaux, Bourges, Caen, Carcassonne, Chartres, Clermont-Ferrand, Dijon, Épinal, Grenoble, Le Havre, Le Mans, Lille, Lons-le-Saunier, Lyon, Marseille, Mazamet, Metz, Montereau, Montluçon, Montpellier, Nancy, Nantes, Narbonne, Nice, Nimes, Orléans, Remiremont, Roubaix, Rouen, Saint-Dié, Saint-Étienne, Sarreguemines, Toulouse, Tourcoing, Tours, Troyes, Versailles, Vienne, Villefranche-sur-Saône

TOUTES OPÉRATIONS DE BANQUE ET DE BOURSE   -:-   LOCATION DE COFFRES-FORTS

Société Générale

Société Anonyme au Capital de 500 Millions

SIÈGE SOCIAL : 29, Boulevard Haussmann -:- PARIS-IXe

▼

TOUTES OPÉRATIONS DE BANQUE ET DE BOURSE

LOCATION DE COFFRES-FORTS

1350 Agences et Bureaux en France et à l'Étranger.

■ ■

Correspondants sur toutes les places de France et de l'Étranger.

L'UNION

SIÈGE SOCIAL : 9, Place Vendôme. — PARIS

COMPAGNIE D'ASSURANCES CONTRE L'INCENDIE

FONDÉE EN 1828

SINISTRES PAYÉS DEPUIS L'ORIGINE DE LA COMPAGNIE :

1 Milliard 059 Millions de Francs

PRIMES ENCAISSÉES PENDANT L'ANNÉE 1927 :

196 Millions 835.360 Francs

L'UNION-INCENDIE EST ÉTABLIE EN ÉGYPTE DEPUIS 1882

DIRECTEUR POUR L'ÉGYPTE :

A. SEVASTOPULO, 9, Rue Fouad-Ier, ALEXANDRIE

COMPAGNIE D'ASSURANCES SUR LA VIE HUMAINE

Entreprise privée assujettie au contrôle de l'État

FONDÉE EN 1829

CAPITAUX PAYÉS DEPUIS L'ORIGINE DE LA COMPAGNIE :

566 Millions de Francs

RENTES VIAGÈRES PAYÉES CHAQUE ANNÉE : **11 Millions de Francs**

CAPITAUX ASSURÉS EN COURS AU 31 DÉCEMBRE 1927 :

2 Milliards 123 Millions de Francs

L'UNION-VIE EST ÉTABLIE EN ÉGYPTE DEPUIS 1893

DIRECTEUR POUR L'ÉGYPTE :

A. HURMUZ, Place de l'Opéra et Rue Abdel-Hek-el-Somhaki, N° 7, LE CAIRE

LA CONFIANCE

Le Groupe des Compagnies françaises d'Assurances LA CONFIANCE (Incendie, Vie et Capitalisation), dont la fondation remonte à l'année 1844 pour la Branche Incendie, et à l'année 1875 pour la Branche Vie, est installé en Égypte depuis 1898, c'est-à-dire depuis plus de trente ans.

Ses traditions de loyauté, sa solidité financière, représentée actuellement par plus de 150 millions de francs de capitaux sociaux et de réserves, ont consacré sa réputation qui s'est étendue à l'Égypte, où ses affaires ont pris, surtout depuis la guerre, une extension très marquée.

Les photographies, que ce puissant groupe a exposées au Caire, montrent la conception moderne du nouveau Siège social de ces Compagnies, 26 et 28, rue Drouot, à Paris, qui passe pour être le mieux aménagé des Compagnies françaises d'Assurances.

Quant aux photographies également exposées de quelques-uns des 41 immeubles dont LA CONFIANCE est propriétaire, et dont la plupart sont situés dans les plus beaux quartiers de Paris, elles font nettement ressortir l'importance de son Domaine immobilier et la solidité des garanties qu'elle offre à sa clientèle.

<table>
<tr><td>

LA NATIONALE

COMPAGNIE ANONYME D'ASSURANCES
CONTRE L'INCENDIE ET LES EXPLOSIONS

FONDÉE EN 1820

Capital Social : 10 Millions de Francs

SIÈGE SOCIAL : 17, Rue Laffitte, à PARIS

Réserves et Primes en Portefeuille : **Frs 342 Millions.**

Agences en Égypte :

LE CAIRE : M. SABRAN, 43, Rue Madabegh;
ALEXANDRIE : MM. V. ALBY et G. HUSSON, 4, Rue Balanachi.

La Nationale-Incendie opère également en

BELGIQUE, BULGARIE, CANADA, ESPAGNE,
HOLLANDE, INDOCHINE, ITALIE, PORTUGAL, SUISSE,
SYRIE, TCHÉCOSLOVAQUIE, YOUGOSLAVIE.

Sinistres payés depuis l'origine de la Compagnie :
Frs 616 Millions.

</td><td>

LA NATIONALE

COMPAGNIE ANONYME D'ASSURANCES SUR LA VIE

Entreprise privée, assujettie au contrôle de l'État français.

FONDÉE EN 1830

Capital Social : 15 Millions de Francs

SIÈGE SOCIAL : 2, Rue Pillet-Will, à PARIS

Montant total des Garanties : **Frs 906.144.682.**

Agences en Égypte :

LE CAIRE : M. SABRAN, 43, Rue Madabegh;
ALEXANDRIE : M. DEMETRIO, 38, Bd Saad Zaghloul Pacha.

La Nationale-Vie opère également en

ANGLETERRE, BELGIQUE, BULGARIE, ESPAGNE,
GRÈCE, HOLLANDE, PALESTINE, PORTUGAL, SUISSE,
SYRIE, TCHÉCOSLOVAQUIE, TURQUIE, YOUGOSLAVIE.

Pour les assurances sur la vie, La Nationale applique toujours les tarifs les plus avantageux.

</td></tr>
</table>

GROUPE DES ÉTABLISSEMENTS SCHWOB FRÈRES

300.000 broches -:- 7.000 métiers

7.000 ouvriers -:- 10.000 chevaux-vapeur

Les Établissements SCHWOB Frères (Filatures de coton, tissages, blanchiment et apprêts) ont été fondés en 1845.

Leur siège social est à HÉRICOURT (Haute-Saône) et leur Administration centrale 12, rue Boissy-d'Anglas, à PARIS.

Les deux centres de fabrication sont l'Est et le Nord ; dans l'Est se trouvent les usines d'Héricourt, de Chagey (Haute-Saône), de Saint-Germain et de Valdoie (territoire de Belfort), et de Béthoncourt (Doubs) ; dans le Nord, les filature et tissage de Marcq-en-Barœul et de La Madeleine. La maison SCHWOB Frères a, en outre, des participations importantes dans différents groupes textiles.

Les maisons de vente de Paris et de Lille, le Comptoir spécial d'Exportation, installé au 6 de la rue aux Ours, à Paris, complètent cette puissante organisation.

Toutes les usines sont équipées à la moderne ; plusieurs sont entièrement électrifiées. Dans toutes se manifeste le souci évident d'obtenir des rendements élevés, tout en plaçant la main-d'œuvre dans les meilleures conditions possibles d'hygiène et de confort.

L'intérêt porté à la classe ouvrière ne s'arrête pas d'ailleurs au seuil de l'usine et chaque groupe industriel est complété de la plus heureuse façon par des maisons d'employés et de nombreuses cités ouvrières, toutes conçues en tenant compte judicieusement des derniers progrès réalisés dans le confort des aménagements intérieurs et aussi dans la science de l'urbanisme.

Pour intéresser l'occupant à son home et l'y retenir pendant les heures de repos, des jardins potagers spacieux sont attenants à chaque habitation. Ils procurent à leurs bénéficiaires tout à la fois une saine distraction et un appréciable complément de revenu.

Dans le stand que la Maison SCHWOB Frères a installé à l'Exposition du Caire, elle n'a pu donner qu'un très faible aperçu de la diversité des genres qu'elle produit tant en filature qu'en tissage.

Les filés vont du nᵒ 4 au nᵒ 50. Ils comprennent des fils écrus, simples et retors, cardés et peignés, laminés et gazés ; des fils teints en bourre, en bobines de bancs à broches ou en écheveaux.

La gamme des tissus s'étend, en toutes laizes, sur tous les genres classiques, écrus et couleurs, blanchis et teints, et sur les tissus fantaisie. Énumérons seulement les calicots, croisés, renforcés, percales, longottes et cretonnes, croisés rayés et carreaux, velours, moleskines, satins légers et lourds, zéphyrs, tussors, jacquards, tissus bouclés, crêpes, tennis, flanelles, oxfords, cover-coat, etc., etc...

La production des Établissements SCHWOB Frères atteint annuellement 9 millions de kilos de fils, 55 millions de mètres de tissus, 3 millions de kilos de produits teints.

Les plus hautes récompenses à toutes les grandes Expositions, ainsi que les attestations les plus flatteuses, sont venues confirmer et l'importance des Établissements SCHWOB Frères et l'excellence de leurs produits.

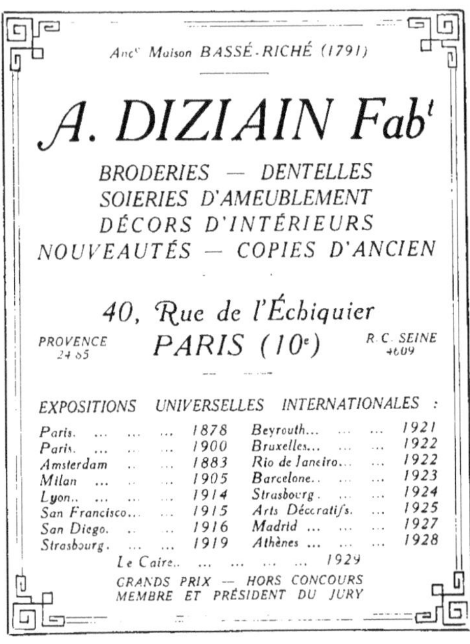

H. GENIN PÈRE & P. CHAINE

Société Anonyme au Capital de 10.300.000 francs

MAISON FONDÉE EN 1852

Maison à PARIS :

59, Rue de Créqui - LYON ◆ **111, Boulevard de Sébastopol**

USINES A :

**VILLEURBANNE (Rhône) - CADOLON (Saône-et-Loire)
SAINT-DENIS-DE-CABANNES et LES AVEZES (Loire)**

Agents pour l'Égypte : NAHMANN et POLNAUER - ALEXANDRIE

Fabricants de Tissus de Soie unis

FAÇONNÉS - NOUVEAUTÉS - PARAPLUIES - COLS - CRAVATES - CHALES ET TISSUS D'ORIENT

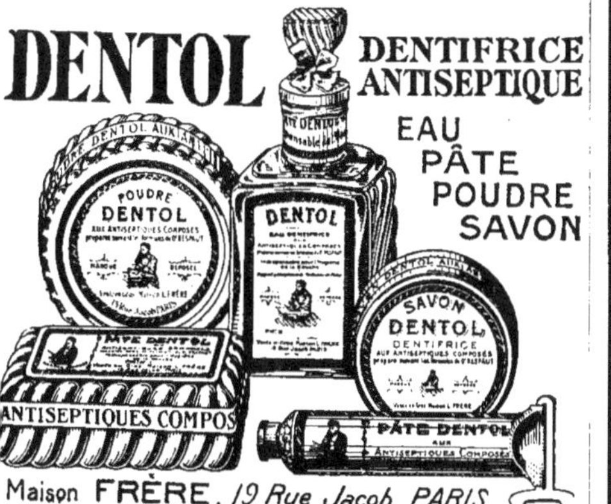

COMPAGNIE GÉNÉRALE **FOURS**
DE CONSTRUCTION DE
8, Place des États-Unis, MONTROUGE (Seine)

FOURS
POUR TOUTES INDUSTRIES
Chauffés au Coke, au Gaz ou au Charbon

CHAUDIÈRES DE RÉCUPÉRATION
DES CHALEURS PERDUES

GAZOGÈNES à grilles rotatives
Marchant au Grésillon de Coke

PRODUITS RÉFRACTAIRES
GRÈS SANITAIRES

GUSTAVE MAJOU

Architecte

Diplômé par le Gouvernement

41, Rue Laffitte, 41 -:- PARIS

DOCKS ET DÉPOTS DE CHARBONS

DE

L. SAVON & Cᵉ

Importateurs de Charbons Cardiff, Newcastle, Coke et Anthracite.

AGENTS DU LLOYD A PORT-SAÏD & SUEZ

Fabrique de
BRIQUETTES
à Port-Saïd.

Chantiers et Ateliers à Port-Saïd — Réparations de Navires, Machines, Chaudières, etc.
Construction et Réparation de Matériel flottant.
Montage sur place de gros Matériel destiné à l'Égypte.

SOCIÉTÉ  ALSACIENNE
de Constructions — Mécaniques

Société Anonyme au Capital de 114 750 000 francs

Usines à MULHOUSE (Haut-Rhin), GRAFFENSTADEN (Bas-Rhin), CLICHY (Seine). · Câblerie à CLICHY

Maison à PARIS, 32. rue de Lisbonne (8ᵉ)

Adresse Télégraphique : MECALSAC-PARIS

Agence en Egypte : M. COSSERY · Le Caire, Immeuble Adda · Rond-point Soliman Pacha

Locomotive type Pacific à voie de 1 mètre, poids à vide 50 tonnes. — Chemins de fer Tunisiens.

LOCOMOTIVES A VAPEUR

FILS ET CABLES ISOLÉS ET ARMÉS POUR TOUTES APPLICATIONS

MACHINES POUR L'INDUSTRIE TEXTILE

Machines pour la préparation et le peignage de la laine et la filature de la laine peignée.
Machines pour la préparation et la filature du coton.
Machines de tissage pour le coton, la laine et la soie. Machines pour la soie artificielle.

Machines pour l'impression, la teinture, l'apprêt, le blanchiment et le finissage des tissus

AUTRES FABRICATIONS : Machines Outils - Chaudières - Machines à Vapeur
Moteurs à Gaz et installations d'épuration de Gaz - Turbo-Compresseurs - Machines et
Turbo-Soufflantes - Turbines Hydrauliques - Machines et Appareils pour l'Industrie Chimique.

USINE DE MONTROUGE (Seine)   *Cliché C.A.F.*

TOUT
POUR LE
BATIMENT
CAMION Fres
VIVIER-AU-COURT (ARDENNES)
SOCIÉTÉ A RESPONSABILITÉ LIMITÉE
AU CAPITAL DE 7.000000 DE FRANCS
R du C CHARLEVILLE N° 47 8
FABRIQUE DE
QUINCAILLERIE EN
ARTICLES
FONTE, FER
ACIER, ALUMINIUM
BRONZE, CUIVRE
MAILLECHORT
se rattachant aux parties
suivantes
BATIMENT
MÉNAGE
STORE
ÉTALAGE
VOITURE
CAVE
BUREAU
OUTILLAGE
JEUX & SPORTS
JARDINAGE - HORTICULTURE
TONDEUSES A GAZON

La Force Motrice et

Comme tous les pays civilisés, l'Egypte a aspiré, dès les premiers jours, à êtr
dotée des moyens de production que la Science met de plus en plus au service de l'homme

Pays de soleil, elle s'est sentie attirée irrésistiblement vers tous les moyens propres
rendre plus brillante son existence et plus prospère son industrie, et, en particulier, elle
toujours appelé et favorisé l'éclosion de centres producteurs d'énergie et de lumière

L'emploi de l'énergie électrique tend à se répandre de plus en plus su
tout le territoire. Des programmes très vastes sont à l'étude, notamment l
projet grandiose tendant à récupérer l'énergie accumulée dans les bassins de retenu
des grands barrages de la Haute-Égypte, et celui qui conduira à exploite
rationnellement la curiosité naturelle que constitue la dépression du désert au nord

ouest du Fayoum. Un canal, d
quelque deux cents kilomètres d
longueur, y déverserait l'eau d
la Méditerranée et desservira
de puissantes centrales hydrau
liques.

La mise à exécution de ce
programmes permettrait d

l'Éclairage en Égypte

épandre à profusion sur l'Égypte les bienfaits de la lumière et de la force.

Dans les grandes villes du Royaume, comme Le Caire, Alexandrie et Port-Saïd, les stations électriques sont complétées par des usines à gaz, et cet ensemble permet de donner aux habitants le maximum de confort, et aux municipalités la possibilité de compter leurs villes parmi les mieux urbanisées.

La Société LEBON, installée depuis 1863 en Egypte, est la dernière Société française qui y est concessionnaire de services publics et ses exploitations s'y développent, d'année en année, avec l'essor des grandes villes qu'elle dessert.

Avec ses Établissements de France, d'Algérie et d'Égypte, elle se classe parmi les Sociétés les plus puissantes et les plus enviées.

Les perfectionnements dont elle a doté les usines qu'elle possède en ce pays, les font compter parmi les plus modernes et leur permettent de s'adapter immédiatement à toutes les exigences d'une clientèle sans cesse accrue.

Société Générale de Remorquage et de Travaux Maritimes

(Cⁱᵉ Chambon)

Siège social : 148, rue Sainte, MARSEILLE

La **Société Générale de Remorquage et de Travaux Maritimes** fut fondée en 1873 par la fusion de plusieurs Entreprises de Remorquage.

Le fondateur principal fut M. Marius Chambon, un des membres de la maison Chambon frères. Armateurs de navires à voiles qui, les premiers introduisirent les remorqueurs dans le port de Marseille.

Dès 1860, ils firent construire le remorqueur *Moco*, de la puissance de 250 CV effectifs. Jusque-là, les navires entraient et sortaient du port de Marseille, aidés par des chaloupes armées de plusieurs rameurs.

Grâce à une sage et prudente administration, la Cⁱᵉ Chambon se développa progressivement.

Dans les premières années de son exercice, sa flotte ne se composait que de 12 unités, dont la puissance variait de 15 à 200 CV.

Les premiers Administrateurs furent MM. Marius Chambon, Louis Savon, François Estier, Pierre Vette, Louis Icard.

M. Marius Chambon fut nommé Administrateur-Directeur et assura ces fonctions jusqu'à sa mort, en décembre 1892.

Le Conseil d'Administration actuel est composé de MM. Lucien Estrine, Président ; Henri L. Savon, Vice-Président ; Laurent Chambon, Denis Chambon, Georges Philippar, Jacques Story van Blockland, Jean Fraissinet, André Savon.

MM. Laurent Chambon et Denis Chambon sont les Administrateurs-Directeurs.

Aujourd'hui, la flotte de la **Société Générale de Remorquage**, beaucoup plus connue sous le nom de « **Compagnie Chambon** », se compose de 30 unités, dont la puissance varie de 60 à 1.000 CV effectifs.

Sauf le *Marius-Chambon* et *L'Obstiné*, les remorqueurs de la **Société Générale de Remorquage** portent le nom de *Marseillais*, suivi d'un numéro d'ordre.

La **Compagnie Chambon** possède également des ateliers de constructions et de réparations mécaniques où, en dehors des réparations de sa flotte, elle se charge de l'exécution de tous travaux mécaniques, de forge, de chaudronnerie, etc.

Elle possède deux immeubles : au n° 146 et au n° 148, rue Sainte ; c'est dans ce dernier immeuble où se trouvaient déjà ses ateliers qu'elle fit installer ses bureaux en 1923.

Aux opérations de remorquage, la **Société** ajouta un service de sauvetage qu'elle organisa à partir de l'année 1890.

A cet effet, elle fit construire, en Angleterre, le *Moco* (3ᵉ de ce nom), d'une puissance de 530 CV effectifs, muni d'une pompe à grand débit et de tout le matériel que nécessitent les opérations de sauvetage.

Acheté par l'Etat en 1893 pour être affecté au port de Toulon, le *Moco*, actuellement *Hercule*, fut remplacé par le *Marius-Chambon*, construit à Nantes en 1894.

Ce remorqueur, d'une puissance de 500 CV, également outillé pour le sauvetage comme le *Moco*, resta en service jusqu'en 1904, époque à laquelle il fut vendu.

Cette unité ayant été construite peu après la mort de leur père, ses fils, mus par un sentiment de piété filiale, auquel s'associa à l'unanimité le Conseil d'Administration, lui donnèrent le nom de *Marius-Chambon* pour perpétuer la mémoire de celui qui fut le Fondateur et le premier Directeur de la **Société Générale de Remorquage**.

Un nouveau *Marius-Chambon* a remplacé très avantageusement le premier. Il a été construit en 1905, à Glascow, dans les chantiers de MM. Mackie & Tomson. Il est spécialement aménagé pour les remorquages à très longue distance et les sauvetages. Sa puissance est de 800 CV ; la capacité de ses soutes, 140 t. environ ; sa longueur, 40 m. ; sa largeur, 7 m. ; son tonnage, 220 tonnes ; ses pompes, dont la puissance d'épuisement est de 2.500 tonnes à l'heure, en font un des remorqueurs les plus puissants de la Méditerranée.

Le remorqueur de haute mer *L'Obstiné*, qui doit entrer en service incessamment, est de dimensions encore plus grandes que le *Marius-Chambon*. Pourvu d'un moteur Diesel M. A. N. de 700 CV effectifs, il pourra seconder très efficacement le *Marius-Chambon* dans les opérations de sauvetage. Il pourra appareiller, grâce à son moteur à explosion, dès la réception d'avis de détresse qui pourront lui être adressés.

Cette unité, aménagée de salons à passagers, disposant de tout le confort moderne, pourra également assurer le transbordement des passagers des paquebots et effectuer des promenades en mer.

Nous ne doutons pas que ce remorqueur sera digne de ses prédécesseurs et viendra augmenter, par son activité, le nombre de navires sauvés depuis 1891, et qui s'élève à 81.

La Société, pour augmenter la puissance de ses moyens de sauvetage, a fait construire, l'année dernière, le chaland *Utile* qui, servant d'annexe aux navires de sauvetage, permet de transporter dans ses flancs des pompes mobiles d'une puissance d'aspiration de 1.500 tonnes à l'heure, ainsi que tout un matériel susceptible de rendre les plus grands services au cours de ce genre d'opérations.

Enfin, pour répondre aux nécessités de la navigation et en présence de l'augmentation sans cesse croissante du tonnage des navires qui fréquentent le port de Marseille, la Cⁱᵉ Chambon renouvelle et améliore son matériel en augmentant chaque fois la puissance de ses unités.

Depuis quatre ans, elle a mis en service 3 chaloupes de 600 CV, 1 remorqueur de port mâté de 700 CV et va pouvoir, d'ici quelques semaines, mettre à la disposition de sa clientèle une chaloupe de 1.000 CV, dont la réalisation, étant données les dimensions très restreintes qu'il faut observer à cause de l'exiguïté des passes du port de Marseille, a fait l'objet d'une étude très délicate et peut être considérée comme un véritable tour de force.

La Société possède également des citernes à vapeur qui assurent, dans les meilleures conditions, la fourniture d'eau filtrée aux navires.

CONSORTIUM DE LA CÉRAMIQUE
et de la VERRERIE

ATELIERS D'ART LEGÉDÉ

LE GRAND DÉPOT
21-23, Rue Drouot
PARIS

Tél. :   Télégr. :
PROVENCE 83-58   LEGRANDEPOT, 9, PARIS

R. C. Seine 229.769

**POUR ORNER
LA TABLE ET
EMBELLIR LE HOME**

Œuvres de l'Élite

des Artistes

et Artisans

et des grandes

Manufactures

MANUFACTURE DE PORCELAINES
ROBERT HAVILAND & LE TANNEUR
LIMOGES

▼

GRAND PRIX

EXPOSITION
INTERNATIONALE
DES
ARTS DÉCORATIFS
PARIS 1925

**Ces porcelaines ne
se trouvent que
dans les bonnes
Maisons spéciales
de Services de Table
et d'Objets d'Art.**

CABINET D'ÉCHANTILLONS

**21, RUE DROUOT
PARIS**

Tél. :   Télégr. :
PROVENCE 79-50   VILATAN, 9, PARIS

R. C. Limoges 7921

LA LIBRAIRIE LAROUSSE

Le nom de Larousse symbolise sans doute à l'heure actuelle le plus vaste effort qui ait été tenté pour la diffusion des connaissances et de la pensée humaine. Fondée en 1852, la Maison Larousse comprend aujourd'hui d'importants établissements d'édition à Paris, 13-21, rue du Montparnasse, une imprimerie et des ateliers de fabrication dotés de l'outillage le plus moderne, à quelques minutes de la capitale, et elle a des succursales à Florence, Vienne, Bucarest, et jusqu'en Amérique. Les nombreuses collections qu'elle a créées et enrichit sans cesse forment, de l'avis de tous, un ensemble unique au monde.

Elle est surtout universellement connue par ses célèbres dictionnaires. Elle en publie, en ce moment même, un nouveau : le *Larousse du XXe siècle*, vaste encyclopédie en six volumes, dont le premier vient d'être terminé, et qui, en quinze mois à peine, a déjà dépassé le chiffre énorme de 65.000 souscripteurs. Dresser le nouvel inventaire du savoir humain, après les événements et les progrès sans précédents du dernier quart de siècle, tel est le but que s'est proposé la Librairie Larousse en entreprenant cette grande œuvre, pour l'élaboration de laquelle elle a fait appel à des centaines de collaborateurs, l'elite intellectuelle de la France. Le *Larousse du XXe siècle* ne contiendra pas moins de 200.000 articles, illustrés de 50.000 gravures et d'une profusion de planches et cartes en noir et en couleurs. Ce sera tout à la fois l'encyclopédie de notre temps et le grand dictionnaire de la langue française.

Avec de moindres développements, mais encore très complet, le *Larousse Universel*, dont il a été vendu en quelques années plus de 400.000 exemplaires, condense en deux volumes tout l'essentiel de la langue française et des connaissances humaines. Tout le monde connaît, d'autre part, les *Dictionnaires Larousse* en un volume, ces merveilleux instruments de consultation rapide que doit posséder quiconque étudie ou pratique la langue française. Et n'oublions pas les nombreux dictionnaires spéciaux publiés avec un si vif succès : *Larousse médical, Larousse ménager, Larousse agricole, Dictionnaires français-anglais, français-espagnol,* etc.

Les *Dictionnaires Larousse* présentent toutes les connaissances dans l'ordre alphabétique : à côté d'eux, la *Collection in-4° Larousse* embrasse dans l'ordre méthodique tous les grands sujets qui méritent d'intéresser un homme de notre temps. Trente volumes ont déjà paru dans cette grande collection, magnifiquement illustrée et éditée. Citons entre autres : la *Littérature française illustrée*, publiée sous la direction de J. Bédier, de l'Académie française, et de P. Hazard, professeur au Collège de France ; *La France, Géographie illustrée ; Paris et ses environs ; l'Histoire générale des Peuples ; le Musée d'Art ; l'Air et sa Conquête,* etc. En ce moment, paraît par fascicules une splendide *Histoire de l'Armée française,* par le C^l Revol.

De tradition, la Librairie Larousse a constamment travaillé à simplifier et à faciliter l'enseignement du français. Le *Cours de Grammaire,* de Claude Augé, les *Leçons illustrées de français,* de Breuil, ont un immense succès dans les écoles de France ; et il faut signaler tout particulièrement ici un cours très vivant et très heureusement conçu : *La Pratique du Français à l'usage des écoles d'Orient,* dû à M. E. Chaufour, Inspecteur au Ministère égyptien de l'Instruction publique, et adopté dans les écoles d'Egypte. Ajoutons que la Librairie Larousse a édité de nombreux ouvrages scolaires dans toutes les branches : géographie, sciences, arithmétique, etc., ainsi que des albums et ouvrages illustrés pour la jeunesse.

Elle publie, d'autre part, d'élégantes éditions des grands écrivains classiques et modernes *(Bibliothèque Larousse)*, en usage dans un grand nombre d'Universités et Collèges de tous pays, et a créé spécialement à l'usage du public étranger une belle et peu coûteuse collection d'auteurs contemporains. Elle a, enfin, entrepris dernièrement une nouvelle collection : *Les Contes et Romans pour tous,* qui offre, à un prix d'un exceptionnel bon marché, un intéressant choix d'œuvres signées des meilleurs conteurs et pouvant être mises entre toutes les mains. Toute une série de périodiques couronnent cet important ensemble ; pour la jeunesse : les *Livres Roses* et *L'Age Heureux ;* et, pour les grandes personnes : le *Larousse mensuel, Les Nouvelles littéraires, L'Art Vivant, Le Journal des Voyages,* qui tiennent le lecteur au courant de tout le mouvement des faits et des idées à notre époque.

un air embaumé
RIGAUD 16 rue de la Paix PARIS

"Vers la Joie.."
parfum de grand luxe
dernière création de Rigaud
exerce un impérieux attrait.
La beauté trouve dans
"Vers la Joie" l'émanation originale
et distinguée qui la parachève.
RIGAUD
16 rue de la Paix
PARIS

La Confection Française
(HOMMES - DAMES - ENFANTS)
La Couture en Gros

La Confection Française est née il y a plus d'un siècle. La Confection pour Hommes débuta le jour où une maison se spécialisa dans la fabrication et la vente à prix fixe de vêtements de tailles déterminées. La Confection pour Dames vit le jour en 1820, lors de la fabrication de shalls "à la façon des Indes".

La Confection Française embrasse tous les genres, elle fournit ses Clients aussi bien de vêtements de travail que d'habits de soirée, de manteaux faits industriellement, que de robes aussi floues que possible, mais elle garde toujours un fini et un cachet qui lui confèrent un quelque chose d'inimitable.

Son importance est majeure dans les industries qui pratiquent l'Exportation.

■

CLASSE 85 B

Collection du Cabinet des Estampes.

CONFECTION HOMMES

Pierre CAZAUX et Cie
26, Rue de Lagny, Paris.

Étab. COZETTE et Fils
24, Rue de Metz, à Tours.

Maisons A. DONY
6 et 8, Rue des Halles, Limoges.
8, Rue Vivienne, Paris, etc...

Étab. DUPIRE et SABATIER
162, Boulevard Voltaire, Paris.

Étab. HALIMBOURG-AKAR
126, Rue Réaumur, Paris.

Étab. SELLIEZ et Cie
26, Rue Heilman, Roubaix.

Gr. Magasins SIGRAND et Cie
118, Rue Réaumur, Paris, etc.

THIERY Ainé
11, La Canebière, Marseille, etc.

LE VÊTEMENT MODERNE
84, Rue Beaubourg, Paris, etc.

Varichon-Chomienne-Durocher
5,7,9, Pl. de l'Abondance, Lyon

■

GARÇONNETS

Étab. Paul KAHN
130, Rue Réaumur, Paris.

Augustin LEJEUNE
22, Rue Henri-Loyer, Lille.

GARÇONNETS

Manufacture Parisienne
de Costumes d'Enfants
43, Rue Barrault, Paris, 13e.

Varichon-Chomienne-Durocher
5,7,9, Pl. de l'Abondance, Lyon

IMPERMÉABLES

G. COUSTOU et Cie
107, Rue Réaumur, Paris.

■

TRICOTS DE FANTAISIE

Société MICHEL Frères
108, Rue de Flandre, Paris.

CONFECTION DAMES
et COUTURE EN GROS

Lucien ACH
14, Rue d'Uzès, Paris.

BOUET et Cie
39, Rue de l'Échiquier, Paris.

Pierre BROEKMANS
6, Rue Vivienne, Paris.

DAISY S. A.
1, R. du Quatre-Septembre, Paris

Maurice FARHI
82, Rue Saint-Sauveur, Paris.

Georges LARCELET
13, Rue Vivienne, Paris.

Maison MAURICE
9, Rue des Petites-Écuries, Paris

Établiss. STRAUSS-BRISAC
122, Rue Réaumur, Paris.

Manuf. A. WEILL Jeune et Fils
8, Rue Livingstone,
et 19, Rue de Cléry, Paris.

Établissements A. WOLFF
5, Rue Bouchardon, Paris, etc.

■

FILLETTES

Raymond SANTU
113, Rue Réaumur, Paris.

Ces corporations emploient plusieurs centaines de mille d'employés, d'ouvriers et d'ouvrières.
Leur chiffre d'affaires annuel dépasse 2.500.000.000 francs.

LA PRÉSENTATION DE LA CLASSE 85 C

LA Classe 85 C, qui réunit les Tailleurs, branche essentielle du Commerce de Luxe, se distingue brillamment par une présentation d'un raffinement très poussé ; tout y a été mis en œuvre pour éviter le " déjà vu ", écueil des manifestations de ce genre, et, grâce aux efforts conjugués des divers exposants, un ensemble vraiment neuf a pu être réalisé.

Le plus souvent, en effet, chaque participant est tenté de constituer une manière d'étalage particulier, sans aucun souci d'harmonie.

Réagissant contre cette tendance fâcheuse, M. BARCLAY, Président de la Classe 85 C, a obtenu des Exposants qu'ils fassent le léger sacrifice de se plier à une discipline générale, acceptée dans l'intérêt commun, et dont le premier effet est de conférer à l'ensemble une tenue remarquable.

Naturellement, chaque participant recueille les bienfaits de cette méthode ; il n'est nullement question, d'ailleurs, de juguler les initiatives personnelles, mais seulement de les orienter toutes dans le même sens — le bon — de manière que les efforts, au lieu de se détruire et de s'annihiler réciproquement, s'ajoutent au contraire et constituent une force plus grande.

Les différents costumes ou accessoires de toilette sont présentés dans leur milieu normal et naturel. On a évité cette inconséquence choquante et trop fréquente d'un mannequin, en costume de sport, placé auprès d'un autre en habit de soirée, et d'un troisième en habit de ville, sans qu'on puisse savoir quel hasard miraculeux avait pu réunir trois personnages aussi dissemblables.

La reproduction, aussi exacte que possible, de la splendide station thermale de Vittel, a permis de placer les vêtements dans un cadre harmonieux pour l'homogénéité de la présentation de la Classe 85 C. Qu'il s'agisse du terrain de Golf, d'une après-midi dans une élégante ville d'eau ou, encore, de l'entrée du Casino, le soir, partout le souci de la réalité a été poussé très loin.

Les personnages, vêtus comme il convient, évoluent à leur aise dans le cadre qui leur est familier ; ni l'œil ni l'esprit ne sont choqués d'aucune discordance.

Les mannequins, cela va sans dire, sont d'une tendance nettement moderne. Ce ne sont plus d'ailleurs des mannequins, mais de belles statues harmonieuses, répudiant toute outrance, dans un sens et dans l'autre, et qui ne sont pas déplacés sous le ciel de l'Egypte.

Bref, l'ensemble de la Classe 85 C marque — dans sa présentation — un effort très grand vers l'originalité, effort louable au premier chef, puisqu'il s'agit d'une œuvre vraiment nationale qui contribuera à renforcer encore, si c'était nécessaire, la haute idée que l'on se fait à l'étranger du goût français.

L'INDUSTRIE DU VÊTEMENT
EXPOSITION FRANÇAISE AU CAIRE

Après Athènes où la Classe 86 remporta un succès mérité et reçut les félicitations du Jury supérieur, voici le Caire qui ouvre également ses portes à une Exposition Internationale. Le Caire, ville de soleil et de clarté où l'industrie française peut-être plus que partout ailleurs est unanimement, je dirai même presque exclusivement appréciée. Toutes les personnalités mondaines du Caire, toute l'aristocratie Egyptienne connaissent la France, sont venues à Paris et gardent de la ville lumière un souvenir impérissable.

Pour cette aristocratie que la France attire, Paris est le Paradis, la ville de luxe et de gaieté, la ville du bon goût par excellence où toutes les femmes sont jolies, où l'élégance et les bonnes manières sont à l'ordre du jour, où l'hospitalité est légendaire et où la vie dans les Palaces offre un confort très particulier et une quiétude qui laissent à l'imagination et donnent au goût de vivre un charme inoubliable.

La Classe 86, que ce soit à Montréal ou à Chicago, à Milan ou à Madrid, à Rotterdam ou à Amsterdam, à Bruxelles ou à Athènes, à Lyon ou à Strasbourg, a toujours été l'une des classes les plus admirées des Expositions Internationales. C'est elle qui, évidemment, intéresse le plus grand nombre de personnes avisées puisque le chiffre d'affaires, tant en France qu'à l'Exposition, atteint plusieurs centaines de millions.

N'ai-je pas, à Athènes, écouté moi-même la prière d'une dame grecque qui me suppliait de lui laisser acheter et emporter aussitôt tous les bas de soie qui composaient la vitrine de l'un de nos Exposants.

Aux yeux de tous, la Classe 86 est synonyme de luxe, d'élégance et de goût puisqu'elle comporte toutes les industries du vêtement masculin et féminin, ainsi que toutes les industries et accessoires qui s'y rattachent. Son importance est donc considérable et le nombre des Exposants grandit chaque jour.

Au Caire, cette Classe occupe à elle seule la 6e partie du magnifique Palais mis à la disposition des Exposants dans le Parc Gezireh.

Tous les Exposants sont parfaitement groupés dans un rectangle entouré d'un terrain de vitrines. Au centre se trouvent les Expositions des Grands Magasins de Nouveautés, de la Fédération de la Mode et 3 dioramas. L'ensemble est parfaitement homogène. Les vitrines sont fort bien imaginées et l'éclairage, très agréablement compris, met en valeur les articles exposés.

Le Groupe I. dont dépend la Classe 86, est présidé par M. Emile Bouton, pilier d'airain des Expositions Internationales, travailleur infatigable, d'un dévouement sans limite et d'une amabilité entraînante.

Les Vice-Présidents sont : MM. Dalies, Henri Duboc, René Hayem, Alfred Laurain, Léger, Raoul Meyer, Georges Tranchant.

La Classe 86 est présidée par Mme Kempf-Berthelot, déjà Présidente à Athènes et à Rotterdam, devant la courtoisie et l'amabilité de laquelle tout le monde s'incline.

Mme Kempf-Berthelot frappe à votre porte, ouvre la porte : « C'est moi, ne vous dérangez pas, cher Monsieur. Je serais heureuse que vous veniez au Caire ». La voix a façonné quelques syllabes, son visage souriant a émis un vœu, son énergie farouche a dicté un ordre. Mme Kempf-Berthelot ne s'est pas assise, vous n'avez pas eu le temps de vous lever. La Présidente s'en va en vous serrant la main : « Ne vous dérangez pas, cher Monsieur. Je vous « remercie infiniment. Excusez-moi d'avoir distrait quelques secondes de « votre temps ».

Cinq minutes en effet se sont écoulées. Vous avez donné votre adhésion à l'Exposition du Caire, très heureux d'exposer, très heureux aussi d'avoir fait plaisir à Mme Kempf-Berthelot dont la tâche est ardue et qui est naturellement heureuse de sentir encore aujourd'hui autour d'elle ses amis d'hier.

Les Vice-Présidents sont : MM. André Benoiston, Th. Boileau, Louis Caron, Maurice Chammette, Fernand Libron, J. Lucas, Camille Plantevignes.

Le Secrétaire-Rapporteur est, comme à Athènes et à Rotterdam, M. Michel Houyvet. Le Secrétaire-adjoint est M. M. Berthelot.

Les Bureaux de ses Sections sont ainsi compris :

SECTION A

Président : M. Eug. Bailly ; *Vice-Présidents :* MM. Jean Bloch, A. Diringer, G. Fraudin, Louis Trezel ; *Secrétaire :* P. Huard ; *Trésorier :* Mme Charles, aîné.

SECTION B

Président : M. Fernand Massy ; *Vice-Présidents :* MM. Goiset, R. Gravereaux, G. Maudet ; *Secrétaire :* M. J. Dehesdin.

SECTION C

Président : M. Louis Bonbon ; *Vice-Présidents :* MM. Couturat, Pierre Mauchauffe, L. Poron-Vitoux, Louis Roques ; *Secrétaire :* M. André Doré ; *Trésorier :* M. Jean Raguet.

SECTION D

Président : M. Julien Bourg ; *Vice-Présidents :* MM. Gaston Cordier, Albert Parent, Albert Ravenel ; *Trésorier :* Jean Trehu.

Dans la section A, sont groupés la chapellerie, mode, fournitures pour modes, fleurs artificielles, plumes pour parures, coiffure, éventails, etc.

Dans la chapellerie pour hommes, nous remarquons la vitrine de M. Emile Bouton qui présente les derniers perfectionnements de l'outillage nécessaire à la fabrication et à la transformation des chapeaux : conformateurs, presses, bichonneuses électriques, fers électriques, coiffes, chapeaux, etc...

La vitrine de M. Louis Caron de la chapellerie Delion dont les expositions sont toujours très remarquées et qui compte d'ailleurs une dizaine de grands prix à son actif.

Le Palmarès de la Chapellerie Berteil est également très important puisqu'il compte 10 grands prix et trois « mis hors concours ».

Viennent ensuite la maison Huard et la maison Trezel, toutes deux spécialisées dans la coiffure d'uniforme, ambassades, administrations, livrées, etc.

Enfin, les établissements Megemond, l'une des plus importantes manufactures de chapeaux de feutre d'Aubervilliers.

La Chambre Syndicale de la Broderie fantaisie pour modes groupe :
M. Bernheim frères, M. Cléry (Emile), M. Faudot-Bel, M. Gaydan (Marius), M. Korfan-Brun, M. Lecoq, M. Lemaire M. Leroy-Cléry, M. Meunier, MM. Robin et Gauche, M. Samuel (Paul).

La Chambre Syndicale des Fabricants de Chapeaux de paille et feutre groupe :
M. Bailly (Société), M. A. Benoiston et Cie, M. J. Bouchinet, M. Cuperman (D. H.), M. Georges Frères, M. de Lanauze et Cie (Succ. de J.-B. Daniel), M. Mauricette-Pobert, M. Moors (P.), M. Roger.

Chambre Syndicale des Fleurs et Plumes, Négociants, Fabricants et Fournisseurs de ces industries : M. Georges Fraudin, *Président.*
M. Boudy, M. Croix, M. Fraudin et Guyon, M. Goetschel, M. Plicque, M. Poisot, M. Vandebrouck.

Chambre Syndicale des Fabricants de Plumes pour Modes et Parures, Paris.
M. Ballossier (Ch.), Mme Charles Aîné, M. Demaret, M. Greidenberg, M. Lacroix, M. Montezin, M. Morin (Ed.), M. Picard (H. et G.), M. Pichat Aron.

Chambre Syndicale des Fabricants de Fleurs artificielles de Paris.
Maison Bardel (Vallerant et Plantin), M. Cassemiche, M. Diringer, M. Blanc, G. Maurette Succ., M. Dubois-Dessinges, M. Lelu (A.), M. Nicole-Jerome, M. Roussel-Andrieu, M. Sibert, M. Vidal (E.).

Fabrique de Maroquinerie fine, Spécialité de sacs pour dames.
M. Silberstein (G.), Paris.

SECTION B

Lingerie pour hommes et femmes, flanelle manufacturée, grands magasins de nouveautés, cravates, robes de chambre.

Exposants :

Etablissements Berthelot, Bon Marché (Maison A. Boucicaut), M. Canlorbe, M. Chaumette, à Bordeaux, M. Claudius-Bas, à Lyon (Rhône), M. Dehesdin, Galeries Lafayette, M. Gravereaux (R.), MM. J. Hayem et Cie, MM. Lazarus, Meunier, Fraenger et Confais, M. Loutil, à Clichy (Seine), Louvre (Grands Magasins de Nouveautés), Massy (Etablissements), M. Olmer, M. Plantevignes, Printemps (Laguionie et Cie), M. Rouff, M. Rousseau (Etablissements), M. Seligmann, à Vaucouleurs (Meuse).

SECTION C

Bonneterie, Tricots, Corsets, Caoutchouc manufacturé, Ganterie.

Exposants :

M. Alexandrine, M. Boileau (Th.), M. Bonbon (Louis), à Troyes (Aube), Etablissements B. V. R. (Blais-Mousseron, L. Villeminot, A. Rondeau, M. Emile Bouton (Etablissements), Claverie (Etablissements), MM. Doré et Fils, à Fontaine-les-Grez (Aube), Société du caoutchouc manufacturé (Anciens Etablissements Mouilbau, Fayaud, Laurain et Cie), M. Libron et Cie, M. Mauchauffe (Etablissements), à Troyes (Aube), Raguet et Vignes (Etablissements), à Troyes (Aube), M. Regley (Etablissements), à Troyes (Aube), Savoure (Etablissements), à Troyes, Société générale de bonneterie, à Troyes, Etablissements Vitoux, à Troyes.

SECTION D

Chaussures, Boutons, Bustes, Mannequins, Etalages de vitrines, Cannes et Parapluies.

Exposants :

M. Chabrolle, M. Cordier Fils, à Fougères (Ille-et-Vilaine), M. Decobert, M. Dressoir, M. Erlich, M. Greco, M. Pierre Imans, M. Julienne, M. Lucas, M. Parent, M. Pérucia, M. Ravenel, Siégel (Etablissements), à Saint-Ouen (Seine), M. Trehu, à Fougères (Ille-et-Vilaine).

AU BON MARCHÉ

toute femme Élégante
est cliente
du Printemps

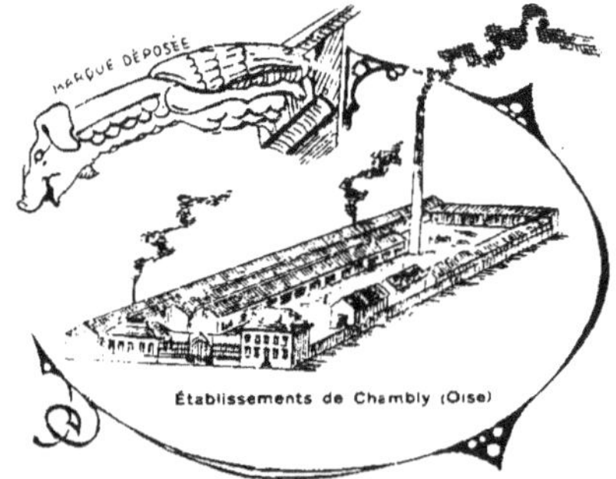

LA
BROSSERIE DENISOT
4, rue Martel - PARIS
MARQUE DÉPOSÉE
Établissements de Chambly (Oise)

au Louvre Paris
voir notre collection de
ROBES ET MANTEAUX
LXVII

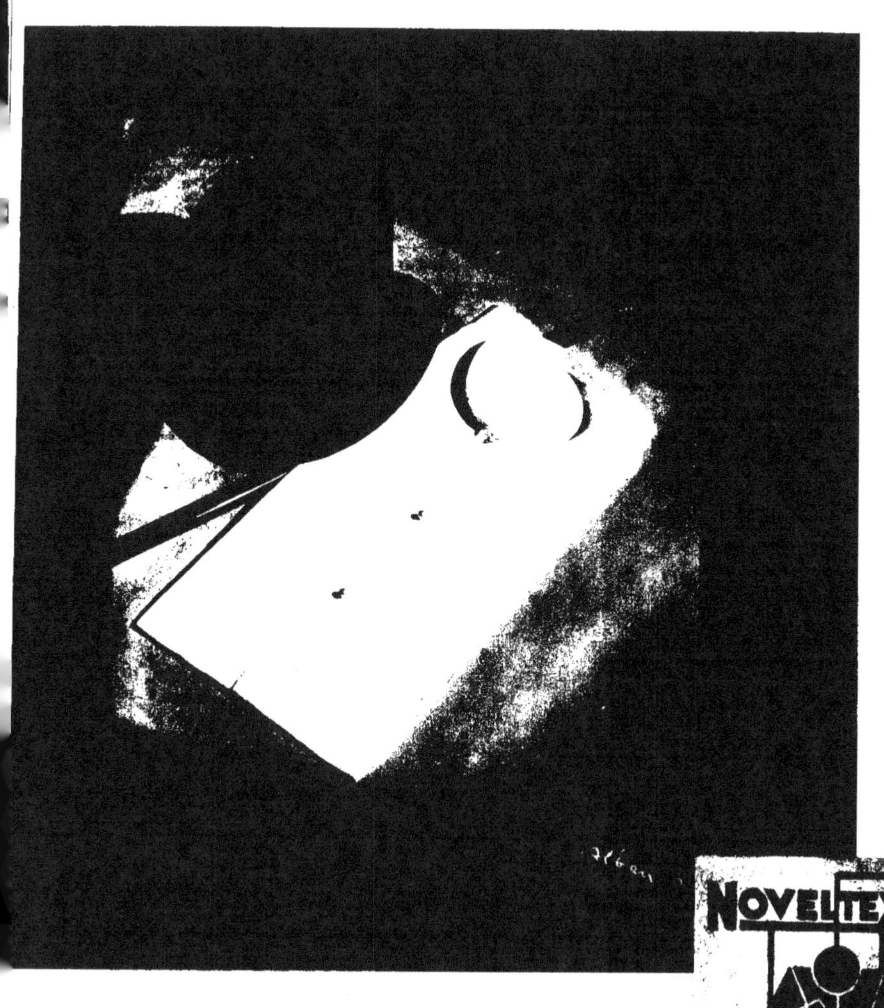

NOVELTEX

LA CHEMISE DE L'HOMME ÉLÉGANT

Établissements A. ROUSSEAU, 8 et 10, rue du Renard, PARIS
Télép. : Archives 51-81, 51 82, 60-23, Inter-Archives 27 - Ad. Tél. : Rouchemises-Paris-113

FABRIQUE DE
soieries unies et
Hautes nouveautés
CHATILLON
MOULY
ROUSSEL
société anonyme au capital
de 12.000.000 de francs
LYON
137, Rue Créqui
PARIS
36bis, Avenue de l'Opéra
MARQUE DÉPOSÉE
ÉGYPTE:
LE CAIRE, 7, Emad-el-Din
ALEXANDRIE, 10, Rue Fouad Ier

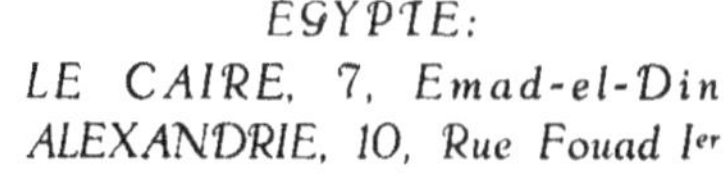

LYON
23, rue des Capucins, 23
PARIS
21, rue Bergère, 21
LONDRES
22, Gutter Lane, E. C. 2
LE CAIRE
Rue Neuve Hoche, fasa 2
FABRIQUENT TOUS
TISSUS HAUTES
NOUVEAUTÉS
UNIS ET IMPRIMÉS
AINSI QUE LES
TISSUS MÉTAL
POUR ROBES ET
CHAUSSURES
les successeurs
de
D. KANDELAFT
Société Anonyme au Capital de Fcs 10.000.000

Cartier

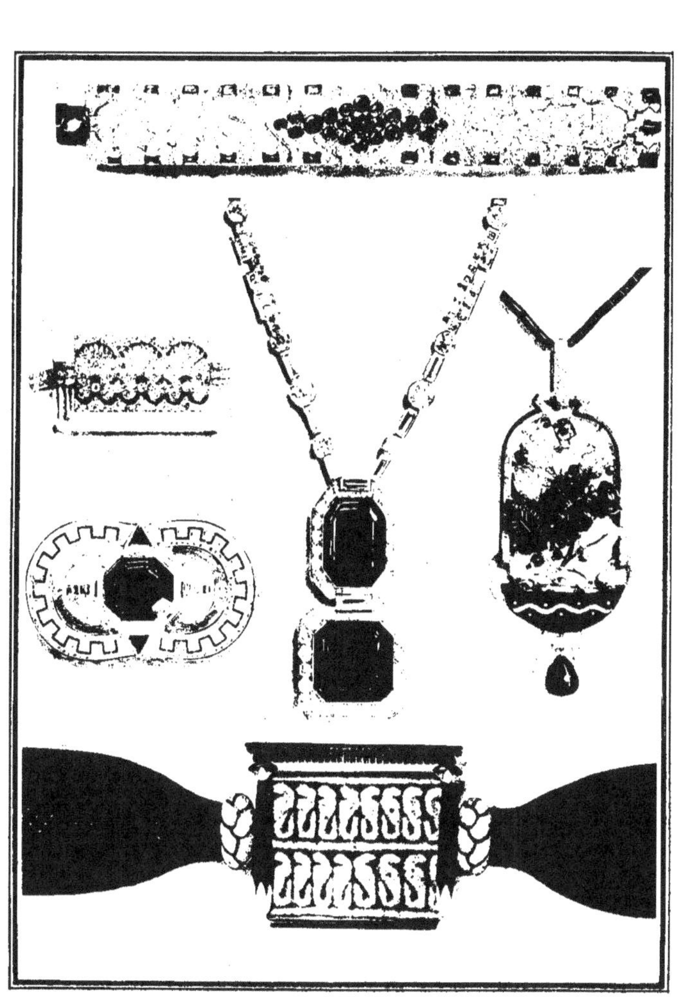
Cartier

PARIS   LONDON   NEW-YORK

Votre amour-propre souhaite une voiture irréprochable, d'un luxe tout à la fois discret et raffiné, obéissant aussi docilement aux manettes de commande qu'un pur sang à la main de son cavalier.

La **REINASTELLA** à 8 cylindres est le chef-d'œuvre qui flattera votre amour-propre : elle frémit nerveuse sous l'action de l'accélérateur ; au ralenti, elle glisse souple et silencieuse ; elle démarre et s'arrête sans le moindre heurt. La conduire est une véritable distraction.

C'est vraiment la voiture de grande classe, de très belle allure, à la carrosserie luxueuse et surtout très confortable permettant réellement les trois places de front qui sont de plus en plus réclamées et qu'aucune voiture ne présente comme elle.

Une expérience de 30 années, des matières premières de choix soumises aux procédés d'usinage les plus modernes, les moyens de production les plus considérables, un personnel soigneusement sélectionné ; tout a été mis en œuvre par les Usines de Billancourt, pour pousser au maximum les qualités mécaniques de la **REINASTELLA** et lui donner un agrément incomparable.

La **REINASTELLA** fait époque dans l'histoire de l'Industrie Automobile, elle classe dans l'élite du monde et des affaires tous ceux qui la possèdent : c'est la reine des voitures.

53, Champs-Élysées, **PARIS** et **BILLANCOURT** (Seine)

RENAULT

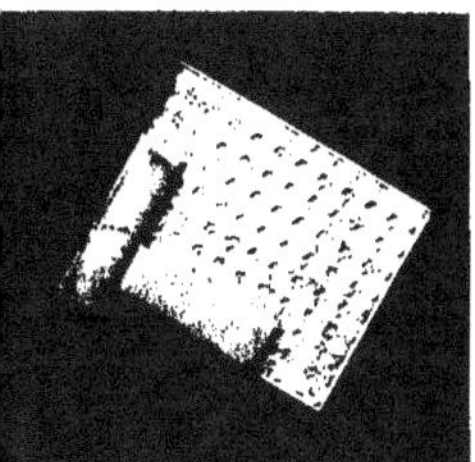

BROCHE
platine,
brillants et onyx.

PENDENTIF
platine,
brillants, émeraudes

ruxelles : diplôme d'honneur
msterdam : grand prix
lo-de-Janeiro : grand prix
trasbourg : grand prix
ew-York : hors concours

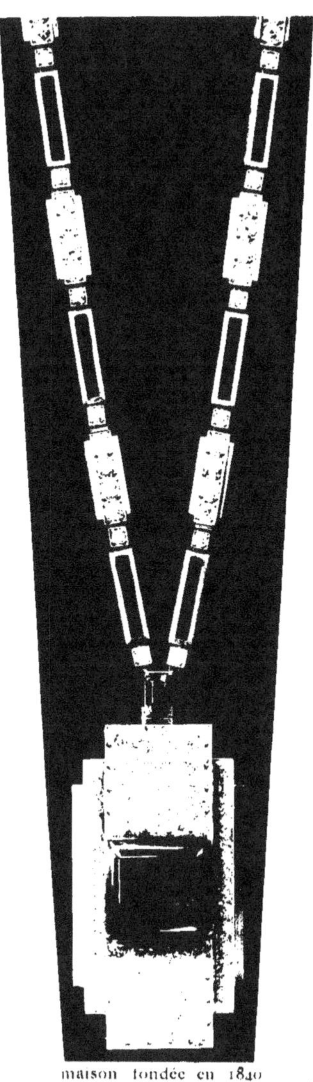

maison fondée en 1840

DUSAUSOY
expert
fabricant-joaillier
41, boulevard des capucines
—— paris ——
Membre du Jury à l'Exposition du Caire
LXXV

BROCHE
platine,
brillants, calcédoine et onyx.

et **CHAINE D'HUISSIER**
brillants,
platine mat et poli.

Paris-Arts-Décoratifs : grand prix
Madrid : h. c., membre du jury
Rotterdam : grand prix
Athènes : président du jury

KRIEGCK

BALMANA ET RABAU, S^{RS}

23, Rue Royale

PARIS

FOURNISSEURS BREVETES DE LEURS MAJESTES
LE ROI D'ESPAGNE
LE ROI DU PORTUGAL
ET DE LA COUR DE ROUMANIE

Maison CUMBERLAND

TAILLEUR

63, Avenue Victor-Emmanuel-III, 63. - PARIS

ci-devant 3. Rue Scribe

Costume
Veston
croisé
en tissu
superfin
fabriqué
spécialement
pour la
Maison.

LXXVII

HERMÈS

SELLIER

24, rue du Faubourg Saint-Honoré, Paris

Succursales :

BIARRITZ, CANNES, CHANTILLY, PAU, SAINT-CYR, SAUMUR

CHAMBRE SYNDICALE

DES FABRICANTS DE FLEURS ARTIFICIELLES DE PARIS

Bardel-Vallerant-Plantin, 176, rue Mont-martre, Paris ;

Blanc-Maurette Succr, 11, rue Saint-Joseph, Paris ;

Cassemiche, 23, faubourg Saint-Denis, Paris ;

Diringer, 47, rue des Petits-Champs, Paris ;

Dubois-Dessinges, 152, rue Montmartre, Paris ;

Lelu (A.), 5, rue d'Uzès, Paris ;

Margelidon, 40, rue de Paradis, Paris ;

Nicole Jérôme, 35, rue Poissonnière, Paris ;

Roussel-Andrieu, 7, cour des Petites-Écuries, Paris ;

Sibert, 23, faubourg Saint-Denis, Paris ;

Vidal (E.), 19, rue Bergère, Paris.

○ ○ ○ ○ ○

CHAMBRE SYNDICALE

DES FABRICANTS DE PLUMES POUR MODES ET PARURES

Ballosier (Ch.), 71, faubourg St-Martin, Paris ;

Charles Aîné (Mme), 4, Chaussée-d'Antin, Paris ;

Demaret, 130, Faubourg Saint-Martin, Paris ;

Duga (P.), 65, rue Sainte-Anne, Paris ;

Greidenberg (V.), (Succ. de Prin-Millon), 1, rue Louis-Grand, Paris ;

Lacroix, 21, rue d'Hauteville, Paris ;

Montezin, 52, rue de Bondy, Paris ;

Morin (Ed.), 21, rue d'Antin, Paris ;

Picard (H. G.) 3, rue Poissonnière, Paris ;

Pichat et Aron, 51, rue du Caire, Paris ;

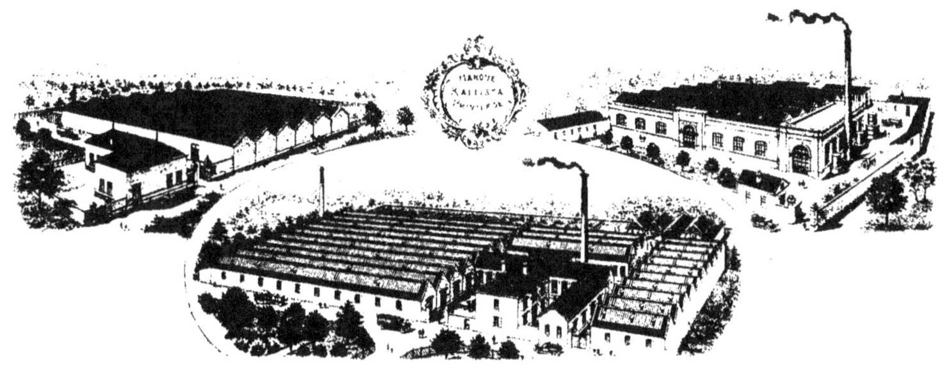

ETABLISSEMENTS
E. BOUTON

SOCIÉTÉ ANONYME AU CAPITAL DE 6.000.000 DE FRANCS

Peluches - Velours - Soieries

...

Fournitures générales
pour Chapellerie

...

Caoutchouc manufacturé

51, Rue du Temple - Paris-4ᵉ

Tél. : Archives 27-32   R. C. Seine 217.644-B   Télégr. : Kallista-Paris

BRICARD

Ancienne Maison STERLIN

SERRURERIE
DÉCORATIVE

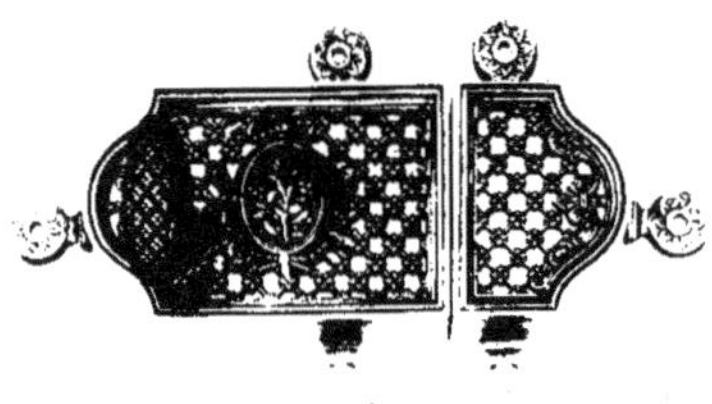

39, Rue Richelieu - PARIS

Nos 3 albums

Nos 3 albums représentent la documentation
la plus importante et la plus moderne :

Album n° 1. — Quincaillerie - Outillage (400 pages).
— n° 2. — Cuvrerie de Style (2.000 modèles).
— n° 3. — Stores et Bannes (250 modèles).

VOULEZ-VOUS NOUS DEMANDER COMMENT
OBTENIR L'ALBUM QUI VOUS INTÉRESSE ?

La Quincaillerie Centrale

SOCIÉTÉ ANONYME, CAPITAL QUATRE MILLIONS

34, Rue des Martyrs -:- PARIS (9e)

Téléphone : TRUDAINE 58-27. 58-28, 58-29

REPRÉSENTÉE par les ETABLISSEMENTS ASSOUAD & FILS
26. Rue Kasr-El-Nil -:- AU CAIRE

ASCENSEURS
ROUX-COMBALUZIER

Établ^{ts} VERNES, GUINET, SIGROS & Cie

18 à 24, Rue Tiphaine - PARIS

Nombreuses installations en Égypte,
dans les Grands Magasins, Hôtels
particuliers, Immeubles de rapport.

6.000 ASCENSEURS en fonctionnement dans PARIS

EXPOSITION : Classe 21, Groupe B

AGENT POUR L'ÉGYPTE :
M. DOISNEAU, Rue Emad-el-Dine
IMMEUBLE A - LE CAIRE

TUILES, BRIQUES, CARREAUX

Société Générale des
Tuileries de Marseille & Cie

4, Place Saint-Ferréol, 4
MARSEILLE

Adresse Télégraphique : TUILERIES-MARSEILLE

43 USINES

Production annuelle : 285 millions de pièces

BRIDES - LES - BAINS

EN SAVOIE

Cures d'amaigrissement · Foie · Intestins

SAISON 1929

25 Mai - 15 Septembre

NOUVEAUX AGRANDISSEMENTS ET EMBELLISSEMENTS

Inauguration de la nouvelle Piscine en plein air de la Source Naturelle de Salins, qui constituera un véritable " bain de mer " à la montagne.

SES ÉTABLISSEMENTS THERMAUX
Nouvelles installations et améliorations.

■ **SES HOTELS DE 1er ORDRE** ■
Hôtel des Thermes - Hôtel Royal
Grand Hôtel

SON NOUVEAU PARC ET SON CASINO

TOUS LES SPORTS

Culture physique.
Natation.
Golf.
Tennis.

FÉCAMP, LA BÉNÉDICTINE

Vue générale des Établissements de La Bénédictine.

La Bénédictine, « la grande Liqueur française », porte hautement son nom en soutenant, par le monde entier, la renommée des produits français.

Evidemment, en France, elle est partout, et dans toutes les colonies françaises, la Société a des agences prospères : en Algérie, en Tunisie, au Maroc, en Afrique Occidentale et Équatoriale, au Sénégal, et plus loin encore, à Madagascar et à La Réunion. L'Indo-Chine française, la Nouvelle-Calédonie, les Iles du Pacifique même ont aussi leurs agents. La Bénédictine est représentée dans toutes les grandes villes anglaises et les colonies britanniques. En Europe, dans tous les pays, existent des agences florissantes ; citons seulement la Finlande, la Suède, la Norvège, le Danemark, la Hollande, la Belgique, la Suisse, l'Italie, l'Espagne, le Portugal et toutes les nations de l'Europe Centrale et Orientale. Hors d'Europe, la Société a des agences en Syrie, en Palestine, en Perse, au Japon, en Mandchourie et dans les ports de Chine. Enfin, en Amérique, la Société est représentée au Canada, à Terre-Neuve, dans les Antilles, et dans toutes les Républiques de l'Amérique Centrale et de l'Amérique du Sud.

Reproduction d'une affiche destinée à l'Australie.

La Cour d'honneur et le Monument du fondateur.

Gravure extraite d'un album de Sem.

Agent général pour l'Égypte : M. Thuilot-Vincent, 17, rue Doubreh, Le Caire.

Fac-similé de la bouteille d'origine

RHUM des Plantations S^T-JAMES

Les Grands Crus de St-James (Antilles)
LA GLOIRE
ET L'UNE DES PRINCIPALES RICHESSES
COLONIALES DE LA FRANCE AUX ANTILLES

Produit de haute sélection, provenant d'incomparables terroirs, élaboré longuement et à grands frais dans les vieilles rhummeries Saint-James, où se transmettent, de génération en génération, les procédés spéciaux et les secrets de fabrication de Saint-James, vieilli sous le ciel tropical, le Rhum Saint-James est devenu, quand il arrive en Europe, la délectable et précieuse liqueur à l'arome subtil et fin, au bouquet admirable et intraduisible dont s'émerveillent les connaisseurs et les gourmets.

Recommandé par le Corps Médical de tous les pays comme le plus puissant tonique et stimulant contre la grippe, les rhumes et les refroidissements.

MAKANGHIA

COMPAGNIE MARCHANDE

DE FRUITS

LÉGUMES

ET PRIMEURS

Siège social à PARIS, 28, rue de Madrid (VIIIe)

AGENCES A PARIS - LE HAVRE - MARSEILLE - ALGER - CASABLANCA
CAVAILLON · HYÈRES · SAINT-POL-DE-LÉON · PERPIGNAN

MAISON MOËT & CHANDON

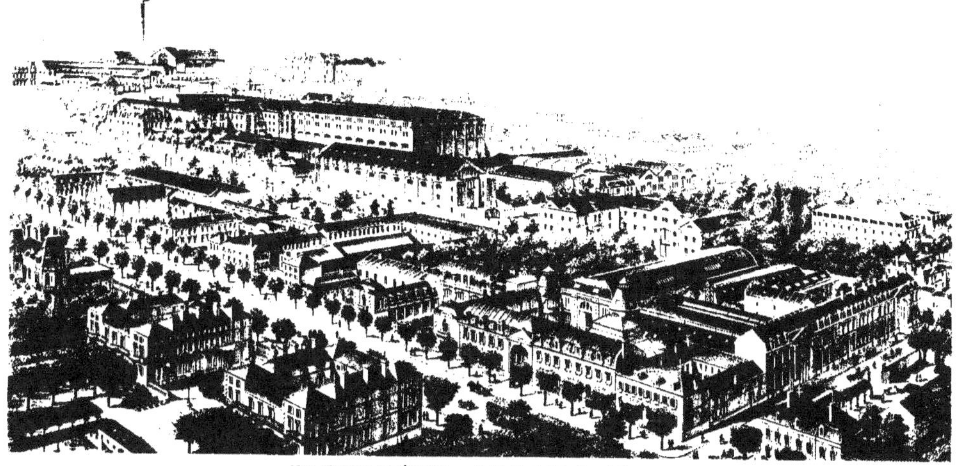

Vue générale des Établissements Moët et Chandon, à Épernay.

Depuis près de deux siècles, elle a été dirigée par les descendants en ligne directe de son fondateur. Le président de son Conseil d'administration, le comte Chandon-Moët, est l'arrière-petit-fils de Jean-Rémy Moët, maire d'Épernay en 1807, et fait officier de la Légion d'honneur par Napoléon Ier en 1814.

Son expédition moyenne dépasse quatre millions et demi de bouteilles par an et son stock en cave atteint le chiffre considérable de 20 millions de bouteilles. Ces grands vins sont traités et conservés dans des galeries souterraines de 25 kilomètres, taillées dans le massif calcaire à une profondeur variant de 12 à 35 mètres. Le personnel comprend 1.800 ouvriers et ouvrières spécialisés.

Ses caves, éclairées à l'électricité et dotées des moyens techniques les plus récents, constituent une des principales curiosités de la région. La visite gratuite en est permise et a lieu tous les jours (sauf les dimanches et jours fériés), de 7 à 11 heures et de 13 à 17 heures.

La maison Moët et Chandon possède 500 hectares de vignes dans les premiers crus de la Champagne viticole.

Elle est propriétaire des bâtiments et vignobles célèbres de l'*Abbaye d'Hautvillers*, dont le moine bénédictin, *Dom Pérignon*, véritable créateur du vin de Champagne mousseux, fut l'illustre cellérier sous le règne de Louis XIV.

Dix vendangeoirs modernes munis de pressoirs perfectionnés, de nombreuses cités ouvrières et maisons de chefs-vignerons, un établissement modèle de greffage, une école de viticulture et un laboratoire d'œnologie, plusieurs serres chaudes, de vastes pépinières et champs d'expériences, complètent l'organisation de son service des vignes.

Fidèle à des traditions séculaires, la maison Moët et Chandon n'offre à sa clientèle universelle que des cuvées soigneusement sélectionnées, portant sa marque et provenant exclusivement des meilleurs crus de la région délimitée.

AUCUN ASSOCIÉ NI PARENT DE MÊME NOM NE S'EST JAMAIS SÉPARÉ D'ELLE POUR FAIRE SOUS SON NOM PERSONNEL LE COMMERCE DES VINS DE CHAMPAGNE

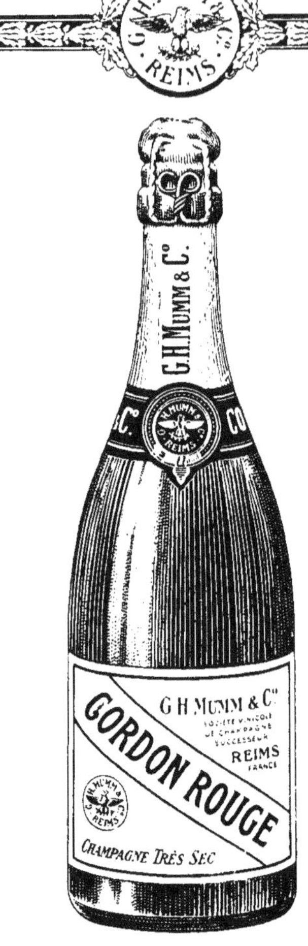

LA PLUS HAUTE QUALITÉ
caractérise

les Champagnes **G.H.MUMM & C?**

SOCIÉTÉ VINICOLE DE CHAMPAGNE Prop??

REIMS

CHAMPAGNE LOUIS ROEDERER

SOCIÉTE ANONYME

MAISON CENTENAIRE

REIMS

Louis Roederer,
Reims.

EXTRA DRY   CHAMPAGNE

Prononcer le nom
"LOUIS ROEDERER"
c'est nommer
la grande **Marque** de **Champagne**
hautement réputée.

SOCIÉTÉ ANONYME
DES
SUCRERIE ET DISTILLERIE
DE SAINT-MARTIN-AU-LAËRT ET DE BÉTHUNE

ANCIENNES MAISONS COTILLON-BELIN & Cie

DISTILLERIE DE BÉTHUNE

TÉLÉPHONE : Réseau de Béthune N° 142

ADRESSES TÉLÉGRAPHIQUES ET POSTALES :
Distillerie-Béthune (P.-D.-C.)

— GARE : Béthune-Rivage (P.-D.-C) —

SUCRERIE DE SAINT-MARTIN-AU-LAËRT

TÉLÉPHONE : Réseau de Saint-Omer N° 24

ADR. TÉL. : Sucrerie - Téléphone St-Omer (P.-D.-C.)

ADRESSE POSTALE :
Sucrerie St-Martin-au-Laërt, par St-Omer (P.-D.-C.)

B. COTILLON & Cie   VINS EN GROS

46, Rue de Barsac *(Entrepôt de Bercy)*
PARIS (12e)

— ADRESSE TÉLÉGRAPHIQUE : —   — TÉLÉPHONE : —
COTILLON-BERCY-PARIS   DIDEROT : 08-78 et 08-79

La Grande Marque

E. LINDI

Agent Général pour l'Egypte, le Soudan, la Palestine,

la Syrie et la Grèce.

Bureau Central :

ALEXANDRIE

18, Rue Fouad Iᵉʳ

Téléphone 34-39

Succursale :

LE CAIRE

3, Rue Manchaet el Kataba

Téléphone 41-33

DE PARIS AU CAIRE

EN WAGONS-LITS

▼

SIMPLON-ORIENT-EXPRESS

TRAIN DE LUXE QUOTIDIEN

▼

DE PARIS A STAMBOUL En Wagons-Lits de 1re et 2e classes.
(Traversée du Bosphore en vedette spéciale.)

DE HAIDAR-PACHA A TRIPOLI En Wagons-Lits de 1re et 2e classes.

DE TRIPOLI A HAIFA En Automobile de Luxe

DE HAIFA A KANTARA En Wagons-Lits de 1re classe.

DE KANTARA AU CAIRE En Wagons-Salons Pullman.

■

INTERPRÈTES en uniforme
" WAGONS-LITS " - " THOS. COOK & SON " à l'arrivée des trains, à
STAMBOUL, BEYROUTH, HAIFA, JÉRUSALEM, KANTARA, LE CAIRE

■

Réduction du prix de transport des BAGAGES de PARIS pour
:: STAMBOUL, BUCAREST, ATHÈNES ou vice versa ::

■

Pour tous renseignements complémentaires, s'adresser aux Agences de Voyage
" WAGONS-LITS " ET " THOS. COOK & SON

CENTRES DE VILLÉGIATURE DU RÉSEAU P.L.M

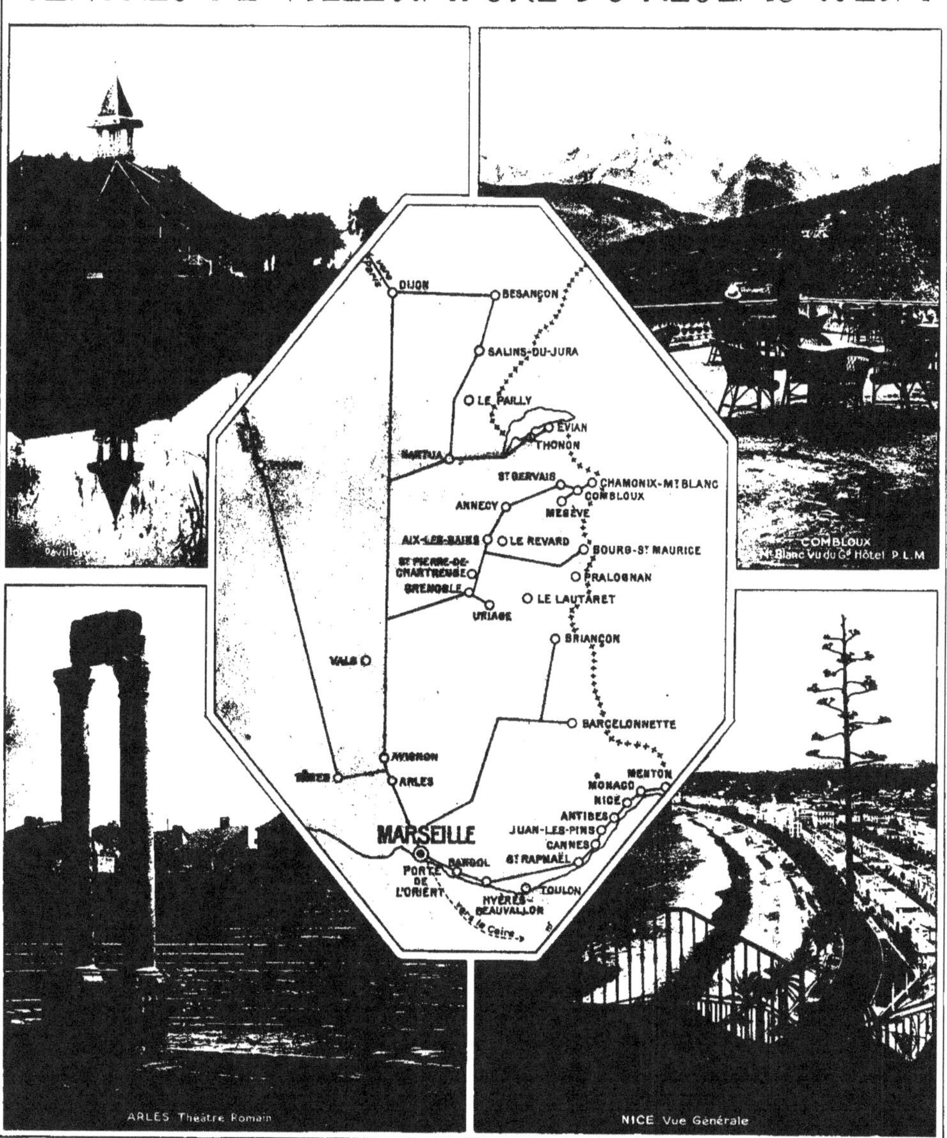

OÙ LES TRAINS NE MÈNENT PAS
LES AUTOCARS P.L.M CONDUISENT.
Les Auto Cars P.L.M parcourent les routes du JURA des ALPES du MORVAN de BOURGOGNE de l'AVALLONNAIS d'AUVERGNE de PROVENCE et de CORSE —
grands hôtels de COMBLOUX et du Mt REVARD
BARBEY

PLM . RÉSEAU DE TOURISME . PLM
MONT BLANC
CHAMONIX . BRIANÇON
COMBLOUX . Mt REVARD
SPORTS D'HIVER
SPORTS D'HIVER
EVIAN
VICHY
CHATEL-GUYON
ROYAT
St NECTAIRE
AIX LES BAINS.
BRIDES les BAINS
URIAGE
ALLEVARD
VALS les Bains
CHALLES les Eaux
LE PUY
AVIGNON
SITES D'ART
PONT DU GARD
ORANGE
NÎMES
ARLES
CÔTE D'AZUR
MARSEILLE
TOULON
HYÈRES
St RAPHAËL
CANNES
JUAN les PINS
NICE
MENTON

FONT-ROMEU
1800 m. d'altitude
STATION OUVERTE TOUTE L'ANNÉE
Golf de Haute Montagne
Tennis, Excursions, Ascensions
Sports d'Hiver

LE RÉSEAU DU MIDI

SUPERBAGNÈRES
1800 m. d'altitude
SAISON d'ÉTÉ : Juin à Octobre
Tennis, Excursions, Ascensions
SAISON d'HIVER : Décembre à Mars
Tous les Sports de neige et de glace

LA MONTAGNE ET LA MER

LES STATIONS CLIMATIQUES :

Font-Romeu (1800 m.), Superbagnères (1800 m.), Pau

LES GRANDES STATIONS THERMALES :

Amélie-les-Bains, Vernet-les-Bains, Ax-les-Thermes, Luchon, Bagnères-de-Bigorre, Cauterets

LES STATIONS BALNÉAIRES :

Arcachon, Biarritz, St-Jean-de-Luz, Hendaye

LES SITES CÉLÈBRES :

La Cité de Carcassonne, Le Cirque de Gavarnie

Toute la Région Pyrénéenne
est desservie
par les AUTO-CARS
de la
ROUTE DES PYRÉNÉES
Service organisé
par la
Compagnie du Midi

BIARRITZ

CARCASSONNE

Le Mont-Dore - Vue Générale.

VOYAGEURS,
TOURISTES,

IL FAUT VOIR
EN FRANCE:

■   Les merveilleux Châteaux historiques des bords de la Loire ;

■   Les Plages mondaines et familiales, les Monuments mégalithiques et religieux de la côte sud de Bretagne ;

■   Les Monts, les Lacs, les Stations thermales et climatiques de l'Auvergne ;

■   Les pittoresques Pays du Centre ; les fraîches et jolies Vallées du Berry et du Limousin, les Curiosités préhistoriques et les Merveilles souterraines du Périgord et du Quercy ;

■   Les fantastiques Gorges du Tarn par Auto-Car au départ de Rocamadour (inoubliable randonnée de 6 jours) ;

■   Vous pourrez admirer tout cela en empruntant les lignes du Chemin de fer de Paris à Orléans qui crée chaque été, pour faciliter la visite complète des régions ci-dessus désignées, de nombreux circuits automobiles, continuation de ses services par fer.

Pour tous renseignements s'adresser   à PARIS, à l'Agence de la Compagnie d'Orléans, 16, Boulevard des Capucines ; à LONDRES, Orléans and Midi Railways of France, Victoria Station S. W.1

Le Livret Guide officiel de la Compagnie d'Orléans vous sera d'une aide précieuse pour la préparation de vos voyages. (Il est en vente dans ses gares et bureaux de ville au prix de 5 fr. 50. - Par poste : France 4 fr. 95 ; Étranger 7 fr. 70).

Chenonceaux

Rocamadour

Cathédrale de Quimper

LE RÉSEAU DE LA MER

De tous les réseaux de Chemins de Fer Français, celui de l'Etat est incontestablement le réseau de la mer. Il dessert, entre Dieppe et Bordeaux, sur une longueur de 2.000 kilomètres, le littoral le plus riche en sites et en stations balnéaires d'une infinie variété.

Nous citons, ci-après, quelques stations balnéaires prises parmi la quantité innombrable de celles situées sur le réseau de l'État :

ETRETAT. – Station balnéaire mondaine très fréquentée, encadrée par les plus belles falaises de la côte normande, curieusement découpées. — Casino, Tennis. Golf.

DIEPPE. – Station balnéaire de premier ordre et par son élégance et par le nombre toujours plus grand de ses hôtes. Beau Casino, Tennis, Golf. Courses. — Service régulier de paquebots avec l'Angleterre.

TROUVILLE. – La reine des plages. Centre de plaisirs. Centre d'excursions. Casino monumental. Tennis. Golf.

DEAUVILLE. – Station ultra-élégante. Magnifique plage. Casino splendide. Fêtes somptueuses. Tennis. Golf. Polo. Courses.

HOULGATE. – Plage de sable fin, très fréquentée. Casino. Kursaal.

CABOURG. – Merveilleuse plage de sable fin et dur. Digue promenade. Casino. Tennis. Golf.

DINARD. – La Nice du Nord. La plus mondaine des plages bretonnes. Sites merveilleux. Climat idéal, Saison d'été et saison d'hiver. Casino. Tennis. Golf. Magnifiques excursions sur la Rance, au Mont Saint-Michel, aux Iles de Jersey, Guernesey.

LES SABLES D'OR-LES-PINS. – Plage délicieuse dans une forêt de pins. Douceur exceptionnelle du climat. Parc. Tennis. Golf. Pêche. Chasse.

PERROS-GUIREC. – L'endroit le plus curieux de la côte de granit. Séjour enchanteur. Belles plages de sable fin, Merveilleuses excursions. Casino.

LES SABLES-D'OLONNE. – Plage unique par sa longueur et la finesse de son sable. Villégiature idéale. Bois de Pins. Casino. Courses. Excursions intéressantes.

ROYAN. – Station balnéaire de tout 1er ordre. Situation admirable sur l'estuaire de la Gironde. Saison d'été et d'hiver. Casino. Golf. Régates. Courses. Nombreuses excursions.

Les bureaux de tourisme des gares de Paris-Saint-Lazare et de Paris-Montparnasse, ouverts du 15 Mars au 15 Septembre, fournissent gratuitement aux voyageurs tous renseignements utiles pour la préparation des voyages à effectuer sur le Réseau de l'État : hôtels, centres de tourisme et de villégiature, transports, locaux, etc., etc.

CHEMIN DE FER DU NORD
A.M.CASSANDRE 27
NEDERLANDSCHE SPOORWEGEN
SOCIÉTÉ NATIONALE DES CHEMINS DE FER BELGES
ÉTOILE DU NORD
DU DÉJEUNER PULLMAN AU DINER
COMPAGNIE DES WAGONS-LITS

CIRCUITS AUTOMOBILES

SAISON D'ÉTÉ 1929
JUIN - SEPTEMBRE

LES VOSGES ET LA LORRAINE

Autour de Vittel et des stations thermales de Lorraine

1o De Vittel et de Contrexéville à Colmar par Bains-les-Bains, Plombières, Gérardmer et le Col de la Schlucht,

2o De Vittel et de Contexéville à Gérardmer et au Col de la Schlucht par Bains-les-Bains et Plombières.

3o De Vittel et Contrexéville à Neufchâteau et Domremy.

4o De Vittel à Sion.

LA HAUTE MONTAGNE

1o De Belfort à Gérardmer par la route des Crêtes, le Hohneck et la Schlucht et retour par le Col de Grosse-Pierre et La Bresse.

2o De Belfort au Ballon d'Alsace,
De Belfort à Hartmannswillerkopf.

3o De Gérardmer à Strasbourg, aller par le Col de Saales et retour par le Col du Bonhomme.

4o De Gérardmer aux Trois-Epis par la Vallée de Straiture, le Lac Blanc et le Lac Noir.

LES ARDENNES

I° LA VALLÉE DE LA SEMOY

De Mézières-Charleville à Sedan et à Bouillon et retour par La Vallée de la Semoy et Monthermé (les 4 Fils Aymon).

2° LES VALLÉES DE LA MEUSE ET DE LA LESSE

De Mézières-Charleville aux Grottes de Han et de Rochefort et à Dinant et retour.

Pour tous renseignements s'adresser au Bureau de Renseignements de la Gare de l'Est, à Paris

PRIX : 50 FRANCS

www.ingramcontent.com/pod-product-compliance
Lightning Source LLC
LaVergne TN
LVHW010941180726
843502LV00004B/1041